アイデンティティとライフサイクル

エリク・H・エリクソン 著 ／ 西平 直・中島由恵 訳

Identity AND THE Life Cycle

Erik H. Erikson

誠信書房

Identity and the Life Cycle
by Erik H. Erikson

アイデンティティとライフサイクル：目次

凡例

1　本書はErik H. Erikson, Identity and the Life Cycle（旧書名『自我同一性』）の全訳である。Norton社、一九八〇年のペーパーバック版（以下、ノートン版と略）を底本とした。

2　原著初版は、一九五九年、International Universities Press社から、Psychological Issues, Vol 1. No 1.（以下、初版本と略）として出版された。

3　初版本からノートン版への移行に際してラパポートの序文が削除された。それ以外は表記上の微修正であるため、ノートン版で統一したが、文章や語句の削除・加筆など内容の修正に限り、適宜、訳注に示した。

4　†（ダガー）は、見出し番号およびタイトルについて訳者が補ったものであることを示す。

5　アステリスク3個（＊＊＊）は訳者による1行アキの箇所、アステリスク2個（＊＊）は訳者による改行である。

6　（　）は、原文通りの表記である。

7　［　］は、訳者が補った部分である。

8　〈　〉は、①対比的に使われる句、②ひとつのまとまりをもった名詞句、③長い修飾語を頭に連ねた名詞句など、視覚的にひとつの単位であることが明確に表示された方が理解を助けると判断した場合に、訳者が加えた記号である。

9　名詞および名詞句の並列に限り、原文の「，（カンマ）」を「・」に置き換えて表記した。

はじめに

このたび再出版のはこびとなった論文集が最初に世に出たのは一九五九年であり、「サイコロジカル・イシューズ」［心理学の論点《イシュー》］のシリーズの第一巻・第一論文集として、インターナショナル・ユニバーシティーズ社から出版された。以下に掲載した序文1の冒頭と終わりの部分に出てくる「心理学の論点《イシュー》」とは、この論文集のことである。

序文1（一九五九年）

すでに発表した論文を選集の形で出版し直すにあたっては、通常、そうするに値する理由を示す必要がある。本書は、研究資料として需要が高いものを含んでいる。そして、今まさに「心理学の論点《イシュー》」となっている問題に目を向けている様々な専門分野からの粘り強い求めに応じたものである。

タイトルが本書の全体にわたるテーマを語っている。そのテーマとは、人間のライフサイクルの統一についてであり、各段階それぞれに特有の力動に関するものである。そして、これらは個人の発達の法則と、社会組織の法則によって規定されている。これまで精神分析において、本テーマが子ども時代を超えて検討されたことはなかったし、［本書に掲載した］いくつかの論文でも、若者に特有な心理社会的課題、すなわち自我アイデンティティの形成について描写し、今後行われるべき研究のアウトラインを示す以上を目指すことはできない。

本書の論文は理論に貢献しようとするものであるが、理論への関わり方は多様である。第一論文（これはいくつかの臨床ノートを選んで載せたもので、拙著『幼児期と社会』より前に執筆され、実際にはその本の資料となったものである）は、治療的観察と「応用的」研究の組み合わせを論述したものである。この「応用的」研究によって、一臨床家である私は、前提としていた知識の再考を促されることになった。ここで「応用的」というのは、単に他の学問領域――例えば、インディアン［現在ではネイティブ・アメリカンと呼ばれる］の教育、戦争に関する研究、長期間にわたる子どもの研究など――に精神分析で得られた仮定を適用してみるという意味ではない。むしろ、これらの領域における観察条件を共有しあうことを意味している。臨床家は、こうした交流や仕事の挿話的な機会において、観察の習慣の中に暗黙に含まれている理論を、それがいかなるものであれ、利用している。少しずつではあるが、臨床という枠組みを超えた応用が、臨床理論そのものを新たな視点からみる提案であることがあきらかになってきたのである

第二論文「健康なパーソナリティの成長と危機」は、また別の課題がきっかけで生まれたものである。連邦児童局によって任命された子どもの発達に関する専門家のグループが、一九五〇年のホワイトハウス会議のために、子どものメンタルヘルスに関するすでに立証された事実や有望な理論の概略を準備する役割を担っていた。この専門家グループから、私は一人の臨床家として、また一国民として、『幼児期と社会』で「健康なパーソナリティ」の発達について意味していたことについて、現時点ではどう考えているかを再び述べるように要請を受けた。理論的な未熟さや、正常性の図式を誤用する可能性に対する懸念があったが、ジョアン・エリクソンに（一人の母親として、また教育者として）助言を頼むことによって、いくつかの臨床的な洞察を練り上げた。洞察は、当然ながら、臨床家の仕事にとって不可欠なものである。しかし、これを詳

しく説明しようとすると、臨床家が用いることのできるすべての検証可能な知識、矛盾のない理論、治療的技法を含まなくてはならない（むしろ見落としてはならない）（Erikson, 1958b 参照）。本書に掲載した論文は、実質的には、ホワイトハウス会議の準備を行う研究グループに提出したままの形である。とはいえ、経験上気がついた、無視されがちと思われるいくつかの重要な点を、斜体に［**太字に**］に直しておいた。また、新たにいくつかの脚注をつけて、この論文が招きやすい誤用を避けられるように注意を促すことにした。

［第三論文］「自我アイデンティティの問題」は、全く別の聴衆に向けられたものである。米国精神分析学会のプログラム委員会から、毎年行われる冬期大会の一部門で、このテーマに関する詳細な報告を行うように依頼を受けた。この論文は、その性質上、精神分析理論や治療技法への言及がこれまでより多くなっている。ただし、他の論文の場合と同じく、私はメタサイコロジーの問題を、この種の思索を専門とする人々にお任せすることにした。

以上、ここに収録した三本の論文は、それぞれ相違点があるものの、三つの連続する臨床的思考の段階を記述したものである。これらは心理社会的発達の問題を次第に狭めており、まず一般的な臨床における印象、次に心理社会的段階についての最初のアウトライン、そして最後にある一つの段階、すなわち青年期を、より詳細に記述している。今後の探究では、このようなやり方で研究された複数のライフステージの比較に焦点を当てる必要があり、やがては人間のライフサイクル全体を理解するために、こういった研究のもつ意味にも目を向ける必要がある。

精神分析以外の研究分野における専門家たちは、本書の参考文献の中で、私の概念が発表され議論された幾多の学際会議における発表原稿が参照されていることにお気づきになるだろう（Erikson, 1951a, 1953, 1955a, 1955b, 1956, 1958c; Erikson and Erikson, 1957）。今日では、学問の垣根も大陸も越えて、直接、口頭で社会的なコミュニケーションが取れるようになり、そのような研究が、一人きりで書物を綿密に研究する方法のかなりの部分に取って代わるようになった。そのために、ある程度の量の重複が、適切な修正を加えられながらも発生してしまうことは避けがたい。『幼児期と社会』(1950a) および『青年ルター』(1958a) には、私自身が臨床的なアプローチと応用的なアプローチの統合をどこまで達成できたのかが描き出されている。しかし臨床的な精神分析家は、私が最近の論文になって初めて、臨床的な証明の問題 (1954, 1958b) や治療上の方法論を、私たちの広がりつつある歴史的気づきに照らし合わせながら、本格的に取り上げるようになったことに気づくはずである。このような点からみても、一臨床家としての私が辿った旅路の一部を追いかける本論文集は、実のところ、今はまだ議論の開かれている「心理学の論点《イシュー》」を提示しているといえるだろう。

序文２（一九七九年）

一九五〇年代の終わりに、それより二〇年前に執筆された論文集を再出版するにあたって、「そうするに値する理由」が必要であったとするなら、今年、すなわち一九七九年に同じ出版物を再版することの説明として、何が言えるだろうか。しかも、再版である上に、ここに報告した仕事のうちのいくつかは、既に『アイデンティティ——青年と危機』(1968) に収録済みなのである。

序文１では、初期の論文を編集したこの書物に限って、「粘り強い求め」が寄せられているようだと記し、それを再版「するに値する理由」としている。しかし、出版社がこの理由を今でも通用すると考えているならば、相当な覚悟があってのことに違いない。私が確信を持って言えるのは、次のことだけである。当時、本書の全体的な論調を「一臨床家としての私が辿った旅路」と名づけたが、どうやらそれが様々な国の様々な分野における指導者や学び手にとって特別な魅力を持ち続けているようである。おそらく、当時行った観察によって、それまでバラバラに考えられていた現象が、新たに文脈的に類似しているという新しい認識へと導かれ、それによって、ある友人の言葉を借りるなら「真正性 authenticity」のある表現が可能になったのかもしれない。そしてその「真正性」こそが、確かにいくつかの概念を詳しくみると曖昧で議論の余地があるものの、本書に一読の価値を与えているのではないだろうか。

初版では、初めて発行されることになった「サイコロジカル・イシューズ」に寄せて、いまは亡き友人デイヴィッド・ラパポート博士が長文にわたるイントロダクションを執筆してくれた。タイトルは「精神分析的自我心理学の歴史的概説」（1957-1958）。ラパポートは、まさに最初期のフロイトの思想にまで遡りながら、自我心理学の歴史を四つの段階に分けている。第一段階は一八九七年に終わり、第四段階はアンナ・フロイト（1936）およびハインツ・ハルトマン（1939）の主著の登場によって一九三〇年代に始まるという。ラパポートは、これら四段階の説明を、称賛に値する細やかさで詳述している。この論文は、彼のライフワークの中でも中身のある独立したものになり、今では本書の読者となるはずの人々にとっても、それ以外の人々にとっても、研究の対象となっている。しかし、ラパポートの歴史および専門的な用語にこだわった非常に詳細な記述は、必ずしも本書を読むうえで必須ではない。また、この論文集を読んで、〈当時の自我心理学〉と〈まだ発展途上にあった**心理社会的発達**についての私の理論〉との関係を理解する第一歩としたいと考える多くの読者にとって、混乱を招くことにもなるだろう。したがって、出版社と相談のうえ、今回の出版にあたっては、ラパポートの論文の大部分を削除することに決めた。

とはいえ、自我心理学という分野で私の理論が占める位置づけについて、ラパポートが結論部分で提示した内容を、感謝の気持ちとともに以下に抜粋したい。

ハルトマンの適応理論は、現実関係についての一般化された理論を含んでおり、社会関係のもつ特別な役割を強調している（Hartmann, 1939; Hartmann and Kris, 1945; Hartmann, Kris, and Loewenstein, 1951）。しかし、この理論は、具体的かつ他とは明確に区別された心理・社会的な理論を提供してはいない。……

エリクソンは、自我のエピジェネシス（Erikson, 1937; 1940a）、現実関係の理論（1945）、そしてとりわけ、社会的現実が担っている役割についての理論を精緻化すること（1950b）に力を傾け、これらが彼の発達に関する心理・社会的理論の核になっている（1950a）。これらの理論は、フロイトが第三段階で作り上げた理論、およびハルトマンがそれを詳述したものを、補完している。

エリクソンの理論は、**一連の自我エピジェネシスの各段階を概観し**（1950b）、それによってハルトマンの自律的な自我の発達についての概念を詳述することになったが、これはフロイトの不安の発達についての概念を一般化したものになっている。

このような一連の自我発達の各段階は、リビドーの発達と平行し（1950a, Ch.2）、さらにそれを超えて、**ライフサイクル全体**にわたるものである（Ch.7）。このような考え方は、それまで性器的成熟という唯一の概念の下に習慣的に組み込まれていたライフサイクルの各段階を包含したという点で、精神分析理論の歴史において最初のものであり、これらの各段階を研究するための道具を初めて提供することになった。……

エリクソンの自我発達に関する心理・社会的理論と、ハルトマンの適応理論に共通する（そして「文化論者」の諸理論とは対照的である）決定的な特徴は、次の点にある。両者とも各個人の社会的発達について概念上の説明を提供しているが、それを、ある個人がエピジェネティックな発達の各段階において社会的環境と出会う過程で、**人が発生的に備えている社会的性格**をどのように展開させていくかをたどる仕方で説明している点である。つまり、社会的規範が、発生的に反社会的な個人に対して、「しつけ」や「社会化」を通して接ぎ木されるとは考えずに、個人がエピジェネティックな発達の各段階に課される課題をどのように解決するか、その解決の**仕方**に影響を与えることによって、その人が生まれた社会が、その人を構成員にするというのである。……

エリクソンの理論は（フロイトの理論の多くがそうであるように）、現象学的な命題から、特に臨床的な精神分析的命題、さらには一般的な精神分析的心理学の命題まで広い範囲にわたっているが、それらの間に系統的な区別が付けられていない。これに付随して、これまでのところ、この理論における用語が概念上いかなる地位を占めるかは不明瞭である。この理論を系統的に整理し、これらの用語の概念上の位置づけを明確にすることが、今後の自我心理学の課題である。

エリクソンの貢献は、フロイトの理論を有機的に拡大したものであり、エリクソンの貢献とハルトマンの貢献は矛盾しておらず、互いに補完的である。しかし、エリクソンは、公には自らの理論を主にフロイトのエス心理学の概念に関連づけており、フロイトの自我心理学の概念にはそれほど関連づけておらず、ハルトマンの理論にはごくわずかにしか結びつけていない。同じくハルトマンも、自分の理論とエリクソンの理論の関係を説明しようと試みてはいない。この統合の試みが、自我心理学における課題である。

こうした文章は明らかに、私が三本の論文の中で準備していた理論的統一に共感的な評価を下している。ところがそのラパポートでさえ、結論部分で、私の理論における用語が確かな理論的地位を築いていないと述べなくてはならなかった。それは、この書物で中心的に扱われているものの、これより後の私の研究ではあまり使わなかった用語、つまり「自我アイデンティティ」という言葉に、最も顕著に当てはまる。なぜなら、アイデンティティとライフサイクルというテーマをめぐる私の旅路は、既存の自我心理学に足場を作ることにとどまらず、むしろ、ラパポートがさりげなく示唆したように、この旅路は、まさにこの本書の中で、心理社会的発達の精神分析に導かれていったのである。この点に関しては最近国立精神医学研究所の求めに応じてまとめつつある。さらに、この心理社会的な方向性は、すでに歴史的な方向性の一部となって、最終的に私たちは自我の機能（さらに、私たちが「自我」と呼ぶものの本質を捉えようとする試み）を、歴史的相対性をその根底に含むプロセスとして捉えざるをえなくなった。その傾向は、この論文が世に出たのと同時期に出版された『幼児期と社会』（1950a, 改訂版 1963）、および『青年ルター』（1958a）においてすでに明白であった。

　最初のパラグラフにあるように、本書は臨床的観察という立場から、ある歴史的時期における変化しつつあるエートスに接近しようという、最初の手探りである。しかし、そう表現すると、いくつかの精神的疾患――ある特定の時期に確かに存在する少数派の人々の間に広がり、それゆえ、その時期における共同体《コミュナリティ》としての調和および生産性《プロダクティヴィティ》のパターンの〈**支配的エートス**〉に対する〈**その疫学的相応物**〉を表すような精神的疾患――の症状を（ときには非常に偏った見方から）強調するだけになってしまう。歴史上の特定の時期に特徴的にみられる〈新たな活力を生み出す力〉と〈混乱を引き起こす力〉の間のバランスを、最終的にどのように説明するかという問題は、これより後に行ったいくつかの伝記的研究によって、初めてアプローチが可能になった。〈天賦の才を持つ指導者たち〉と〈彼らが生きた時代〉との間の相互作用についての研究であり、例えば、中年期にインドの運命を背負ったガンディー（1969）、アメリカのアイデンティティが現われつつある時代に広く浸透する役割を引き受けたジェファーソン（1974）といった人々についての研究である。他方、日常生活の中での〈個人の生活様式《スタイル》〉と〈共同体《コミュナリティ》としての調和〉との間の相互作用については、遊び・儀式化・政治についての著書（1977）の中で明らかにしようとした。

　これらの研究はすべて、〈個人の人生の履歴《ヒストリー》〉と〈歴史《ヒストリー》〉との補完的な相互作用を系統的に論述することを目指したものといえる。それに相応して、〈詳細な臨床的観察と論述〉は、常に、〈認識できる数多くの歴史的過程〉に付随しているようにみえる。ある一つの人生テーマ、例えばアイデンティティのようなテーマに集中する場合、それは私たち自身の**個人的な歴史**に根ざした動機によって導かれているものである。この点については、ある論文の自伝的な要素を扱った部分で概略を描く機会があり（1975）、そこでは様々な科学の分野あるいは人文主義的《ヒューマニスティック》な分野における人々を取り上げながら、私たちの個人的・職業的な生活の中で最も決定的な概念の一つについて、その起源を考察した。しかし同時に、精神分析の分野における**治療**や**理論**が指し示すのは、ラパポートによって先に概要が記され、以下に私が記した臨床のエピソードによって具体的に記述されているような、アイデンティティという概念の必要性である。そしてその過程で、六〇年代という歴史上の一時代を過ごした若者たちの間に、アイデンティティの問題が忘れがたくはっきりと、深刻さを増していったのである。実際私はその期間に主として大学の教員を務めていた（1963）。

とはいえ、ここに再版される本書は、これらすべての視点の基礎となるテーマに集中し、つまり、人間のライフサイクルの発達的なロジックの中で心理社会的アイデンティティが占める位置について扱っており、一九四〇年代から一九五〇年代にかけて構想されたものである。

第一論文

自我の発達と歴史的変化——臨床的な覚書

同じ民族として生き、歴史や経済活動を同じくする人々は、善悪に関する共通のイメージによって導かれている。これらのイメージには無限の多様性があり、歴史的変化が本質的に捉えにくいものであることを反映している。しかし、その時代の社会的モデルという形で、あるいは、強制力を持った善悪のプロトタイプという形で、これらのイメージはあらゆる人々の自我発達の中に、明らかな具体性を帯びて現われる。精神分析的自我心理学はこの具体性に関して、まだ理論的吟味を十分に行ってはいない。他方、歴史学者たちは、単純な事実を無視し続けている。あらゆる人間は母親から生まれること、誰もがかつては子どもであったこと、あらゆる国のあらゆる人々は子ども部屋から人生を始めること、社会は子どもから親に発達するプロセスの途上にある人々によって成り立っていること、そうした事実に目を向けていない。

精神分析と社会科学が手を携えることによって初めて、ゆくゆくはその共同体の歴史全体が織り込まれたライフサイクルの向から先を示すことができる。そうした目的のために、この臨床的な覚書は、〈子どもの自我〉と〈その子どもが生きている時代の歴史的プロトタイプ〉との関係に関する疑問点・説明・理論的考察を提供するものである。

I・1　集団アイデンティティと自我アイデンティティ

I・1・1　精神分析初期の概念モデル†

フロイトが最初に自我について、また自我と社会との関係について論じた際、当時の彼自身の精神分析的議論の一般的な傾向や、その時代の社会的な論調によって影響されたのは、避けがたいことだった。フロイトは、初めて集団心理について論じるにあたって、フランス革命後のフランスの社会学者ル・ボンを引用したが、この事実は、以後の「人間集団 multitudes」についての精神分析的議論に影響を残すことになった。フロイトも理解していたように、ル・ボンの「群集 masses」とは状況に反応するだけの人々であり、変化してゆく社会の二つの段階の間で無政府状態を楽しむ群衆 mobs であり、最良の場合でも最悪の場合でも、指導者に導かれた群集 masses である。そうした群集は確かに存在するし、この定義は間違いではない。しかし、〈そのような社会学的な観察〉と〈精神分析的方法によって得られた資料、つまり**二人きりの**治療的状況の中で生じた、転移・逆転移の証言を基に再構成された個人史〉の間には、大きな隔たりが存在する。その結果として生じた方法論的な隔たりは、精神分析的思考の中に、人為的な区別を固定させることになった。すなわち、一方に、家族の中の個人（あるいは、家族のゲシュタルトが投影された「外の世界」に囲まれているかのような個人）。他方に、「不明瞭な集合体」に埋没している「群衆の中の個人」である。その両者の間が切り離されてしまった。(1) それゆえ、**社会組織**という現象や概念、およびそれが個人に与える影響については、かなり長い間、「社会的要因」の存在を尊重すると語られるだけで、それ以上考察されることはなかった。

そもそも自我の概念は、より広く知られていた対立物、すなわち〈生物学的なエス id〉と〈社会学的な「群集」"masses"〉という、［その当時］すでに確立されつつあった定義に従って記述された。すなわち、自我とは、個人が経験を組織づけ合理的な計画を立てる中枢であり、〈無秩序状態にある原始的な本能〉と〈無法状態の集団精神〉との両方からの危険に曝されているというのである。カントは道徳的な市民の座標として「天上の星」と「内なる道徳律」を挙げたが、初期のフロイトは、脅かされた自我を、内なるエスと周りを取り囲む群衆の間に置いたと言うこともできるだろう。

周りを取り囲まれた人間の不安定な道徳性を説明するために、フロイトは自我のなかに自我理想 ego ideal あるいは超自我 superego を設定した。初めのうち強調されていたのは、ここでもまた、自我に押しつけられている外在的な負荷であった。フロイトの指摘によると、超自我とは、自我が従わなくてはならないすべての制約を内在化したものである。それは、まず両親からの決定的に重要な影響によって子どもに強制され、後になると、専門家としての教育者たちや、あるいは「環境」や「世論」を作り上げている、初期のフロイトの言葉を借りれば「範囲のはっきりしない世間の人々からの影響」も、決定的な意味を持つようになる(Freud, 1914)［訳注1］。

こうした周囲の人々からの強圧的な拒絶を受けて、子どもが元来持っているナイーヴな自己《セルフ》愛《ラヴ》は、妥協を迫られることになるという。子どもは自分を評価してくれるモデルを探し、そのモデルを真似ることによって幸せを求める。その試みがうまくいくと、子どもは**自尊感情**《セルフエスティーム》を獲得することになるが、それは元々あったナルシシズムや万能感がそのまま複製されたものではない。

このような初期の概念モデルは、議論の方向性や臨床的精神分析の実践上の目的を、絶えず決定し続けてきた(2)。ところが、精神分析研究の焦点は、様々な発生的な問題に移行してきた。明確な形を持たない人間集団の中や指導者に導かれた群集の中で、いかに自我が消失するかについての研究から、組織化された社会生活の中における幼児的な自我の起源という問題に関心が移ってきた。［単に］いかなる社会組織が子どもを否定するかという問題を強調する代わりに、［むしろ］私たちは、社会が子どもを生かし、特有のやり方でその欲求を満たしながら、子どもたちを特定のライフスタイルの中へと導いていく時に、社会が何を最初に幼児に与えるのかを明らかにしたいと考えている。そして、エディプス的な三者関係を、［単に］人間の非理性的な行為を説明するための、それ以上単純化できない構図として受け入れる代わりに、［むしろ］私たちは、社会組織がいかに家族の構造を決定するかを探究することによって、問題を一層解明したいと考えている。なぜなら、フロイトが、その人生の最晩年に、次のように語っているからである。「……（超自我の中で）働いているのは、これらの両親の個人的資質だけではなく、両親に決定的な影響を及ぼしているものすべてである。つまり、彼らが生活している社会的階級の嗜好や基準や、彼らが生まれた人種の特性や伝統などである」（1938, pp. 122-123）。

I・1・2　集団アイデンティティ†

フロイトは、セクシュアリティが誕生と同時に始まることを明らかにした。また社会生活が個々人の人生の開始と同時に始まるという事実を明示するための道具を与えてくれた。

私たちは、こうした道具を使って、いわゆる原始的な社会の研究を行った。そうした社会においては、子どものしつけが、明確な経済システムや小規模で流動性のない社会的プロトタイプの各項目と見事に一致している。(3) 私たちの結論によると、こうした集団における子どものしつけで用いられる方法は、以下のようなものである。すなわち、経験を組織化するその集団に固有の基本的な方法（私たちはこれを集団と呼ぶ）が、乳児の初期の身体的経験に伝えられ、それを通して、乳児の芽生え始めた自我にも伝えられてゆくという方法である。

集団アイデンティティという概念について説明するために、まず、メキールと私が数年前に行った人類学的な観察の成果を簡潔に述べておくことにする。私たちが論じたのは、アメリカ・インディアン［ネイティヴ・アメリカン］の再教育策の一断片であって、〈スー族の（今では失われた）バッファローの狩人としての歴史的アイデンティティ〉が、〈再教育を担っていたアメリカ人の役人たちの職業的アイデンティティあるいは階級的アイデンティティ〉と、いかに対照的であったかという点である。そして、この二つの集団のアイデンティティが、極端に異なる地理的あるいは歴史的パースペクティヴ（集団の自我＝空間＝時間）、および、根本的に異なる経済的な目標・手段（集団のライフプラン）に基づいていることを指摘した。

スー族のアイデンティティの名残りの中には、先史時代の過去が、生き生きとした心理的リアリティをもって残っていた。この征服されてしまった部族は、あたかも経済的に豊かであった過去のアイデンティティの名残を再統合することに失敗した現在に対して受動的に抵抗するライフプランに従って行動しているようであり、また同時に、あたかも未来が過去に戻り、時間が再び無歴史的になり、空間が無限に広がり、行動が限りなく広がりを持ち、そしてバッファローが無尽蔵であったあの過去が復元する夢のライフプランに導かれて行動しているかのようであった。それに対して、再教育を担った連邦政府側の人間は、求心的で場所を限定した目標のライフプラン、例えば、家や敷地、暖炉、銀行口座といったものの必要を説いた。それらはすべて、過去は克服されるものであり、そして（遠い）将来に達成されるはずのこれまでにない高い水準の生活のためには現在の充足感を犠牲とすることは当然であるというライフプランによって、初めて意味を獲得するものである。つまり、この未来に到達する道は、外側の復興ではなく、内面の改革によるというのである。

むろん、このどちらかの集団の一員として経験するすべての事柄、そしてこの両方の集団の成員によって共有され議論される経験は、いかなるものであれ、そのすべての項目にわたって、双方に共通するプランの座標に従って定義されなければならないことは確かである。

原始的《プリミティヴ》な部族は、生産の資源と手段に直接結びついている。彼らの道具は、人間の身体の延長であり、その集団に属する子どもたちは、技術的あるいは魔術的な営みに参加する。彼らにとって身体と環境、幼児期と文化は、危険に満ちているとしても、それらすべてが一つの世界を成している。社会的プロトタイプの各項目は小規模で流動性がない。それに対して、私たちの世界では、機械が身体の延長であるにとどまらず、人間の組織全体が機械の延長になろうとしている。魔術はそれらを仲介する結び目の役割しか果たさない。幼児期は人生全体から切り離され、その時期に固有の伝説を持った人生の一断片になってしまう。文明が拡大し多層化し特殊化していくことによって、子どもたちは、自我の基盤を、移ろいやすく部分的で矛盾をはらんだプロトタイプに求めるしかない状況に追い込まれている。

I・1・3　自我アイデンティティ†

成長しつつある子どもが、生き生きとした現実感を獲得するのは、次の二つの自覚を持つ場合である。一つは、経験を積み重ねていく自分独自の生き方（自我統合）が、自らの属する集団アイデンティティの中で、成功した一事例として認められているという自覚。もう一つは、そうした自分独自の生き方が、集団アイデンティティの求める時間＝空間やライフプランと一致しているという自覚である。

自分が歩けるようになったことに気づいた子どもは、単に歩くという行為を反復し完成させようとする衝動に駆られているわけではない。フロイトはこれを、移動運動エロティシズムという意味でのリビドー的快感による衝動であると理解し、アイヴス・ヘンドリックは労働原理という意味での操作欲求による衝動と理解したが、単にそれだけではない。むしろ、この子どもは「歩けるようになった自分」に伴う新しい地位と背丈が、その属する文化のライフプランの場合にはいかなる意味を持つか、という点に気がついている。それは「遠くへ行こうとする自分」・「まっすぐに立ち上がろうとする自分」・「遠くに行き過ぎてしまうかもしれない自分」であっても同じである。「歩ける人」になるということは、数ある子どもの発達段階の一つであるが、正確には、〈身体を自由に動かせるようになること〉と〈文化的な意味〉が一致することを通して、あるいは〈身体をきちんと動かせる喜び〉と〈社会的な承認〉が一致することを通して、子どもたちにより現実的な自尊感情をもたらすようなひとつの発達段階である。この自尊感情は、決して単なる幼児的な万能感のナルシシズムの表われではない（それならばもっと手軽に手に入るはずである）。この自尊感情はやがて成長し、手ごたえを持って実感される集団の未来に向かって自我が確実に学んでいるという確信に変わる。あるいは、社会的リアリティの中で明確な位置づけを持った自我に発達しつつあるという確信に変わる。この感覚を、私は**自我アイデンティティ** ego identity と呼びたいと思う。そしてこの感覚を明らかにするために、主観的な経験として・力動的な事実として・集団心理学的な現象として・そしてとりわけ本論では特に大きく紙幅を費やして、臨床的研究の主題として、論じてゆくことにする。

パーソナル・アイデンティティを持っているという意識的な感覚は、同時に生じる二つの観察に基づいている。一方は、自分自身の斉一《セルフセイムネス》性と時間の流れの中での連続性《コンティニュイティ》を直接的に知覚すること。他方は、それと同時に、自分の斉一《セイムネス》性と連続性《コンティニュイティ》を他者が認めてくれているという事実を知覚すること。私が自我アイデンティティという言葉によって提示したいのは、パーソナル・アイデンティティという言葉で示されるような、単に存在しているという事実以上のことである。つまり問題は、この「自分が」存在するということの自我性質なのである。

したがって、自我アイデンティティとは、その主観的側面においては、以下の事実の自覚を意味する。一つは、自我を統合する秩序として自己斉一《セルフセイムネス》性と連続性《コンティニュイティ》があるという事実の自覚。もう一つは、自我を統合する秩序が効果的に働くのは、他者に対して自分自身のもつ意味が斉一《セイムネス》性と連続性《コンティニュイティ》を保証されている場合であるという事実の自覚である。

I・1・4　精神分析概念の集団への応用、および、均衡がとれた中間状態の重要性[†]

フロイトが当時の物理学におけるエネルギーの概念を心理学に応用したのは、計り知れぬほど重要な一歩であった。しかしこれに伴って生まれた理論、すなわち、本能的エネルギーが、物理学におけるエネルギー保存と同様に、転移・置き換え・転換を行うという理論は、観察されたデータを見てゆく上で、適切な助けにはならない。

まさに自我の概念が、このギャップを埋めなくてはならない。私たちは、〈社会的イメージ〉と〈有機体としての力〉の関連を見つけなくてはならない。しかもそれは、イメージと力が、よく言われるような「相互に関係している」という意味ではない。それ以上のものを含んでいる。つまり〈エートス〉と〈自我〉との、また〈集団アイデンティティ〉と〈自我アイデンティティ〉との相互補完が、自我統合にとっても、社会組織にとっても、共通の大きな潜在力を提供するということである。

スー族は、宗教上の修行が最高潮に達すると、小さい針金を自分の胸に打ち込み、その針金を紐で結び、その紐を柱にくくりつける。（独特のトランス状態の中で）踊りながら後ずさりしていくと、やがてロープがピンと張って、針金が彼の胸を引き裂き、勢いよくほとばしり出た血が身体を流れていく。この強烈な行動のなかに次のような意味を見出すことができる。彼は、最初は刺激された幼児的衝動に、次に制約されて欲求不満を起こした幼児的衝動に、自分自身を曝している。それは一つの「固着」であり、スー族の集団アイデンティティにとっても彼個人の発達にとっても決定的に重要な「固着」であると考えられる。(4) この儀式は、「エス」と「超自我」を真っ向から対峙させるが、同じことが、神経症患者たちが行う実を結ばない儀式においても観察される。同様の意味を持つ例は、ユーロク族の男性にも見られる。女性と共に過ごした後、彼は、スチームバスの火で身体を温め、身体が十分に柔らかくなったら、壁にあいた卵型の穴に無理やり身体をねじ込んで外に出て、そのまま冷たい川の中に飛び込む。その行為によって、その人は再び純潔と強さを取り戻すことができ、神聖な鮭を捕りにいくのにふさわしい状態になると考えられている。明らかにここでは償いを通して、自尊感情と内的な安心が回復されている。同じユーロク族は、年に一度、ダムを作って河をせきとめ、一冬を越すに足る量の鮭を確保するという見事な共同作業を成し遂げた後、乱交にふける。このときの彼らは、明らかに、乱痴気騒ぎによって躁的な開放感を経験し、年に一度、贖罪をあっさり捨て去ってしまう。しかしながら、もしこれらのよく知られた極端な状況の中間にある、比較的均衡のとれた状態だけに話を限定するならば、あるいは、もし一年の周期の中でインディアン［ネイティヴ・アメリカン］として行う日常的な雑事を淡々とこなす以上のことはしていない時に彼らの特徴を捉えようとするならば、それらの記述は適切な理論的枠組みを欠いたものになる。私たちは、人間がいつでもどこでも、刻々と変化する感情や観念の中で、そのつど現在の葛藤を変化させているという事実の兆候を探している。正確には、漠然とした不安を伴う抑うつ状態から、フロイトが「一定の中間状態"a certain in-between stage"」と呼んだ状態を経て、高揚した快適な状態に進み、そしてまた元に戻ってゆくような気分の変化の内に葛藤が表れているという事実の兆候を探している［訳注2］。しかしながら、この中間状態は力動的にあまりに重要度が低いため［特徴がはっきりしないため］、それ以外の状態を示すことによってしか、つまり、躁的傾向も抑うつ的傾向もその時点においては明確には認められないと述べることによってしか定義できないのだろうか。あるいは、自我の戦場で一時的な休戦が存在している状態や、超自我が一時的に好戦的ではなく、エスも休戦に応じている状態である、というように述べるしか定義できないのだろうか。

様々な「心の状態」がある中で、比較的に均衡がとれた状態を定義する必要性は、戦時における兵士たちの士気を評価するにあたって切実なものになる。かつて私は、人間の行う努力の中でもほとんど極限に近い環境の一つである、潜水艦の中の生活を観察する機会に恵まれた（Erikson, 1940b）。潜水艦においては、感情的な柔軟性や社会的な資質が厳しく問われる。青年志願兵たちは、英雄的な期待と男根＝運動的な空想を抱いて潜水艦での生活に臨むのだが、しかし、全体的に見ると、細かな雑事に追われ抑制された空間の中で潜水艦の日常を過ごし、また、行動する時は何も見ず何も聞かず何も言わない役割を要求されるなかで、そうした期待と空想が実現されることはない。極限的に困難な状況が長引いてくると、まもなく乗組員の間の極端な相互依存と、快適さと人命に対する相互責任が、最初の空想に取って代わるようになる。乗組員と艦長の間には公式の規律に縛られないある種の共生関係が築かれる。驚くべき機知と生まれながらの知恵により、沈黙のうちに取り決めが成り立ち、艦長は、機能と人間性が絶えず綿密に調整される潜水艦という有機体全体にとっての、感覚システムとなり、頭脳となり、良心となる。またこの取り決めによって、乗組員たちは補償のメカニズムを発動させ（気前よくたっぷりと食物を皆で分け合って）、それによって単調さに耐えながら、同時に、瞬時の行動に備えておく。確かに、極限的な環境に対するこうした自動的な相互調節は、原始的な遊牧生活やある種の口唇的な不活発への退行に見られる「精神分析的な意味」を予感させる。しかし、なぜ人はこのような生活を選ぶのか、とてつもなく単調な毎日と時おり襲われる悪夢のような危険にもかかわらずなぜ人はこの生活に固執するのか、そして何よりも、なぜ彼らはその中で良好な健康状態と不屈の精神を保つことができるのか。そうした問いに対して私たちは満足しうる力動的な答えを持っていない。むしろ精神医学の議論においては、単に類似しているという理由によって、部隊全体・乗組員全体・あるいは職業集団全体が、退行的であるとみなされたり、潜在的な同性愛や精神病的傾向に動機づけられているのではないかと疑われたりすることも稀ではない。

しかし〈任務中の潜水艦の乗組員・働いている最中のインディアン・成長しつつある子ども〉が、〈ある行為をしているその時その場所で、自分が行っていることと自らを一体と感じる人〉と共通に持っているものは、こうした「中間状態」と同種のものなのである。そしてそれこそ、私たちが、子どもたちに成長しても維持し続けてもらいたいと願い、患者たちにその「自我の統合機能」(Nunberg, 1931) が回復したときに手に入れてもらいたいと願っているものである。それが達成されたとき、遊びはより自由になり、健康は内から光を発するように輝き、性行動はより成熟し、仕事はより意味を帯びたものとなることを、私たちは知っている。精神分析の概念を集団の問題に応用してみると、自我統合と社会組織が互いに補い合うことがより明確に理解される。そして、それによって心理学的な中間領域を治療的に価値あるものとみなすことができ、人間の組織におけるそうした中間状態をより高いレベルへと拡大し育成してゆくことが、社会的にも個人的にも、すべての治療的努力の目標であると理解されることになる。

I・2　自我の病理学と歴史的変化

I・2・1　家族†のアイデンティティと少年のアイデンティティ

子どもには同一化する機会が多い。子どもは自分自身を、現実の、あるいは架空の男性や女性と、もしくは様々な習慣や特性と、職業や考えと、多かれ少なかれ実験的な方法で同一化する。ある種の危機によって子どもはラディカルな選択を迫られることがある。しかし、様々な同一化の断片を有効に組み合わせるために、社会的に意味のあるモデルが、子どもの生きているその歴史的な時代から提供されることは、ごく稀である。そしてそのモデルが有効であるのは、「子どもの」身体の成熟段階と、「その子なりの」自我の統合の仕方と、その双方の要求に同時に応じることができる場合である。

数多くの子どもの症例において見られる救いようのない激しさは、彼らが自らの内に芽生えつつある自我アイデンティティを防衛する必要に迫られていることの表現である。そして子どもたちがこの自我アイデンティティを防衛しようとするのは、自我アイデンティティが生活のあらゆる面において起こりつつある急速な変化を統合すると約束してくれるからである。観察者から見て、むき出しの本能の過激な表出にみえる現象は、多くの場合、ただ一つの可能性において統合し昇華することを許してほしい［自分の選んだ道を進みたい］という、子どもの捨て身の嘆願である。だからこそ、若い患者は特定の治療方法にしか応じようとしないのだろうと思う。すなわち、その人固有の自我アイデンティティ形成を成功させるために必要不可欠な条件を完成させる助けとなる治療方法にしか応じようとしないのだろう。治療や指導によって、好ましくない同一化の代わりに、より好ましい同一化を置き換える試みは可能であろうが、しかしそれによって［若い人たちの］自我アイデンティティの、全体としての形態《コンフィギュレーション》が変化することはない(5)。

ここで脳裏に浮かぶのは、ある退役したドイツ軍人の息子の話である［症例1］。その元軍人は、ナチズムを受け入れることができなかったか、もしくはナチズムから受け入れられなかったために、アメリカに移住してきた。彼の幼い息子はこの国に来る前にナチズムの教化を受け入れる時間がほとんどない状態だったので、他の子どもたちと同じく、極めて自然にアメリカの文化や風習に慣れてしまった。ところがその息子は、次第にあらゆる権威に対して神経症的に反抗するようになった。彼が「古い世代」に対してぶつけた言葉やその表現の仕方は、明らかに、彼が一度も読んだことがないナチの刊行物のものであった。そしてその態度は、無意識的に、ヒトラー・ユーゲントの反抗であった。表面的な分析を行っただけでも、ヒトラー・ユーゲントのスローガンに同一化していたこの少年が、エディプス的な原理に従って、父親に対する攻撃者に同一化していたことは、明らかであった。

この時点で、両親は息子を陸軍士官学校に行かせることに決めた。私はこの息子が激しく抵抗するだろうと思っていた。ところが金色の線章、星、階級が約束された制服を受け取った瞬間、その少年に劇的な変化が起こった。まるでこれらの軍のシンボルが、彼の内的秩序に、突然の決定的な変化を与えたかのようであった。いまや少年はアメリカのプロトタイプである士官学校の制服に身を包んだ、無意識のヒトラー・ユーゲントとなった。そして一市民にすぎない父親は彼にとって危険でもなければ重要でもなくなった。

しかし、この父親と、父親に関係のある父親の代行者たちが、どこかある時点で、無意識的なジェスチャーによって（Erikson, 1942）（とりわけ第一次世界大戦中の手柄を話すことによって）、この少年の中に軍人的プロトタイプを築き上げる助けをしたことは確かである。この軍人的プロトタイプは数多くあるヨーロッパ的な集団アイデンティティの一つであって、［とりわけ］ドイツ人の心の中では特別な重要性を持ち、数少ない完璧にドイツ人的で高度に発達したアイデンティティの一つであると考えられている。家族は一般的に様々な同一化の傾向を持つが、とりわけ歴史のある一時期においては、軍人的アイデンティティが特別に重要な意味を持った。そして政治の移り変わりによって、もはやそのアイデンティティを全うすることが不可能になった家族においても、この軍人的アイデンティティが無意識のうちに存在し続けてしまうのである。[6]

歴史上の人物、あるいは実在する人物を善悪のプロトタイプとして受け入れるよう、子どもたちに仕向ける際には、極めて微妙な方法が必要であるにもかかわらず、その点はほとんど研究されていない。例えば、愛情・誇り・怒り・罪悪感・不安・性的緊張などの感情をほんの少しだけ見せることの方が、（そこで使われた言葉、そこに込められた意味、そこに含まれている哲学よりも）子どもたちにこの世界で本当に重要とされていることの輪郭を伝える。すなわち、子どもたちの属する集団の空間＝時間、およびそのライフプランのパースペクティヴの多様性を伝達することになるのである。

同じほど捉えにくいのは、社会経済的・文化的な**パニック**である。パニックは家族全体を巻き込み、個々人を幼児的な贖罪心理に退行させ、その反動としてより原始的な道徳律へと逆戻りさせてしまう。こうしたパニックが、たまたま時期的にも、また力動的な質においても、子どもの心理・性的な危機の一つと重なると、神経症を発生させることになる。すべての神経症は、人々と共有するパニックであり・その人個人の不安であり・身体的な緊張であり・それらすべてが同時に生じたものである。

私たちの観察によると、例えば、私たちの罪の文化においては、個人も集団も、社会経済的な地位が危険に曝されていることに気づくと、必ず無意識のうちに、あたかも内的な危険（誘惑）が恐ろしい災難を引き起こしたかのように振る舞う。そしてその結果として、幼少期の罪の意識と贖罪心理に退行するだけではなく、歴史的にもより初期の行動原則の内容と形式に反動的に逆戻りしてしまう。暗黙の道徳律が、より抑制的になり・より魔術的になり・より排他的になる、等々。患者が自分の子ども時代の環境として繰り返し描くのは、あまりに多くの変化が同時に起こったために生じたパニック状態の、いくつかの場面が凝縮したものであることが多い。

もう一人、五歳の男の子の症例を挙げよう［症例2］。この子は攻撃や死に関わる経験がいくつも偶然に重なると痙攣を起こしていた。この子の暴力についての考えは、次に記すような家族の歴史によって問題を含んだものになっていた。この子の父親は東欧系ユダヤ人で、五歳のときに温和で物静かな祖父母に連れられてニューヨークのイースト・サイドにやってきた。彼がそこで生き残るためには、自らの子ども時代のアイデンティティのうえに、先に殴ったヤツが勝ちだというアイデンティティを重ね合わせるしかなかった。父親はこのルールを、患者である男の子のアイデンティティにも根づかせたが、しかし、それがどれほどの代償を払うことになるかを教えることはなかった。やがて父親はそれなりの経済的成功を収め、ニュー・イングランドの小さな街の大通りに店を構えて近くの住宅街に引っ越した。そこで父親は、息子への初めの教えを取り消す必要に迫られた。のみならず、いまや生意気ざかりで好奇心あふれる幼い息子に、嘆願したり脅したりしながら、店の息子は異教徒にも優しく接するべきであることを言い聞かせなくてはならなかった。

このアイデンティティの変化は、男の子の男根＝運動段階の只中に起こった。この段階は明確な方向づけと新しい表現の機会を必要とする時期である。さらに偶然にも、息子のアイデンティティの変化は、父親が移住の犠牲となった年頃と同じ年齢で起こった。［1］家族のパニック（「優しくしないと商売してゆかれない」）、［2］個人的な不安（「タフになることだけを目指し、タフでなければ我が身が危険なのに、一体どうすれば優しくなれるのか」）、［3］父親に対する攻撃性をいかにコントロールするかというエディプス的な問題、［4］矛先のない怒りによって引き起こされる身体的な緊張。本来これらはすべて別々の出来事であるにもかかわらず、有機体・環境・自我が同時に変化したために、どれを優位とすべきか、その相互調節を経ることがないまま、相互にショートしてしまったのである。こうして彼のてんかん発作が現われることになった。

I・2・2　無意識的な二者択一†

成人の分析治療においては、幼児期の自我の決定的な要因となった歴史的プロトタイプが、特有の転移や抵抗の形で姿を見せることになる。

以下に抄録した一人の大人のケース・ヒストリーは、そうした〈幼児的な危機〉と〈患者の大人としてのライフスタイル〉との関係を物語っている。

ある女性のダンサーは、非常に容姿に恵まれていたが（ただし身長が極めて低かった）、胴体をかなり固く直立させておかずにはいられず、踊るときにぎこちなく不恰好になってしまう症状に悩まされていた［症例3］。その分析で明らかになったのだが、彼女のヒステリー性の直立は、ペニス羨望の現れであり、その他の点においてはうまく昇華されていた自己顕示癖に付随して子ども時代に誘発されたものであった。この患者は、第二世代のドイツ系アメリカ人の一人娘であった。父親は成功を収めたビジネスマンで、ある種の自己顕示的な個人主義に傾きがちなタイプであり、自らの立派な体格を非常に誇らしく思っていた。彼はブロンド髪の息子たちに対しては、しっかりと姿勢を正すよう言い聞かせていたが（もはや意識的にプロイセン人であることを期したわけではないはずである）、浅黒い肌をした娘にそれを要求することはなかった。むしろ父親は、女性の肉体がそれほど人に見せる価値を有するものとは思っていなかったようである。このダンサーの踊る動機の一つが、「改善された」姿勢を見せるという圧倒的に強い願望であったのは、こうした経緯によるものであり、そしてその姿勢は、彼女が一度も見たことのないプロイセンの祖先の風刺画に似ていた。

こうした症状に含まれる歴史との接点［症状の歴史的背景］は、患者が症状を防衛する抵抗を分析することによって明らかになる。

この患者は、意識的にも、陽性転移の中でも、父親と分析医は共に背が高く「北欧的な」身体つきであるという共通点に気がついていた。ところが分析医が夢の中に、背の低い、小汚い、しわくちゃのユダヤ人となって出てきたことで、非常に動揺してしまった。卑しい生まれと男らしさの欠如を象徴するこのイメージによって、彼女の症状に潜む秘密を解き明かそうとする権利を、分析医から奪おうとしたことになる。その秘密とは、彼女の傷つきやすい自我アイデンティティに対する危険、すなわち、〈**理想的な**プロトタイプ（ドイツ的、背の高い、男根的）〉と〈**邪悪な**プロトタイプ（ユダヤ的、背の低い、去勢された、女性的）〉という乱暴な二者択一の歴史的プロトタイプと結びついた、彼女の性的葛藤によって生じた危険である。患者の自我アイデンティティは、この危険な二者択一を過激なまでに、現代的なダンサーとしての役割の中に組み入れようと企ててきた。すなわち、その創造的な振る舞いは、防衛という観点から見ると、女性であるという社会的・性的な劣等性に対する自己顕示的な抵抗であった。そして彼女の症状は以下の事実を示している。父親の自己顕示癖や偏見は、彼女がエディプス・コンプレックスを感覚的に体験したことを通して彼女の内に植え付けられていたために、彼女の無意識の中で、危険なまでに大きな破壊力を保ち続けていたのである。

私たちの文化において、無意識的に邪悪なアイデンティティ（自我がそれに似るのを最も恐れるようなアイデンティティ）は、通常、侵害された（去勢された）身体・排除された民族集団・搾取されたマイノリティといったイメージによって構成されている。それが症状として現われる際には実に多様な形をとるにもかかわらず、この連想は広く浸透し、男性にも女性にも、多数派にも少数派にも、今ある国家あるいは文化的単位におけるあらゆる階層においても当てはまる。なぜなら自我は、［個々の葛藤を］統合しようとする努力の過程で、［最終的に］〈最も力強い理想的なプロトタイプ〉と〈邪悪なプロトタイプ〉を（いわば勝ち抜き戦の最終勝者のように）取り入れ、それと共に、すでに存在している二者択一のイメージ、すなわち、優越か劣等か、善か悪か、男性的か女性的か、自由か隷属か、力強いか無力か、美しいか醜いか、早いか遅いか、背が高いか低いか、といった一対のイメージ群を、この単純な二者択一の構図の中に組み入れようとするからである。そしてそれによって、当惑するほど数多く存在する小競り合いの中から、一つの戦いと一つの戦略を選び出そうとする。こうした関連において、過去に関するより均質的な潜在的イメージが、独特の抵抗の中で、その反動的な影響を発揮する［漠然とした歴史的イメージが、治療における患者の抵抗に大きな影響を与える］。この点は今後の課題であるが、私たちは、患者の自我が探し求めている、患者にとって重要な二者択一の構図の歴史的基礎を理解することになるはずである。

いかなる集団の形成過程においても、道徳的・性的な二者択一の構図と無意識的に結びついた民族的な二者択一のイメージ［例えば、善良な民族か邪悪な民族か、強い部族か弱い部族かというイメージ］は不可欠である。精神分析は、それらを研究することによって、個々の症例に対する治療方法を完成させると同時に、偏見に

含まれる無意識的な働きに関する知識を深めることになる。(7)

Ⅰ・2・3　邪悪なイメージを自ら引き受けてしまうこと†

治療における試みも、社会改革の試みも、悲しい事実を明らかにする。すなわち、抑圧・排斥・搾取に基礎をおいたあらゆるシステムにおいて、抑圧されている者・排斥されている者・搾取されている者は、無意識のうちに、支配者たちによって自分たちがその代表とされてしまった邪悪なイメージを受け取り、それを正当なものと信じてしまうという事実である。(8)

以前、背が高く頭の良い、ある牧場主を診察したことがある［症例4］。米国西部の農業に影響力を持っていた男性である。彼はユダヤ人として生まれ、大都市のユダヤ人街で育てられたが、このことは妻以外、誰も知らなかった。その人生は、外面的には成功を収めていたが、様々な強迫症状や恐怖症のために悩まされていた。分析の結果、これらの症状は、彼が育てられた近隣の環境を再現するものであり、その環境の輪郭を西部の谷間で自由に動き回る彼自身の動きに重ね合わせていることがわかった。［現在の］彼の友人も敵も、目上の者も目下の者も、誰もが知らず知らずのうちに、少年時代の彼に惨めな思いをさせたドイツ人の少年やアイルランドのギャングたちの役割を演じていた。彼らは、毎日学校に通う途中の小さなユダヤ人の少年を惨めな気持ちにさせた。その通学路は、孤立しているがより洗練されたユダヤ人の街から、借屋通りやギャング闘争の敵意に満ちた残響を通りぬけて、民主的な教室という一時的な安息の地へと、この少年を導くものであった。この人物の分析は、以下の事実に対する悲しい理解を私たちにもたらした。すなわち、邪悪なユダヤ人アイデンティティに関するストレイチーのイメージは、実は多くのユダヤ人自身が隠し持っているイメージと違わないこと。そしてその結果、逆説的にユダヤ人たちは、自分が何者であるかという点において、もはや過去が大して重要な意味を持たない地域においてすら、そのイメージを生きようとしてしまう「過去のユダヤ人イメージに縛られる必要がない状況においても、邪悪なアイデンティティを自ら引き受けようとする」という事実である。

問題の患者は、ユダヤ人にとって唯一かつ真の救済者となるのは形成外科医であると、本気で思っていた。こうした病的な自我アイデンティティをもつ場合の身体自我において、身体の各部位は人種を特徴づける上で戦略的に重要であるとされる（この患者の場合は鼻であり、前述のダンサーの場合はそれが背骨にあたる）。それは肢体が不自由な者にとっての手足や、一般的な神経症患者にとっての性器と似た役割を果たしている。問題となる身体部位は、他の部位とは異なる自我緊張を帯び、実際より大きく重く感じたり、実際より小さく、肉体から切り離されているように感じたりすることもある。どちらの場合にも、身体全体から分離しているように感じられながら、しかし他方では、他者の注目に曝され最も目立っているようにも感じられる。病的な自我アイデンティティの場合も、肢体が不自由な者の場合も、注目に曝されて苦痛を感じる身体部位を隠そうとして隠しきれない夢や、その部位を誤って失ってしまったりする夢をみることがある。

個々人の自我の空間＝時間と呼ばれるものの内には、このように、子ども時代の周囲の環境についての社会的トポロジーと、自らの身体像の輪郭が保存されている。これらを研究するためには、患者の子ども時代の歴史を、以下のような事実と、相互に関連づける作業が必要である。［1］その家族が定住生活を送っていた場所の歴史。家族が住んでいた場所は、典型的な「アングロ・サクソン文化」地域（アメリカ東部）であったのか、「保守的な」地域だったのか（アメリカ南部）、あるいは「革新的な」地域だったのか（西部や北部のフロンティア）。なぜなら後二者の地域はそれぞれアメリカ版のアングロ・サクソン的な文化アイデンティティの中に徐々に組み込まれてきたからである。［2］彼の家族が、どのような場所から、どのような場所を通って、どのような場所に向かったのか。こうした移住は、それぞれの時代ごとに、発展するアメリカ的性格を特徴づける両極の生活、すなわち、極端な定住型生活と極端な移住型生活を示す可能性がある。［3］その家族の宗教上の回心や改宗、そしてそのことが社会階層として持つ意味。［4］社会階層の標準に自らを合わせようとして失敗したり、その階層の地位を喪失したり、放棄したりすること。［5］とりわけ、何をしようと、どこであろうと、最も力強い文化的アイディンティティの感覚を与えてくれた、個人あるいは家族の場面。

Ⅰ・2・4　地域[†]によって異なる問題の特殊性

ある強迫神経症患者の祖父は、すでに他界していたが、生前は実業家で、**東部大都市**の中心地区に大邸宅を持っていた［症例5］。遺言により、たとえ超高層ビルやマンションが周囲に立ち並んだとしても、邸宅は家族の城として残しておくよう命じられていた。邸宅は保守主義を象徴するいささか不吉なシンボルとなり、X氏がこの家を引っ越す必要も売り払う必要もなく、拡張する必要も増築する必要もないことを、世間に告げていた。旅行が便利になったという話も、大邸宅とその延長とみなされる場所の移動、つまりクラブ・夏を過ごす別荘・私立学校・ハーバード大学などとの間を結ぶだけの、世間から孤立した快適な通路の話としてしか受け止められていなかった。その家の暖炉の上には祖父の肖像画が掛けられており、小さな電球がその紅潮した頬を照らし続けていた。その顔には、力強さと満ちたりた表情が広がっていた。祖父の「個人主義」的な仕事ぶりや、彼が子どもたちの運命にほとんど原始的ともいえる影響力をもっていることに、誰もが気づいていたが、しかし誰もそれを問題にすることはなかった。むしろ、祖父のそうした影響力は、敬意や几帳面さや倹約などを過敏に示すことによって、過剰に補償されていた。孫たちは、自分自身のアイデンティティを見出すためには、その邸宅から脱出する必要があることに気がついていたし、世間を巻き込んでいる狂った努力［経済的競争など］に加わらなくてはならないことに気がついていた。孫たちの何人かは、その大邸宅を、内在化されたパターンとして受け取った。つまり、その大邸宅を、基本的な自我空間として受け取り、その自我空間が、誇り・苦痛を伴うひきこもり・強迫症状・性的不感症といった彼らの防衛メカニズムを決定していた。彼らの精神分析治療は異常に長く続いた。その理由の一端は、分析室が彼らにとっての新しい邸宅にならなければならず、また、分析医の考え込む沈黙やその理論的なアプローチが、あの大邸宅の儀式的な隔離に取って代わらなければならなかったためである。そしてさらなる抵抗が、夢や自由連想の中で明らかになった。患者の礼儀正しい「陽性」転移の治癒的な効果は、分析医の控えめな態度が、容赦ない祖父よりも、抑制的な父親に似ているように思われた時点で、終わりを告げた。そして父親イメージ（それに伴う転移）が分裂することになり、弱く温和な現在の父親イメージが、力強い祖父のイメージと融合して成り立っていたエディプス的父親イメージから切り離されてしまう。分析医がこの二重のイメージに近づくにつれて様々な空想が現れ、それによって、患者の真の自我アイデンティティに対して、祖父がいかに圧倒的な重要性を持っているか、明らかになった。これらの空想は、暴力的な権力感覚や、優越感に満ちた怒りを暴露した。この優越感に満ちた怒りによって、外見的には抑制されているこうした人々は、あらかじめ用意された優越的特権が与えられている場合以外には、経済的競争に加わることが困難である。しかし、かつては最上の階層に属していたこうした人々も、アメリカ的な生活の中で、やがて何も相続しない最下層の仲間入りをすることになる。そのすべてを最初から開始する強さを持たない限り、現在いる階層から、自由競争に参加することはできないのである。そうした強さを持つことができない場合、患者たちはしばしば治療を拒む。なぜなら、治療には自我アイデンティティの変化、すなわち歴史の中で変化した経済的条件のもとで自我を再構成することが含まれているからである。

そうした深い断念を打ち破る唯一の方法は、実際の祖父は素朴で、原始的な権力によってその地位を獲得したわけではなく、むしろ歴史にその能力を愛されたからであるという（実は子どもたちが既に知っている）事実を示す記憶に、真剣に目を向けさせることしかない。

＊＊＊

ある**西部人**の祖父について、以前発表した症例にふれておこう（Erikson, 1945, p.349）［症例6］。この少年の祖父母は西部にやってきたが、「そこではやる気を奮い立たせる言葉以外は、ほとんど耳にすることはなかった」。少年の祖父は精力的でやる気に満ちた男で、技術者として新しく挑戦しがいのある仕事を求めて広大な土地を転々と移動していた。その挑戦の当初の目的を達すると、その仕事を他人に譲り、また別の場所に移った。妻でさえも、たまに子作りするときくらいしか、夫と顔を合わせる機会がなかった。典型的な家族パターンのとおり、彼の息子たちは父親のペースに着いてゆくことができず、立派な定住者として傍らに置き去りにされた。こうしたライフスタイルの変化を、それぞれに相応しいスローガンで表現するとすれば、「こんな所から出ていってやる」と特徴づけられる存在から、「ここにいて、あいつらを締め出してやる」と決意する存在へと変化したことになる。その祖父の一人娘（つまり患者の母親）だけが、父親と同一化し続けた。ところが、まさにその同一化のために、彼女は父親に匹敵するような強い夫と結婚することができなかった。彼女は軟弱な男と結婚して、定住した。そして息子を信心深く勤勉になるように育てた。息子であるこの少年は、時には向こう見ずで移り気になり、時には抑うつ的になった。今のところは、多少非行少年のように見えるが、いずれは酒好きの愉快な西部人になるのだろう。

ところが心配症の母親は以下の事実に気づいていなかった。当の母親自身が、少年が子どもの頃からずっと、定住した父親［夫］を軽蔑していたこと。そして、地理的・社会的な移動の欠如に対しても、結婚生活の欠如に対しても公然と非難し、むしろ少年の祖父の功績を理想化していたこと。ところがその一方で、少年が元気よく動き回っていると、落ち着いた近所付き合いをかき乱すことを恐れて、いつもパニックを起こし、それを罰しようとしたのである。

＊＊＊

中西部出身のある女性は、並外れて女性らしく繊細であったが、西部に住む親戚を訪ねてきた折に、私のもとに相談にきた［症例7］。常に感情が締め付けられているように感じ、あらゆることに対して軽度の不安を感じていた。予備的な分析治療の間、彼女はまるで生気を失っているように見えた。数週間が経過してからようやく、ごく稀にではあるが、連想が次々と押し寄せてきて、圧倒されるようになった。そのすべてがセックスや死に関する突然の恐ろしい印象であった。これらの記憶の多くは、無意識の深層から現われたのではなく、意識の中の、ある隔離された一隅から出てきたものであった。彼女の意識は、子ども時代に育った上流中産階層のふつうの生活を打ち壊す危険のあるすべての事柄を締め出していた。確かに、生活の断片を相互に隔離してしまうことは、あらゆる強迫神経症患者にも見られるが、彼女の場合、いくつかの点においては、それ以上であった。それは生活の仕方であり、エートスであり、彼女はそれを気詰まりに感じていた。ちょうどこの頃、彼女はヨーロッパ人の男性から求愛されており、コスモポリタン的な雰囲気の生活を思い描いていた。その生活に彼女は魅力を感じていたが、同時にそれを抑制していた。生き生きとした想像力が呼び覚まされていたが、それは不安によって抑えつけられていた。このアンビバレンスに腸が反応し、彼女は便秘と下痢に交互に苦しんでいた。彼女は性的・社会的な問題についての想像力が貧困なのではなく、全体的に抑制されているような印象だった。

この患者の夢が、それまで活用されていなかった秘められた生命力の源を次第に明らかにした。自由連想を行うと、苦痛を感じたり生気を失ったりしたように見えたが、夢の中ではひとりでにユーモアをおび、想像力も豊かになった。あるとき彼女は、静まり返った教会の集まりに、燃え立つような赤いドレスを着て入っていく夢を見た。また、立派な窓に向かって石を投げつけ、その窓を割る夢も見た。しかし最もカラフルな夢の中で、彼女は南北戦争時代に、もちろん南部連合国軍側にいた。その夢のクライマックスで、彼女は、巨大な舞踏場の真ん中に作られた、低いついたてで仕切っただけのトイレに座っており、金管楽器が力強く奏でる音楽に合わせて彼女の周りをくるくると回る優美に着飾った南部連合軍の軍人や南部の淑女のカップルたちに向かって、手を振っていたのである。

こうした夢が、彼女の隔離された子ども時代の一部を明るみに出す助けになった。それは、南部連合軍の退役軍人であった祖父が与えてくれた、やさしさに満ちたぬくもりである。祖父の世界は過去のおとぎ話であった。その形式主義にもかかわらず、祖父の家父長的な男らしさとやさしさに満ちた愛情は、彼女の子ども時代の飢えた感覚を通して経験され、また、自我を探し求めていた彼女にとっては、父親や母親が与えてくれた標準的な成功の約束よりも、より直接的な保証を与えてくれるものとなった。祖父の死とともに、彼女の感情は死んでしまった。なぜなら彼女の感情は、失敗した自我アイデンティティ形成の一部であり、愛情という栄養や、社会的な報酬という形の栄養を受け取ることができなかったからである。

＊＊＊

南部の女性（階級や人種を超えた広がりを持つそれ自体一つのアイデンティティ）として知られる自我アイデンティティを少しでも持った女性たちに対する精神分析治療は、彼女たちの特殊な抵抗によって複雑化するように思われる。確かに、患者たちは移住させられてきた南部人であり、その淑女ぶりは防衛であり、ほとんど症状といってもよいものである。治療を望む彼女たちの願いは以下の三点に由来すると見てよい。それらはすべて、南部の文化に固有の決まり事と結びついている。カーストや人種のアイデンティティを守るために、幼い女の子に淑女のプロトタイプを押し付けることによって準備される決まり事［常識や思い込み］である。

第一に、人生とは一連の試練の連続であり、悪意のあるゴシップが南部女性たちの些細な弱点や欠点を並べたてる期間であり、そして最終的には、淑女であるかどうかという最後の審判に向かっているという、擬似パラノイア的な疑惑。第二に、男たちは暗黙に公認されたダブルスタンダード（表面的には女性たちを尊重しながら、実際には女性を劣った卑しい性とするダブルスタンダード）による抑えがなくなった場合、紳士であることを放棄するという、広く受け入れられた思い込み。少なくとも男たちは、女性の名誉を傷つけようと試み、社会的に地位の高い夫を持つとか、自分の子どもをより上流の社会に嫁がせようとする女性たちの期待を傷つけようとする、という思い込みである。［第三に］しかしそうした思い込みにはアンビバレントな意味が含まれている。すなわち、紳士の外見を捨てることが可能な機会にそれを捨てることができないような男は弱虫であるから、容赦なく挑発してやればよいという思い込みである。罪悪感や劣等感といったような普通の感情は、より高い社会的地位を求めようとする意識的な期待に支配されたライフプランの中には、常に存在する。ところが、そうしたライフプランは、アンビバレントに対立するもう一つの隠された期待によって病的になる。すなわち、淑女であらねばならないという女性の義務感を向う見ずな情熱の中で消し去ってくれることを男性に期待してしまうというそのことによって、罪悪感や劣等感といった普通の感情が、病的なものになってしまうのである。こうしたすべての点において、男性と女性の間で用いられる基準や言葉が心の底から一致し、原始的な［根深い］対立を越えた領域に至ることは基本的に不可能である。言うまでもなく、こうした無意識の基準によって、誠実で見識のある女性たちは深刻な苦悩を味わうことになる。しかし、患者の性格抵抗への最初の分析と並行して、こうした歴史的事情を言語化することがなければ、精神分析は可能にならない。

＊＊＊

精神分析家が日々の仕事において相談を受けている相手は、二つの極の間にある緊張に耐えられない人々である。次の一歩を踏みだし、次の角を曲がるための自由を残しておくという、その暫定的な状態を続けることに耐えられないと感じる人々である。こうした患者たちは、転移や抵抗の中で、彼らの子ども時代の重要な段階において急激に変化し鋭く対立した国家・地域・階級のアイデンティティの面影［訳注3］を統合しようと何度も試みるが、いずれも失敗してしまう。患者は、分析家を自らの無意識のライフプランの内に組み込み、共通点の多い自分の先祖と同一化することによって、理想化してしまう（分析家がヨーロッパ生まれのときには特にそうである）。あるいは分析家を、脆弱で暫定的な自我アイデンティティの敵であるとみなして、微妙な仕方で抵抗する。

治療が成功した患者には、この国の生活の変化の激しさと向き合う勇気があり、経済的・文化的アイデンティティを求める苦闘に含まれる両極性と向き合う勇気がある。しかも彼らは、それを敵意に満ちた不可避の現実としてではなく、より普遍的な集団アイデンティティを約束する可能性として捉えている。しかし限界がある。子ども時代の感覚的刺激が根本的に欠如している場合、あるいは、いい機会を利用できる自由に恵まれても立ち往生してしまうような患者の場合である。

幼児は、前性器段階の経験の中で、自分のリビドーが生殖の課題に向かって活動し始めることができる以前に、身体《オルガニスミック》＝社会的存在としての多様な基本の形を学ぶ。子どものしつけは、取り入れ・保持・同化・排除・侵入・包含といった身体モードを、その時々に見合った特有の比率で強調することによって行われる。そして成長しつつある子どもに対して、その後の人生課題の基本的モード［例えば、振る舞い方］に相応しい性格の基礎を与える。もっとも、それが有効なのは、その後の人生課題と初期のしつけが食い違わない場合に限られる。

例えば、地方に住む黒人のことを考えてみよう。彼らの赤ちゃんは、口唇や知覚の刺激をたっぷり与えられるという形で感覚的な満足を受けることが多く、それはその生涯に十分なほどである。そしてその満足は、彼らが身体を動かし、笑い、話し、歌うという身のこなしの中に保存されている。しかし彼らは封建的な南部との共生を強いられ、この口唇＝知覚の宝を、奴隷のアイデンティティを形成するために搾取されてしまう。奴隷のアイデンティティとは、温和で・従順で・依存的で・いくらか愚痴っぽく・しかし常に主人に仕える心構えを持ち・時には思いやりや子どもじみた知恵を見せる、といったものであった。ところが水面下では、危険な分裂が起こっていた。一方は、屈辱的な共生を強いられることによって、他方は、主人の側が［黒人たちの］感覚的・口愛的な誘惑に対して自らのアイデンティティを守る必要に迫られて、双方の集団に、一対の連想が固まってしまう。すなわち、「色の白い－清潔な－賢い－白人」と「色の黒い－汚い－愚かな－黒人」という組み合わせである。その結果として、とりわけ、貧しくも安心な南部の家を離れた黒人たちは、突然、残酷な清潔のしつけを押し付けられることになる。そして、このしつけが男根＝運動段階にまで伝達されると、どの肌の色の女の子を夢見てはいけない、どこの場所は気儘に訪ねてはいけない、という制約になる。そしてその制約が、目覚めている時も夢をみている時も、あらゆる時に、本来の自己愛的な感覚が性器領域へと自由に移行することを妨げることになる［幼児期の自然な身体感覚が性器領域に及ぶことを妨げてしまう］。こうして三つのアイデンティティが形成される。（一）ママの口唇＝感覚的な「可愛い坊や」。優しく・表現豊かで・リズミカル。（二）清潔で肛門＝強迫的な・抑制され・愛想がよく・しかし常に哀しげな「白人に仕える黒人」。（三）汚らしく・アナル＝サディスティックで・男根的＝強姦犯人的な「ニガー」という邪悪なアイデンティティである。

いわゆる良い機会、すなわち、制限された自由だけを新たに与えるものの、上述したアイデンティティの断片を統合する機会にはならない状況に直面すると、これらの断片の一つが人種的なカリカチュアの形をとって支配的になる。このカリカチュアに疲れると、黒人たちは、しばしば心気症的な病弱状態へと後退する。その状況はまさに、南部特有の制限された自我＝空間＝時間を象徴するものであり、奴隷の自我アイデンティティへと神経症的に退行してしまうということである。

私が知っているある黒人の男の子は、白人の少年たちと同様、毎晩「ローン・レンジャー」〔西部劇を題材としたアメリカのラジオドラマ〕に耳を傾けていた。そしてベッドに座って、自分がレンジャーになったところを思い描いていた。しかし悲しいかな、仮面をかぶった悪者を馬に乗って追いかけているローン・レンジャーが、自分の空想の中では黒人であることに、突然気がつく瞬間が来ると、彼は空想をやめてしまった。子どもの頃この少年は嬉しいときも悲しいときも、その感情をまっすぐに表現していた。現在の彼は、物静かで微笑を絶やさず、言葉遣いは柔らかく曖昧である。誰も彼を急がせることはできず、心配させることも、喜ばせることもできない。そして、白人たちに気に入られている。

I・3 自我の強さと社会の病理

I・3・1 いかに幼児期が自我アイデンティティに貢献するか[†]

個人に関する精神病理学は、自我アイデンティティを理解するうえで役に立つ。精神病理学は、生まれもった欠陥・幼児期の情緒的欠乏・神経症的な葛藤・トラウマ的ダメージによって、いかに自我アイデンティティが悪化するかを研究している。この節では自我にダメージを与える社会病理の実例を見てゆくが、その前に少なくとも一つの問いを提示しておこうと思う。むろんその問いに答えるためにはより体系的な論述を待つ必要があるのだが、次のような問いである。すなわち、いかなる要因が、強くて正常な自我アイデンティティを作るのか。一般的にいえば、強い自我を作るすべての要因は、自我アイデンティティにも役立つと考えてよいだろう。

既にフロイトが（1914）、人間の自尊感情《セルフエスティーム》の源（つまり個人の自我アイデンティティに対して、幼児期がいかに貢献するか）について、次のように論じていた。

（一）　子どもじみたナルシシズムの存続［論点1］

（二）　経験に裏づけられた幼児的万能感（自我理想の達成感）［論点2］

（三）　対象リビドーの満足感［論点3］

精神分析はこうした論点に関して、その共同的＝支持的な側面よりも、個人的で退行的な側面を強調するようになった。しかしそれでは話の半面しか捉えることができない。

というのも、もし幼児的なナルシシズムが存続するとしても［論点1］、母性的環境はそれを愛情によって創造し維持しなければならないからである。すなわち、偶然そこに生まれたこの特定の社会の中で生きていることが良いことであると子どもに確信させるような愛情によって、幼児的ナルシシズムは、創造し維持されなくてはならない。幼児的ナルシシズムは、不快な環境の侵入に対して勇敢に戦うと語られることが多いが、実際には、このまさに同じ環境が提供する感覚的な豊かさと励ましによって育まれている。幼児的ナルシシズム（すなわち、強い自我の基礎）が広範囲にわたって深刻に欠乏する事態は、最終的には、共同的統合［感覚］の崩壊を招くと考えられるが、この共同的統合こそ、すべての新生児とその母性的環境に、共同体に対する信頼という個人を超えた状況［感覚］を提供する。後にこのナルシシズムがより成熟した自尊感情に取って代わる際にも、決定的に重要なのはこの共同的統合の感覚であり、より現実的になった子どもが、自分で学んだことを用いることができる機会、そして社会的な意味が増したという実感を獲得する機会を期待できるかどうかなのである。

もし幼児的な万能感の一部が経験によって補強されるべきであるとしても［論点2］、子どものしつけに際して、感覚的な健康と前向きな操作可能感覚の教え方だけではなく、そうした健康と操作可能感覚によって獲得される、確かな社会的認知［能力］を与える仕方も理解しておく必要がある。なぜなら、見せかけや大人の欺瞞によって養われる幼児の万能感とは異なり、自我アイデンティティに伴う自尊感情は、基本的なスキルや社会的な技術に基づいているからである。そしてそのスキルや技術が、徐々に、〈機能を発揮する喜び〉と〈実際的な働き〉を一致させ［試してみる喜びが空回りせず実際の成果をもたらし］、〈自我理想〉と〈社会的役割〉を一致させるからである。自我アイデンティティを伴う自尊感情には、確かな未来への認識が含まれている。

もし「対象リビドー」を充足させようとするならば［論点3］、性器愛とオルガズム能力は、経済的安定と感情的安心感の文化的統合によって保証されなくてはならない［性器愛は二人だけでは完結せず社会的基盤を必要とする］。なぜなら、それらが統合されなければ、妊娠・出産・子育てを含む性器愛のサイクル全体が完全に機能するための統一的な意味を持つことができないからである。相手に夢中になりすぎると、近親姦的な幼児期の愛をすべて現在の「対象」に投影してしまうことがある。また性器的な活動が、［それぞれ自らの］退行を防ぐための歯止めとして、互いに相手を利用し合う関係になる危険もある。しかし相互的な性器愛は未来を向き、分業を目指している。すなわち、一組の男女だけが共同して成就することができる生活の中の分業、家族という第一次的な社会単位の中で生産・生殖・休息を共にする生活における分業を目指した努力である。この意味において、自我アイデンティティは、伴侶との出会いにおいて最終的な強さを獲得する。その場合必要になるのは、第一に、双方の自我アイデンティティがある種の本質的な点において相互補完的であること、第二に、双方の自我アイデンティティが、伝統を断絶することも、近親相姦的な一体化に陥ることもなく（このどちらの場合も子孫の自我の発達を害する危険がある）、結婚生活の中で互いに融合できることである。

伴侶を選ぶにあたって、いくつかの決定的な特徴において、幼児期の性愛の対象に似た人物を無意識のうちに「近親姦的に」選ぶことがある。それは必ずしも病的なことではない。精神病理学の文献では病的可能性が暗示されることがあるが、そうとは限らない。そのような選択は、民族的《エスニック》なメカニズムに従っており、それを通して〈自分が育った家族〉と〈自分が築き上げてゆく家族〉との間に連続性を生み出す。それゆえ、こうした選択は伝統を永続させる。すなわち、先行する世代が習得したすべてのことを永続させ、それは、あたかも［生物が］種の内部の配偶によって獲得した進化の成果を保存するのと同じ意味を持っている。神経症的な固着（およびそれに抵抗する頑固な内的防衛）は、このメカニズムの本来のあり方ではなく、むしろその挫折の表現である。

しかし、かつては進化論的な適応・部族の統合・国家や階級の統一などのために機能してきた適応メカニズムの多くは、アイデンティティが全世界的に拡大し続ける世界の中で、目的を見失っている。［子どもたちが］変わりゆく歴史的条件から強さを受け取ることのできる自我アイデンティティを育むためには、まず、大人の側が歴史的な異質との共存を意識的に受け入れることが必要であり、同時に、いかなる場所で過ごそうとも、子どもたちに意味ある連続性《コンティニュイティ》という新しい基盤を保証する賢明な努力も必要である。そうした課題を達成するために、以下の戦略的要点に関する系統的な調査が期待される。

（一）身体イメージの連続性《コンティニュイティ》、および、その基礎となると考えられる胎内経験。母親の妊娠に対する情緒的な態度がいかに重要であるかについては、特に言及する必要がある。

（二）〈出産後のケア〉と〈新生児の気質〉の同時性《シンクロナイゼーション》。これらは、新生児の出生前および誕生の際の経験に基づいているといえる。

（三）母親の身体および気質について［子どもが］幼児期に経験する感覚的経験の斉一性《セイムネス》と連続性《コンティニュイティ》。これが永続するナルシシズムの蓄えに栄養を与え、それを維持する。

（四）〈前性器期、および子どもの発達における標準的な段階〉と〈集団アイデンティティ〉との同時性《シンクロナイゼーション》。

（五）幼児的ナルシシズムと自体愛を放棄すること、および潜在期の技術や知識を獲得することが、近い将来、社会から実質的に評価されるという約束があること。

（六）エディプス的葛藤が、その個人の社会的・歴史的状況に即して、適切に解決されること。

（七）〈青年期の終わりに獲得される自我アイデンティティ〉と〈経済的機会、実現可能な理想、利用可能な技術など〉との関係。

（八）〈性器愛〉と〈相補的な自我アイデンティティをもつ愛情の対象〉との関係、あるいは、〈性器愛〉と〈生殖について社会で共有されている意味〉との関係。

I・3・2 症例理解には社会的・歴史的視点が必要である†

共同の空間＝時間、および社会のライフプランについて今まで述べてきたことから、以下の研究が必要になる。現代社会を構成する各部分が、いかにして子どものしつけと経済発展の中から、有効に機能する連続性《コンティニュイティ》を作り出そうと奮闘しているか、その自発的な方策に関する研究である。なぜなら、指導者を志す者なら誰でも、アイデンティティ形成の自発的な傾向を理解し・概念化し・利用しなくてはならないからである。私たちの臨床の歴史は、そうした研究に役に立つ。しかしあまりにもエピソード的な形は避ける必要があるし、またステレオタイプ化したもの、例えば「患者の母親は支配的であった」という定式化（これは古典的ヨーロッパの精神医学の中で暗黙のうちに伝わっている家族イメージと対比するなかで語られる）

は、より丁寧に検討され、それぞれ特有の歴史的意味をもった多様な規定に分けて考える必要がある。第二次世界大戦中、精神医学および精神分析学は、いかなる子ども時代の環境が、軍隊生活のストレス下において神経を病む原因となるのか、あるいは原因とならないのかを解明しようと試みたが、歴史的な観点が欠如していたために、全体的に見て失敗に終わってしまった。

以前私たちは、精神神経症により終戦前に米軍を除隊された退役軍人を研究したことがある。その際、しばしば、自我統合の部分的喪失によって発生する普遍的な症状を目にした。こうした人々の多くは、確かに「未習得の機能の段階」(Freud, 1908)に退行する。彼らの自我の境界は衝撃を吸収する部分を失ってしまい、感覚的印象であれ・自責の念であれ・衝動であれ・記憶であれ、あらゆる突然の出来事や刺激の強い出来事によって不安と怒りに苛《さいな》まれる。絶え間なく「脅かされた」状態の感覚システムは、外側からの刺激によっても、火照り・動悸・キリキリとした頭痛などの身体の感覚からの刺激によっても、攻撃に曝される。不眠症状のために、夜間の睡眠中に感覚のスクリーニングを回復することもできず、夢によって感情的な統合を回復することもできない。記憶喪失・神経症的な虚言癖・錯乱といった症状が、時間的つながりや空間的まとまりの部分的喪失を示している。「しかし」彼らに見られた「平和時の神経症」の症状やその残像は、断片的で見せかけの性質しかもっておらず、あたかも、彼らの自我は本物の神経症に罹ることとすらできなくなってしまっているかのようだった。

こうした自我欠損は、ある症例においては、強烈な出来事によって生じるように見えるが、他の症例においては、無数の不快な出来事によって次第に磨耗する仕方で生じてくるように見える。(次第に生じるものであれ、突然であれ)あまりに多くの変化が、あまりに多くの点において一度に起こると、人は疲れ果ててしまう。そして恒常的に身体的緊張・社会的パニック・自我不安に悩まされるようになる。とりわけ、「もはや自分が誰だかわからなくなる」。それは明らかな自我アイデンティティの喪失である。斉一性《セイムネス》と連続性《コンティニュイティ》の感覚、そして自分の社会的役割に対する信念が、失われてしまう。

アメリカ的集団アイデンティティが各個人の自我アイデンティティを支援するのは、各個人がある種の意図的な暫定性を保つことができる限り、つまり、次のステップは自分次第であること、どこにいようとも、どこへ行こうとも、もし自分が選ぶならば、そこを立ち去り逆方向に向かう権利があると確信できる限りのことである。この国においては、移住者であっても移動を命じられることを望まないし、定住者であっても定住を命じられることを望まない。なぜならこの二つのライフスタイルは、「移動するか、留まるかという」個人にとって最も私的で個人的な決定に属すると考えられる二者択一を構成する正反対の要素から成り立っているからである「動くか留まるかの選択は個人の自由の基礎であるから、それを命じられることは個人の自由と権利の喪失と感じる」。そこで、軍隊生活における束縛と訓練は、多くの人にとって、理想的な人物像を提供することにはならない(9)。それどころか、ごく少数の者にとって軍隊生活は、間抜け［Sucker, 乳離れしていない、だまされやすい人］という極めて邪悪なアイデンティティを意味する。他の人にはチャンスがあり女の子を追いかける自由があるのに、自分は脱線させられ・閉じ込められ・そこから逃げ出せないと感じる。しかも間抜けであるとは、社会的・性的に去勢されることを意味する。間抜けには、母親さえ憐れみをかけてくれないというわけである。

精神神経症の犠牲になった人々の（しばしば溢れんばかりの）言葉の中には、これまで脅かされたか、あるいは今後の自由を脅かすと思われるものに関連する、あらゆる記憶や期待が表れている。自由に活動するという逆戻りしないエスカレーターに再び近づこうと苦闘しながら、彼らのトラウマを背負った自我は、邪悪なアイデンティティと戦い、そこから逃れようとする。邪悪なアイデンティティの中には、泣き叫ぶ赤ん坊・血を流す女性・従順な黒人・性的いくじなし・経済的な敗者・精神的な能無し、といった要素が含まれているが、こうしたプロトタイプはすべて、殺人や自殺につながる怒りを引き起こし、結果的には、気まぐれな苛立ちや無気力へと人を追いやる運命を暗示している。彼らは必要以上に誇張し、自らの自我のジレンマを状況や特定の個人の所為《せい》にしようとするが、それによって、彼らの子ども時代の歴史はますます惨めなものとなり、彼らの外見は実際より深刻な病状になってしまう。彼らの自我アイデンティティは、身体的・性的・社会的・職業的な要素に分解してしまっているから、それぞれの要素において、その邪悪なプロトタイプの危険を克服し直さなくてはならない。もし臨床研究が患者の打ち砕かれたライフプランに焦点を当て、あるいは、患者の自我アイデンティティの基礎となる各要素を再統合するために役立つ助言を与えることができるならば、そうした患者たちの回復は、より効率的・経済的になるだろう。

数十万の人々が今回の戦争で自我アイデンティティを失い、回復までに相当な時間を要し、あるいは、部分的にしか回復できずにいる。また、数千人の人々が急性の自我アイデンティティ喪失であるにもかかわらず、精神病と誤って診断され、治療を受けている。さらに、数えきれない人々が、急激な歴史的変化の結果として、トラウマとなるような自我アイデンティティの喪失の恐怖を、心底味わった。

こうした多くの人々、その医師、そして彼らと同時代の人々が、ますます、精神分析的精神医学の明らかにした厳しい真実に注目するようになっているという事実は、それ自体、批判的に吟味されるべき歴史的な展開である。確かに、個人の症例史《ケースヒストリー》における不安の意味とその疾病の意味に関する限り、精神分析的な洞察はますます受け入れられている。しかし、このように人間行動に関する辛い無意識的な決定要因を部分的に受容するということは、実は、社会的兆候を自覚して不安になることへの抵抗であり、同時にその歴史的決定要因を自覚して不安になることへの抵抗でもある。私は、世界史のごく最近の、巨大な規模でアメリカのアイデンティティが試されることになった、意識されずに《サブリミナル》体験されたパニックのことを考えているのである。

歴史的変化は強制的な普遍性を持ち、地球規模で加速しつつある。そしてその動きは、新たに現われつつあるアメリカのアイデンティティに対する一つの脅威として経験されている。その結果、この国民の力強い確信が揺らいできたように思える。すなわち、この国は過ちを犯しても立ち直ることができるという確信、あるいは、この国は本質的なところで、尽きることのない資源・計画の見通し・行動の自由・進歩のスピードなどの点において常に全世界をリードしているゆえに、自国の社会的な実験を発展させ、試行し、完成させるための限りない空間と果てしなき時間があるという確信が、揺らぎつつある。〈互いに孤立した空間という古いイメージ〉と〈爆発的に広がる地球的一体化という新しいイメージ〉を統合する試みは困難であり、その困難が深刻な不安をもたらしている。特徴的なのは、その困難が、伝統的な方法を新たな時間＝空間に応用する時に生じるという点である。すなわち、宣教のなかで「一つの世界」を発見し、「世界を越える」という理解のもとに航空術を切り開き、あるいは慈善活動を地球的な規模でするといった場面である。けれども、経済的・政治的な統合が遅れており、それに伴って感情的・精神的な強さも遅れているという深刻な自覚は、依然として残っている。

精神分析家が、こうした歴史的展開の神経症的症状に対する影響を考慮しないとしたら、現代のライフサイクルに特有なダイナミズムの多くの部分を見逃してしまうのみならず、個人のエネルギーを、直面する共同の社会的課題のために用いることを妨げてしまう（あるいは、仕事上妨げざるを得ない人々に協力してしまう）。大きな規模で神経症を減少させるという課題は、臨床的な注意を、症例と状況に対して、過去への固着と新たに芽生える将来設計に対して、不満に満ちた深層と不安定な表層に対して、同等に向けることによって初めて達成可能となる。

Ⅰ・3・3　精神分析概念の歴史的相対性とその現代的傾向[†]

変化する歴史的現実に対する自我の関係を研究することによって、精神分析は、新しい無意識的抵抗との結託に気づいてゆく。その際、精神分析的研究にとって本質的な点は、被観察者の中に存在するこうした抵抗を完全に理解し効果的に利用するより前に、観察者自身の内にこうした抵抗の存在を認めなければならないという点である。精神分析医は本能について探求を進めながら、自らの探求する欲動が、その一部は本質的に本能的なものであることに気づいている。また、患者の転移に対して、部分的には逆転移によって応答していることに気づいている。転移とは、幼児的な願望を治そうとするまさにその治療状況の中で、当の幼児的な願望そのものを満たしたいと思う曖昧な願いのことである。こうした点をすべて理解したうえで、分析者は、不可避的なものを明確にすることによって、不要な抵抗を使わせてしまい、創造的な計画に向かうエネルギーを解放する自由の限界に向かって、系統的に働きかけるのである。

したがって、当然ながら、訓練中の精神分析医は、今の自分を自分ならしめている歴史的な決定要因を、努めて学ばなくてはならない。それができてこそ、自分とは異なる存在を理解する能力という人間的才能の完成を期待することができる。しかし、実はそれ以上に、精神分析における諸概念そのものが、歴史的要因によって規定されているのである。

人間のモチベーション研究において、同じ用語が半世紀以上（まして一世紀の長きにわたって！）使われているとすれば、必然的にそれらの用語は、その用語が創られた当時のイデオロギーを反映し、またそれに続く社会変動に伴うイデオロギーの変化を吸収しているはずである。人間が現実を吟味するための器官、すなわち自我という器官に関する概念的道具を用いる場合、そこに何らかのイデオロギーが含まれることは避けがたい歴史的方程式である。人間の自己斉一《セルフセイム》の核《コア》と現実そのものの概念化は、必然的に歴史的変動の関数である。とはいえ、ここでもまた、私たちの探求は自由の限界に向けられており、私たちの方法論は、洞察と計画に対する抵抗を徹底的に分析することに向けられている。

哲学者が予言するとおり、「現実」という概念は、概念それ自身が意図する意味は明確であるのに、実際の使用においては極めて堕落しやすい。快感原則に従えば、その瞬間に快いと感じることが良いことであるのに対して、他方、現実原則が説くのは、長い目でみて、そして外的あるいは内的なあらゆる発展の可能性を考慮に入れたうえで良いとされることが、最も持続して良いと感じられるものであるという約束である。これらの原則は、科学者によって作られたものであるが、いとも容易に経済人の餌食になってしまう。現実原則は、その理論においても治療においても、ある種の個人主義的な色合いを帯びており、その原則に従えば、良いこととは、（法が強制力を持つ場合には）超自我を避けることによって、（超自我が不快感を引き起こす場合には）超自我を避けることによって、罰せられずに逃れることである。しかし治療の失敗を通して、こうした用語法の限界が明らかになる。すなわち、西洋人は、ほとんど自らの意志に反して、より普遍的な集団アイデンティティを発展させているからである。その現実原則は、ひとつの**社会的原則**を内包し始めている。それに従えば、良いこととは、長い目で見るとき、（共有する同じアイデンティティをもつ）他の人々が同じ良いものを獲得するのを妨げることなく、彼自身にとって良いと感じられるものを保証することである。残された問題は、いかなる新しい仕方で〈経済的な安全〉と〈情緒的な安全〉が統合されるならば、より広い範囲の集団アイデンティティを支えることができ、それによって、個々人の自我に強さを与えうるかという点である。

＊　＊　＊

今までとは異なる種類の概念化にみられる現代的な傾向は、最近の文章に典型的に表れている。「幼年期全体を通して成熟化のプロセスが進行するが、それは知識の増大と現実への適応を助けるために、（自我の）機能を完全にすることを目指しており、また機械装置のように正確かつ信頼可能になるまで、自我がますます客観性を獲得し感情から独立することを目指している」（Anna Freud, 1945）。

自我そのものが、あらゆる機械化より古くから存在することは明らかである。もし自我そのものの内に、自らを機械化する傾向が検出され、あるいは、それなしでは経験が貧しくなってしまう感情からも影響されない傾向が検出されるとすれば、私たちは本当に歴史的ジレンマに悩まされることになるだろう。今日私たちが直面しているのは次の問いである。機械化時代の問題は、人間が機械化することによって解決されるのか、それとも産業が人間化することによって解決されるのか。子どものしつけに関する私たちの習慣は、現代人を標準にして作られており、子どもたちを、機械の世界における競争的な搾取に「適応」する準備を整えた信頼に足るメカニズムの一つとなるように、しつけている。事実、子どものしつけにおけるある種の現代的傾向は、機械との魔術的な同一化の表れのように見え、それは原始的《プリミティヴ》な部族が彼らの主要な獲物に同一化するのに似ている。しかし同時に、それ自体すでに機械化に支配された文明の産物である現代知性は、「心のメカニズム」を探し求めることによって、自らを理解しようと努めている。そこで、もし自我それ自身が機械的な適応を**望む**ようになってしまったら、私たちは自我の本性を扱うことができずに、現代という時代に特有の適応の一つの形を扱うことになり、そうした研究への私たち自身の機械的アプローチを扱うことになってしまう。

おそらくこれに関連して、「自我」という言葉のこの国における一般的な用語法が、当然のことながら、精神分析の「自我」概念とは、ほとんど何の関係もないという事実を指摘しておく必要があるだろう。精神分析の用語法においては、自尊感情が正当に認められていない場合、自我の性質を持つとは認められない。とはいえ、治療の短縮化が話題になるなかで、こうした自我概念の意味内容が、自我に関する専門的な議論の俎上に載せられるようになってきたようである。

励ますこと・からかうこと・騒々しい仕草など「自我膨張的」な振る舞いがアメリカ的行動様式の一部であることは言うまでもない。そうした行動様式は人々の話やジェスチャーの中に広く浸透し、あらゆる対人関係の中にも入り込んでいる。この国において、そうした行動様式なしに治療的な関係を作ろうとしても、いつまでも異国風で馴染まないものに留まるだろう。しかし、ここで考えるべき問題は、「気分を良くする」ために励ましたり、不安や緊張を覆い隠したりすることによって、人々を、よりよい患者や消費者や労働者として機能させてしまう、国民的な営みの内に含まれる組織的な搾取である。

弱い自我が本物の強さを獲得するのは、励まされ続けることによるのではない。強い自我は確かに力強い社会によってそのアイデンティティの安定を得ているものの、人工的にそれを膨張させようとするいかなる試みも必要としないし、事実そうした試みに対しては免疫ができてしまっている。強い自我は、本物と感じられるものを選別すること・役に立つ物事に熟達すること・必要とされる物事を理解すること・生命あるものを享受すること・病的なものを根絶することを目指している。同時にそれは、同じ集団自我《グループエゴ》の内部で、他の人々と互いに励まし合う関係を創出する方向に向う。そしてそれを通じて、集団の意志が次世代へ伝えられていくのである。

しかし、戦時中は、自我の強さが不当に試されることになる。集団的な緊急事態においては、情緒的にも物質的にもあらゆる資源が動員されねばならず、その際、長期的な発達が可能な平常時においては有用かつ経済的とされるものを、相対的に軽視せざるをえなくなる。そうした集団的危機状況において、自我を励ますことは道理にかなっている。そして、急性の自我緊張という個人の症例においても、自我を励ますことは、正当な治療的アプローチである。急性の自我緊張とは、その人が情緒的にあまりに幼いか、身体的に弱いために、成熟した健康な人ならば耐えうる状況にも対処できない場合や、状況があまりにも極限的であるために、比較的適切な自我でさえも対処できなくなる場合のことを指している。戦争は明らかに、〈自我〉と〈予測しえない状況〉との間に生じる、［前文で見た］二つのタイプの、トラウマとなる不一致を増加させる。しかしながら、平和な状況において「自我を励ます」哲学や実践を際限なく適応することは、理論的には不安定であり、治療的には不健全であり、それ以上に、社会的にみて危険である。なぜなら「自我を励ます」という考えは、私たちが、緊張の原因（すなわち「現代的な暮らし」）を、個人あるいは社会には永久的にコントロールしえないと認めてしまうこと、すなわち**幼児的な自我を弱めてしまう傾向のある状況**の変革を限りなく延期してしまうことを意味するからである。こうした変革の見通しからエネルギーをそらしてしまうことは危険である。なぜなら、アメリカの子ども時代、またアメリカに特有の精神の自由の表現は、産業的民主主義の破片を統合しようと奮闘している壮大なる破片にすぎないからである。

このような発展に対して精神分析が貢献しうることは、唯一、忍耐強いヒューマニスティックな努力を通して、単に患者を限られた状況に適応させるのではなく、原始的な恐怖によって曇らされてしまった潜在的可能性に気づくことを目指して、臨床的な経験を応用することである。

I・3・4 三つのプロセス、そして歴史的変化の視点†

対象［患者］を観察するにあたって、精神分析医は（アンナ・フロイト［1936］が指摘したように）「エス、自我、超自我から等距離の」観測地点に立つべきである。そうすることによって、その三者が機能上、相互に依存していると気づくことができ、またこれらの心の部分の一つの変化を観察しながら、それに連動して生じる他の部分の変化を見逃さずにすむ。

しかし、さらに重要なのは、エス、自我、超自我と概念化されるものが、ライフヒストリーというカプセルの中の静的な仕切りではないという点に、観察者が気づくことである。むしろ、それらは三つの主要なプロセスを反映しており、そのそれぞれの相対的な関係によって人間行動の形が決まるのである。三つのプロセスとは以下の通りである。

（一）ライフサイクルの時間＝空間内部で、身体を、有機的に組織化するプロセス（進化、エピジェネシス、リビドー発達など）。

（二）自我の統合によって、経験を組織化するプロセス（自我の時間＝空間、自我防衛、自我アイデンティティなど）。

（三）地理的＝歴史的単位の中で、自我有機体を、社会的に組織化するプロセス（集団の時間＝空間、集団のライフプラン、生産のエートスなど）。

この三つの順序は精神分析研究の動向に従ったものである。むしろ［実際には順序があるわけではなく］これら三つのプロセスは、それぞれ構造は異なっているものの、**互いに助け合って存在し、互いに連動しながら存在している。**三つのプロセスのどれか一つの意味や可能性が変化すると、同時に、他の二つのプロセスにも変化が起こる。そして、その変化を適切な程度に保ち継続させるために、あるいは、その発達が遅れ・ずれを生じ・断絶するのを防ぎ、是正するために、身体の痛み・自我の不安・集団内パニックという形で警告が発せられる。これらの警告が知らせるのは、有機体の機能不全・自我操作《エゴ・マステリー》可能感覚の機能障害・集団アイデンティティの喪失である。そしてこれらの一つ一つが、実は全体にとっての脅威なのである。

精神病理学が観察し研究しているのは、こうした全体的なプロセスの内の、ひとつのプロセスの見かけ上の自律であり、その自律は、実は、全体的なプロセスの相互調整とバランスが失われ、一つのプロセスのみが過度に強調されたために生じたものにすぎない。その結果、精神分析は、第一に、人間が**エスに隷属している状態**を（あたかもエスだけが独立しているかのように）研究した。すなわち、欲求不満の有機体が自我や社会に対して押し付ける過度の要求に、人間が振り回され、その人のライフサイクルの内的経済が混乱する状態を研究した。第二に、研究の焦点は、**一見すると自律的な自我（と超自我）の奮闘に人間が隷属して**

いる状態、つまり、防衛メカニズムの研究に移った。すなわち、個人の有機体や社会の組織がもはや活動できなくなり耐えることができない限界を超えてまで、自我の持つ経験し計画する力を、抑えつけたり歪めたりする防衛メカニズムの研究である。［第三に］精神分析は、**人間が、歴史的諸条件に隷属している**ことを一層明確に調査することによって、神経症の基礎研究を完成させようとする。この歴史的諸条件は、慣例であることを理由に［個人に先立って存在しているという理由で］**それ自身自律していると主張し**、人々の健康と自我の強さを否定するために人間に内在的な原始的メカニズムを利用する。[10] 私たちの臨床経験をこの三層の研究に基づいて解釈し直すことが、産業世界における子どものしつけについて重要な貢献をするための唯一の方法になるであろう。

精神分析治療そのものの目標は、従来、エスの可動性、超自我の寛容性、自我の統合力を同時に高めていくことであると定義されてきた（Nunberg, 1931）。この最後の点に関して、自我を分析する際には、〈個人の自我アイデンティティ〉と〈その人の子ども時代の環境を支配していた歴史的変化〉との関係を分析する作業も含めるべきである。なぜなら神経症の克服《マステリー》は、その人を今あるようにならしめた歴史的必然を受け入れる位置に至った時に、初めて可能になるからである。人間が自由を感じるのは、自らの自我アイデンティティと同一化《アイデンティファイ》することを選びうる時であり、そしてまた、〈与えられたもの〉を〈自ら為さねばならないもの〉へと応用することを学んだ時である。そうすることによって初めて、〈唯一回の自分のライフサイクル〉と〈人間の歴史の中のある特定の一時代〉との一致から、その人は（自分の世代と次世代のための）自我の強さを引き出すことができるのである。

※本論文のオリジナル版は *The Psychoanalytic Study of the Child*, 2 : 359-396, 1946 に掲載された。

健康なパーソナリティの成長と危機

幼児期および青年期に関するホワイトハウス会議の実情調査委員会から要請を受けて、別の論文（Erikson, 1950a）で論じたいくつかのアイデアを、ここで再度取り上げてより詳細に論じることにする。その論文では、図らずも、健康なパーソナリティという問題が、様々な臨床的・人類学的な考察の中から現われてきたのである。今回はその問題が中心テーマとなる。

専門家は、事実と理論を区別し、知識と意見を区別することが可能と考えられている。自分の専門分野で論じられる理論については、それを立証しうる有効な技術を知っておくことが、専門家の務めである。［しかし］もしこの論文において、そうした意味において「健康なパーソナリティ」について**知っている**ことだけを扱うならば、読者にとっても私自身にとっても、非常に立派で厳密ではあるが、実に退屈なものになるだろう。自己との関係や他人との関係に関する方法論的な諸問題を、こうした短い論文で取り上げても、説得力もなく示唆的なものにもならない。

他方で、もしこの論文をフロイト派の精神分析理論に関する新たな手引きとして書くならば、健康なパーソナリティの理解にはあまり貢献することがないだろう。なぜなら精神分析医は、日ごろの治療を通して障害の力学やその治癒には非常に詳しいのに反して、その障害をいかに予防したらよいのかについてはあまりよく知らないからである。

しかし私は、大きな影響力を持つフロイトの発見を本論文の出発点としたい。すなわち、神経症的な葛藤はすべての子どもが子ども時代に乗り越えるべき葛藤と内容的に大差がないこと、また、あらゆる大人はこれらの葛藤を自らのパーソナリティの奥深くに抱えたまま生きているということ。それが本論文の出発点である。そして、子ども一人ひとりの発達段階において危機となる心理的葛藤を明らかにすることによって、この事実を考えてみたい。なぜなら人は、心理的に生き生きとしているために、これらの葛藤を絶え間なく解決し続ける必要があり、それは身体が肉体的な衰えと戦い続けるのと同じだからである。しかしながら、ただ生きているだけ、あるいは病気ではないというだけで健康とする見解に賛成できない私は、精神分析の正式な専門用語から離れた諸概念にも助けを借りなければならない。また、私は文化人類学にも関心があるため、真に健康なパーソナリティの以下の要素を記述しようと思う。[1]神経症の患者に最も顕著に欠如し失われている（と私には思える）要素、[2]教育システムや文化システムが、それぞれのやり方で創造・支持・維持しようと努める種類の人間［社会に特有のプロトタイプ］に最も明瞭に表われている要素である。

私は、人間の成長を、健康な人間が繰り返し乗り越えてゆく内側・外側の葛藤という観点から述べてゆくことにする。その繰り返しは、個人の内的な統一感覚が高まるたびに・判断力が高まるたびに・物事をうまくこなす能力が高まるたびに、何度も現われては消え、また現われる。この「うまくこなす」とは、その個人にとって重要な意味を持つ人々の基準に従うという意味である。そこで、この「物事をうまくこなす」という用語法は、文化的相対性に関するあらゆる疑問を湧き起こしてしまう。ある人がうまくやっていると、その人にとって重要な意味を持つ人間から評価されるのは、例えば、彼が「役に立った」時であり、彼が何か所有したという意味で「うまくやった」時であり、あるいは、現実を理解し支配する新しいスキルや方法を学んだという意味でうまくやった時であり、もしくは、単に何とか過ごしているにすぎない時であったりする。

成人の健康なパーソナリティの構成要素については、実情調査委員会の成果の別の部分でも語られている。その例を一つだけ挙げるならば、マリー・ヤホダ（Marie Jahoda, 1950）の定義では、健康なパーソナリティは、**積極的に環境を支配《マスター》し**、パーソナリティに**ある種の統一性**を示しており、**世界と自分自身を正確に認識する**ことができる。これらの基準がすべて、子どもの認知的発達と社会的発達に関連することは明らかである。事実、子ども時代とは、これらの能力が初めは欠如しているが、複雑な諸段階を経て次第に発達していく時期であると規定してよいだろう。この問題に対して発生的な観点からアプローチすることが自分の課題である、と私は考えている。いかにして健康なパーソナリティは成長するのか。いかにして健康なパーソナリティは、人生の内外の危険を支配する能力を次第に増し続ける（しかもそうした危険を体験せずに済ませようとする不可欠な情熱を併せ持つ）諸段階の中から生じてくるのか。

Ⅱ・1　健康と成長について

成長について理解するときには、常に、**エピジェネティック原則**を念頭に置いておくとよい。この原則は**子宮内における**有機体の成長から派生したものであって、多少一般化すると、次のように説明される。成長するものはすべて**グランドプラン**を持ち、このグランドプランから各**部分《パーツ》**が発生し、それぞれの部分にはそれが特別に優勢になる**時**があり、やがてすべての部分が**機能する全体**を形作るようになる。誕生の時点で赤ちゃんは、母胎という化学的交換の場を離れ、社会の中に出てきて社会的交換システムに加わる。そして赤ちゃんの次第に高まりつつある能力が、その属する文化の提供する機会や限界と出会うことになる。成熟しつつある有機体が、新しい器官を発達させることによってではなく、あらかじめ定められた一連の運動能力・知覚能力・社会的能力によって、どのように姿を現してくるかについては、子どもの発達に関する文献に明らかである。精神分析はさらに特異的な経験について、とりわけ、個々の人物をその人固有のパーソナリティに定めている内的葛藤について、理解をもたらした。しかしここでも次の理解が重要になる。最も個人的な経験の連続のなかで、健康な子どもは適切な量の指導が与えられれば、発達の内的法則に従う。この法則はその子どもに関わりを持つ周囲の人々との**重要な相互作用のための一連の潜在的可能性**を創り出す。その相互作用は文化によって多種多様な形をとるとしても、**パーソナリティの成長**を司る**適切な比率と適切な順序**の範囲内に留まる必要があり、これは生体の成長の場合と同じである。パーソナリティは、次第に広がりゆく社会的範囲に向かって駆り立てられ・それを認識し・それと相互作用を行うようになるための、生物としての人間の準備状態《レディネス》の中にあらかじめ定められた段階に従って発達すると考えられ、この社会的範囲は、漠然とした母親イメージに始まり、人類、あるいは少なくともその特定の個人の人生にとって「重要な意味をもつ」人類の範囲にまで広がる。

以上のような理由により、パーソナリティの発達における諸段階を示すに当たって、**エピジェネティックな図表**を用いる。[1] それは、以前フロイトの心理・性的段階の分析のために用いた図表に類似している。事実、この図表は〈幼児性欲理論（ここで詳細を繰り返すことは避ける）〉と〈家族や社会構造の中で子どもが身体的・社会的にどのように成長するかに関する私たちの知識〉の橋渡しを目的としている。エピジェネティック図表は図1に示した通りである。

二重線で囲まれた欄は、一連の発達段階（ⅠからⅢ）と各構成要素の漸進的な発達を表している。言い換えると、この図表は、**各部分が分化してゆく時間の進行**を形にしており、以下のことを示している。㈠ここで論じようとしている健康なパーソナリティを構成する各項目は、**他のすべての項目と系統的に関連しあっており**、それらはすべてそれぞれの項目の**固有の順序における固有の発達**によって決まる。㈡それぞれの項目は、「**その項目自体の**」**決定的で危機的な時が**正常な発達をたどって到来する以前から、何らかの形で存

	構成要素１	構成要素２	構成要素３
第１段階	I_1	I_2	I_3
第２段階	II_1	II_2	II_3
第３段階	III_1	III_2	III_3

図１

第１段階（生後１年目ごろ）	基本的信頼	展開する以前の形の自律	展開する以前の形の自主性《イニシアティヴ》
第２段階（生後２～３年目ごろ）	展開した後の形の基本的信頼	自律	展開する以前の形の自主性《イニシアティヴ》
第３段階（生後４～５年目ごろ）	展開した後の形の基本的信頼	展開した後の形の自律	自主性《イニシアティヴ》

図２

在している。

例えば、基本的信頼の感覚が、人生で発達していく精神的健康の第一の構成要素であり、自律の感覚が第二の構成要素であり、自主性《イニシアティヴ》の感覚が第三の構成要素であるといえば、この図表の目的がよりわかりやすくなるだろう（49頁の図2を参照）。

さらに、この図表は、三つの構成要素の間に存在する数多くの基本的な関係と、それぞれの構成要素に含まれるいくつかの基本的な事実を、表している。

各構成要素は、それが優勢になると、危機を迎え、すでに述べた**各段階の終わりに向かって**永続的な解決を見出す（その方法についても本論で扱う）。各構成要素はすべて最初から何らかの形で存在しているが、しかしここでその事実をあえて強調するつもりはないし、前後の段階に存在しているそうした要素に別の名前をつけて混乱を招くこともしない。赤ちゃんは「自律」のようなものを初めから示すことがある。例えば、きつく抱かれると怒ったように手を自由にしようとしてもがく。しかし、通常の場合、赤ちゃんは生後二年目までは、**自律のある人間になるか、それとも、依存する人間のままでいるか、という**完全な**二者択一的危機状態**を経験することはない。またその時までは、環境との**決定的な出会い**を果たす準備が整わない。そして環境の側は、赤ちゃんに、**自律と強制に関するその環境に特有の考えや概念**を、赤ちゃんの性格・効率・そしてパーソナリティの健康に決定的に貢献する、その文化のやり方で、伝えることを求められているように感じる。

この**出会い**こそ、その結果として生じる危機とともに、段階ごとに記述されてゆく。各段階が**危機**を迎えるのは、本能的エネルギーの移動と並行して、ある重要な部分の機能が成長し自覚されるためであり、またその部分に特有な傷つきやすさを引き起こすためである。それゆえ、最も難しい判断の一つは、その子がその段階において、弱いのか強いのか、という問題である。おそらく次のように述べるのが最も相応しいだろう。ある事柄については常に傷つきやすく、別の事柄については全く忘れっぽく無反応であるが、同時に、その傷つきやすい事柄とまさに同じ事柄において信じがたいほど頑固である。そして付け加えておきたいのは、最も小さい赤ちゃんの弱さこそが、赤ちゃんに力を与えているという点である。まさにその依存性と弱さによって、赤ちゃんは周囲の環境にサインを送る。（もしこの環境が直感的なパターンと伝統的なパターンの双方に基づいた反応性に正しく導かれているならば）特別に敏感に反応するはずのサインである。赤ちゃんの存在は、家族全員の外的・内的な生活に、一貫した持続的支配を及ぼす。家族は、赤ちゃんの存在を受け入れるために新たな方向づけを行わねばならないので、彼らも個人として、また集団として、成長する必要がある。赤ちゃんが家族をコントロールし育てるというのは、家族が赤ちゃんをコントロールし育てるというのと同じく正しい。家族が赤ちゃんを育てることができるのは、その家族が赤ちゃんによって育てられている時のみである。赤ちゃんの成長は、社会的な相互作用を目指して新たに発達してゆく赤ちゃんの潜在的可能性に奉仕するという、家族にとっての一連の挑戦によって成り立っている。

こうして、それぞれの連続する段階は、根本的な**パースペクティヴの変化**を含んでいるために、潜在的な危機である。人生の始まりには最も根本的な変化がある。子宮の中から外への生活の変化である。しかし、出生後においても、リラックスして横になる・しっかり座る・早く走るといったパースペクティヴの根本的な適応が、それぞれの最適な時に合わせて達成されなくてはならない。それと共に、対人関係の中のパースペクティヴも、急速に、また多くの場合は根本的に変化する。それは、「いつも母親に見えるところにいてほしい」という願望と「独立したい」という正反対の願望が、時間的に近接して起こることからも明らかである。こうして、そのつど新しい形態《コンフィギュレーション》、すなわち成長しつつあるパーソナリティにおける、完全に成長した構成要素となることを目指して、**異なる能力は異なる機会を利用する**のである。

Ⅱ・2　基本的信頼　対　基本的不信

Ⅱ・2・1　取り入れ・母親・相互関係[†]

健康なパーソナリティを構成する最初の要素を、**基本的信頼**の感覚と名づける。これは、生後一年間の経験から引き出された自分自身と世界に対する一つの態度である。この「信頼」という言葉は、他人との関係においては、普通の意味でほどよく人を信頼していることを、自分との関係においては、信頼するに値するというシンプルな感覚を意味している。「基本的」とは、この構成要素も以後に現れる構成要素も、幼児期においても成人期においても、特別に意識されるものではないという意味である。事実、これらすべての基準は、幼児期に発達する際にも、成人期に統合される際にも、全体としてのパーソナリティに溶け込んでしまう。そのかわり、幼児期に危機を迎えた時、もしくは成人になって欠損している場合には、それらの基準がはっきりとその輪郭を見せることになる。

この成長と危機を、一連の二者択一的な基本的態度の発達として記述するとき、「**〜の感覚**」という言葉を用いる。「健康である感覚」や「上手くいかない感じ」などと同様、こうした「感覚」は、表層にも深層にも、意識にも無意識にも浸透している。こうした感覚は、［1］内省を通して接近することができる意識的な**経験**の仕方であり（この経験はまさに内省することにおいて発達する）、［2］他者によって観察可能な**行動**の仕方であり、［3］テストや分析によって判定できる無意識の**内的状態**である。これから論を進めるにあたって、以上三つの次元を念頭に置いておくことが重要である。

成人において基本的信頼の欠損は**基本的不信**として表れる。基本的不信は、自分自身との関係や他者との関係が上手くいかなくなると、特有の方法で自分の殻に閉じこもってしまう人々に特徴的である。そうした方法は明確な形をとらないことも多いが、精神病の状態に退行する人々においてはきわめて顕著に表現される。時に、その状態にある人々は、閉じこもり・食べ物や慰めを拒絶し・友人との交わりを忘れてしまう。心理療法によってそうした人々を援助したいと願うならば、私たちは、彼らが世界を信頼し自分自身を信頼する確信が持てるように、特別な方法で彼らにもう一度近づき直す工夫をしなければならない（Fromm-Reichmann, 1950）。

まさに、このような急激な退行に関する知識や、それほど病的ではない患者たちの最も深く最も幼児的な層についての知識を通して、私たちは、基本的信頼こそが健康なパーソナリティの礎石であると認めることになった。ではなぜ、人生の始まりの時期にこの構成要素の危機と優勢を置くことが妥当なのか、見ることにしよう。

新生児が母親の身体との共生関係から引き離されると、〈乳児のもつ生得的である程度は協調的な、口を通してものを取り入れる能力〉が、〈母親のもつ新生児に栄養を与えその存在を歓迎する、ある程度は協調的な能力や意図〉に出会う。この時点において、乳児は口を通して生き、口によって愛し、母親は乳房を通して生き、乳房によって愛する。

母親にとって、このことは、時間をかけて複雑に達成されることであり、女性としての彼女自身の発達に大きく依存している。すなわち、無意識のうちに子どもとどう向き合っているか・妊娠および出産をどう経験してきたか・彼女自身および彼女が属する共同体が養育という行為にどう向き合っているか・新生児がどう反応するかによって、規定されている。乳児にとって、口は、人生に対する最初の全般的なアプローチの焦点である。つまり、**取り入れ的**アプローチである。精神分析では通常、この時期を「口唇」期と呼ぶ。しかし食物に対する圧倒的な欲求にとどまらず、赤ちゃんは他の多くの点においても、すでに受容的であるか、あるいは間もなく受容的になる。赤ちゃんが自分からある対象に吸いつき、そこから出てくる液体をそれが何であれ［母乳かミルクかにかかわらず］飲み込むことができるようになると、間もなく眼を通して視野に入ってくるものも、何であれ、自ら進んで「取り入れる」ことが可能になる。赤ちゃんの触覚も、快いと感じるものを「取り入れる」ように見える。こうした意味で「**取り入れ段階**」が想定でき、この段階において赤ちゃんは提供されるものに対して、相対的に言えば、受容的なのである。とはいえ、多くの赤ちゃんは繊細で傷つきやすい。この世界における赤ちゃんの最初の経験が、単に生き延びたということだけに終わらず、その繊細な呼吸・代謝・循環器のリズムを調節することが確実に助けられるよう、私たちは、食物について配慮するのと同様、刺激が赤ちゃんの感覚に、適切な強度と的確な時期に届くように配慮する必要がある。そうでなければ、赤ちゃんの自分から喜んで受け入れようとする態度が、突然、拡散した防衛に変化するか、あるいは無気力に変化してしまう恐れがある。

ところで、赤ちゃんの生命を維持するために何が起こる**べき**か（与えるべき必要最低限）、もしくは、赤ちゃんが身体的にダメージを受けたり慢性的な混乱状態に陥ったりしないためには何が起こっ**てはならない**か（初期に耐えうるフラストレーションの最大値）という二点については非常に明確であるが、何が起こっ**てもよい**かという点についてはある程度の幅が残されている。そして異なる文化は、それぞれ最大限にその特権を生かして、何が有効であるかを決定しその必要を主張する。ある人々によれば、赤ちゃんは自分の眼を引っ掻いて傷つける恐れがあるので、一日の大半、最初の一年の大部分を通して、赤ちゃんを細長い布で完全にくるんで《スウォッド》おくことが必要であり、赤ちゃんがぐずって泣いたら、ゆすったり授乳したりすべきだという。別の人たちは、赤ちゃんにはできるだけ早いうちから手足を自由にバタバタさせる感覚を味わわせるべきだと考え、しかし当然ながら、お腹がすいたときには、疲れ果てて文字通り顔に血の気がなくなるまで「ほしい」と泣かせるべきだという。こうしたことはすべて（多少意識的に）その文化の一般的な目的やシステムと関係しているように見える。私たちは小さい赤ちゃんを泣かせたままにしておくが、それは「それによって肺が強くなる」と考えているからである。ところが何人かの年老いたアメリカ・インディアンが、その様子を痛烈に批判するのを聞いたことがある。(彼らによれば)白人たちは、最初からこのようにしてこの世に迎えられるのだから、急いで「あの世」に行こうとするのも無理はないと言うのである。しかし同じインディアンたちが自慢げに、彼らの乳児(二歳頃まで母乳を与えられる)は、母親の乳首を「噛んだ」ために頭を殴られると怒りで顔の血の気を失うと語り、この場合、今度はインディアンたちが、「そうすれば彼らは優れた狩猟者になる」と信じているのである。

子どものしつけに見られる一見恣意的な相違には、いくらかの本質的な知恵と、いくらかの無意識的な計画と、かなり多くの迷信が含まれている。何が「子どもにとって良い」ことであり、何が子どもに起こって**てよい**かは、子どもがどこで何者になると期待されているかに依拠している。

いずれにせよ、人間の乳児は、すでに最初の接触において、その属する文化の基本的モダリティと出会う。最も単純で最も初期に出会うモダリティは「**得ること** to get」であるが、これは「**採ってくる** go and get」という意味ではなく、与えられるものを受け取ったり受け入れたりするという意味である。これは見かけより難しい。というのは、暗中模索状態の不安定な生まれたての有機体[赤ちゃん]がこのモダリティを学ぶのは、赤ちゃんが〈母親のやり方〉と〈自分のレディネス〉を調整することを学ぶ時である。この母親のやり方は、実は、彼女が発達しその与え方が協調的になる時に、赤ちゃんがそれに合わせて受け取り方を協調的にしてゆくことを許すやり方なのである[訳注1]。このようにして発達したリラックスの相互性は、親しい他者と向き合う最初の経験にとって最も重要なものである。そして精神分析的な観点からみると、このようにして**与えられるものを受け取る**ことによって、あるいは、自分がやりたいと思っていたことを**誰かにやってもらう**術を学ぶことによって、赤ちゃんは与える人**になる**ために、すなわち、母親と「同一化する」のに必要な土台を作り上げているように見える。

この**相互調節**に失敗すると、状況は破綻して、相互関係《レシプロシティ》ではなく、強制によって支配しようとする様々な試みに代わられてしまう。赤ちゃんは、本来主要な手段である吸うことによって得られなかったものを、無秩序な活動によって得ようとする。活発に動きすぎて消耗するか、自分の指を吸いながら世の中を呪う。母親は神経質に時間を変え、やり方や手順を変えて、事態をコントロールしようと反応することになる。こうしたことが赤ちゃんにどのような影響を与えるのかは、はっきりしていない。しかし、臨床の立場で得た印象から確かに言えるのは、敏感な人々にとって（あるいは初期のフラストレーションが埋め合わされることがなかった人々にとって）、こうした状況は彼らと「世界」との関係・「人々」との関係・そして特に愛する人や重要な意味を持つ人との関係において、激しい障害のモデルとなりうるということである。

この相互関係《レシプロシティ》を維持するにはいくつかの方法がある。例えば、別の方法によって赤ちゃんに栄養を与えること。あるいは、口唇的に与えられなかったものを口唇受容器官以外から十分に満足させることによって埋め合わせること。例を挙げると、抱き上げ、身体を温め、微笑みかけ、話しかけ、あやしたりすることが赤ちゃんの喜びになる。こうした「**水平的な**」**補償**（同じ発達段階における補償）とは別に、人生には「**長期的な**」**補償**を得る機会も数多くある。これはライフサイクルのこれ以後の段階で現われてくる補償である。(2)

「第二の口唇」期には、より能動的でより直接的な、取り入れ的アプローチの能力と喜びが成熟する。歯が成長し、歯を用いて固いものを噛み、噛み切り、齧り取る喜びを得るようになる。このような**能動的＝取り入れ**様式《モード》は（最初の取り入れ様式《モード》と同様に）他の様々な活動も特徴づける。眼は、最初のうちはこちらに近づいてくるものの印象を受け入れる受動的なシステムの一部であったが、いまやぼんやりとした背景から対象を取り出して焦点を合わせ、それらを分離して「捉え」、さらに眼で追うようになる。聴覚器官も同じように、意味のある音を識別し、それらを特定し、それに適した姿勢に身体を導く（頭を持ち上げて振り向く、上体を持ち上げて振り向くなど）。腕も、意思を持って伸ばすことができるようになり、両手もしっかり物を掴むことができるようになる。［しかし］ここで私たちにとって興味深いのは、〈世界への関わり方が発達を遂げつつあるときの、全体としての**形態**《コンフィギュレーション》**と最終的な統合**〉であり、子どもの発達について書かれた文献でよく見かけるような、〈**特定の能力の最初の現われ**〉ではない。(3)

　これらの成長に加えて、**得ること** taking・**掴むこと** holding on という社会的モダリティに集中した無数の対人関係のパターンが確立される。とはいえ、そうした得たもの・掴んだものは、多かれ少なかれ、自由に与えられ提供されるが、しかしすぐに手を離れてしまう。赤ちゃんが姿勢を変えられるようになり、寝返りを打てるようになり、非常にゆっくりとではあるが座ったままの王座を確立すると、自分の手の届くところにあるものは何であれ、手で掴み自分のものにし、握りしめて噛んでみるといったメカニズムを完成させなくてはならない。

　口唇期（生後一年目の第二部）の**危機**を検査するのは難しいが、検証するのは一層困難である。それは三つの発達が同時に生じるためであると思われる。㈠生理的側面。取り入れ、自分のものにし、より能動的に観察しようとする、一層激しい衝動と結びついた全般的な緊張（それに「歯が生えてくる」不快感や、口腔内の機構が変化することによって生じる不快感が加わる）。㈡心理学的側面。幼児はますます自分を他者とは違う一人の人間であると自覚する。そして㈢環境的側面。母親が妊娠後期と産後のケアの間に諦めていたことを求め始め、赤ちゃんから離れてゆくように［赤ちゃんには］感じられる。母親が求めることの中には、夫婦の親密さ《インティマシー》に完全に復帰することも含まれ、間もなく次の子どもの妊娠に至る可能性もある。

　授乳が咬噛期まで続くと（一般に普通のことだが）、いまや乳児は、乳首を噛まずに吸う方法を学ぶ必要がある。さもないと母親は痛がったり怒ったりして、乳房を引っ込めてしまう。私たちの臨床的研究によれば、個人の歴史にとって早期にあたるこの時点は、ある種の基本的喪失の感覚をもたらす。そしてこの喪失感が、昔々ある時に母体との一体感が破壊されたという全般的印象をもたらすのである。したがって、離乳が、突然の乳房の喪失と、母親という安心させてくれる存在の喪失を同時に意味することになってはならない。もちろん別の女性が、母親とそっくりに聞こえ感じられて頼りにできるならば、話は別である。この時期に、慣れ親しんだ母親の愛情を適切な代わりのないままに突然失う場合（状況を悪化させる他の条件が重なると）、急性の小児性抑うつ（Spitz, 1945）が生じる危険、あるいは、全生涯にわたって潜在的に抑うつ的な性質を与え、軽度ではあるが慢性的な悲嘆をもたらす危険がある。とはいえ、［こうした突然の喪失がなく］これより好ましい状況下にあったとしても、この段階は精神生活に、分離の感覚を、また失われた楽園に対するぼんやりとしたしかし普遍的なノスタルジアをもたらすように思われる。

剝奪された感じ・引き離された感じ・見捨てられた感じは、すべて基本的不信という残留物を残すが、これらの組み合わせによってできた印象に対抗して、基本的信頼が確立され、維持されなくてはならない。(4)

Ⅱ・2・2　パ[†]ーソナリティと文化、そして宗教

ここで「信頼《トラスト》」と呼ぶものは、テレーズ・ベネディックが「確信《コンフィデンス》」と呼んだものと一致している。私が「信頼《トラスト》」という言葉の方を好むのは、この言葉が素朴であり、より相互性を含んでいるためである。乳児が信頼《トラスト》していると言うことはできるが、「確信《コンフィデンス》を持っている」というのは言いすぎであろう。さらに一般的に言って、信頼するとは、〈自分の外に存在する提供者たちの斉一性《セイムネス》と連続性《コンティニュイティ》を頼りにすることを学んでいる〉だけではなく、〈衝動に対処するにあたっての自分自身と自分の器官の能力を信頼すること〉も意味している。つまり、提供者たちを心配させる必要がないように、自分自身のことを十分に信頼に足るものと考えられるようになるということである。

精神医学の文献では、「口唇性格」への言及が頻繁に見られるが、それはこの段階の未解決の葛藤に基づく性格学的な偏りである。口唇期のペシミズムが独占的・排他的になると、「空っぽのまま取り残される」・単純に「取り残される」・または「刺激に飢える」といった幼児的恐怖が、「空っぽである」とか「無価値であると感じる」といった抑うつ的な形で明確に認識される。すると、こうした恐怖が口唇愛に、特殊な、精神分析において「口唇サディズム」と呼ばれる貪欲な性質を与える可能性がある。すなわち、他人に害を与えるようなやり方で、手に入れ自分のものにしたいという残酷な欲求である。他方、楽観的な口唇性格もある。〈与えること・受け取ること〉こそが人生において最も大切であると思う性格である。また、どんな人にも正常な基盤として「口唇愛 orality」が存在するが、これは力強い提供者たちに依存していた最初の段階が、永続的に残ったものである。通常の場合、それは私たちの依存心やノスタルジア、あるいは過剰な希望や過剰な絶望の中に見出すことができる。口唇期とそれに引き続くすべての発達段階が統合されると、成人において、信仰と現実主義の結びつきとなって現われる。

口唇傾向の病理と不合理性は、これらの傾向がどの程度パーソナリティ全体と統合されているか、あるいは、これらの傾向がどの程度一般的な文化パターンに適応し、その傾向を表現するために承認された対人関係テクニックを使うことができるか、といった点に全面的に左右される。

それゆえ、ここでも他の場合と同じように、**幼児的な衝動**が各**文化的なパターン**の中でどのように表れているか、という点に焦点を当てて議論しなくてはならない。幼児的な衝動の表れは、ある文化やある国家の経済・道徳システム全体の中で、病理的な逸脱と見做されることも（見做されないことも）ある。例えば、「チャンス」に対する飽くなき信仰、すなわち、伝統的にアメリカ的な、自分の才能や善き意図の運命に対する特権的信頼がその例である［アメリカ文化の中ではこうした全能感も病理とは見做されない］。しかしこの信仰は、時に、退化した形で見られることがある。大規模なギャンブルや、恣意的で多くは自滅的な運命の挑発の形で「一か八かやってみる」場合や、あるいは、同じ投資者の中で自分だけが特別に他の投資家たちを差し置いて優先される権利があると言い張る場合である。同様に、古くて新しい味覚の刺激から得られる、（特に親しい仲間と一緒の）あらゆる心地よい元気づけ、例えば、ガツガツ食べ・グイグイ飲み・ムシャムシャ食べ・飲み込み・消化するといったことは、ここで考えようとしている基本的信頼の表れでもなければ、それに貢献することもない、集団的な嗜癖に変質してしまう可能性がある。

ここで私たちが触れている現象について分析するためには、明らかに、パーソナリティと文化の両方について包括的なアプローチを必要とする。そしてこの真理は疫学的アプローチにおいても当てはまる。すなわち、口唇愛的な保証や基本的信頼の潜在的な弱さの現れであるように見える「分裂的」性格や精神疾患が、何らか悪性の方向に進んでしまうことに関する諸問題へのアプローチにも当てはまる。またこれに関連して（現代の産科・小児科が子どもの養育方法に関して示す多くの見解に見られるように）、子ども時代の最初期において基本的信頼の感覚が確立していると、大人になってから軽度であれ悪性であれ、依存症・自己欺瞞・貪欲な私有欲にそれほど依存しなくてすむという考え方《ビリーフ》がある［訳注2］。

いずれにせよ、精神科医・産科医・小児科医・そして私自身が最も身近に感じている人類学者は、今日では以下の点に同意すると思われる。すなわち、**基本的信頼が基本的不信を上回るバランスとなる持続するパターンをしっかりと確立すること**が、芽生えはじめたパーソナリティの最初の課題であり、したがって、母性的ケアの最も優先されるべき課題である。しかし注意すべきなのは、最初期の幼児経験から引き出される**信頼の量**は、**食べ物の絶対量や愛情表現の絶対量**によって決まるのではなく、むしろ母性的な関係の**質**によって決まるように見えるという点である。母親たちはその関係の質の中で、〈赤ちゃんの個別の欲求を敏感に配慮《ケア》すること〉と〈自分たちの属する共同体のライフスタイルとして信頼されている枠組みの中で自分が信頼に足る人間であるという確かな感覚〉を結合させる営みを通して、子どもの中に信頼感を創りあげていく（これが子どもの中にアイデンティティ感覚の基礎となるものを形成し、後にそのアイデンティティ感覚が、「これでよい」という感覚、自分は自分自身であるという感覚、他の人から信頼されている通りのものに自分はなりつつあるという感覚を結合していくことになる）。両親は、禁止と許可によって子どもを導く特定の方法を持っているだけでは足りない。それに加えて、両親がしていることには意味があるという深い確信、しかもほとんど身体的な確信を、子どもに示すことができなくてはならない。この意味において、子どもの養育《ケア》の伝統的システムは、信頼を作り出す要因となっていると言うことができる。たとえその伝統の内から、ある種の項目を一つだけ取り出してみたときに、非合理的であったり必要以上に残酷であったりするようにみえたとしても、それは変らない。しかしこの点も、これこそが唯一の方法であるという確固たる伝統的な信念に支えられてこれらの項目が両親から子どもに課されているかどうか、あるいは、両親が自分たちの鬱憤を晴らしたり不安を緩和したり、子どもや他の誰か（義理の母親、医師、神父など）との議論に勝つことを目的として、赤ちゃんや子どもの扱い方を誤ってしまわないかどうかによって、大きく左右されてしまう。

　変化の時代（私たちの知る限り現在以上にこの言葉がふさわしい時代はあっただろうか）において、ある世代は他の世代とあまりにも違っているので、伝統とされてきたことが障害になる場合もしばしば生じる。母親のやり方と自己流のやり方との食い違い・専門家の助言と母親のやり方との食い違い・専門家の権威と依怙地なやり方との食い違いによって、母親は自分自身を信じることができなくなってしまう。さらに、アメリカの生活におけるあらゆる大衆的変化（移民・移住、あるいは産業化・都市化・機械化などのいわゆるアメリカ化）は、子育てに伴う単純なしかし広範囲に及ぶこうした課題に取り組んでいる若い母親を、ますます動揺させてしまいがちである。そこで、ベンジャミン・スポックの育児書（1945）の第一章第一節に「あなた自身を信じてください」というタイトルがついているのも不思議ではない。しかし、熟達した産科医や小児科医が安心や助言を与えることによって、伝統のもつ結合力の代わりになることは多いとしても、彼らには、若く孤独な両親たちの頭に充満している疑い・恐れ・怒り・意見の衝突に耳を傾ける告解神父の役を務める時間はない。おそらくスポック育児書のような本は、タウンミーティングを通して本物の心理学精神が発揮される勉強グループで読まれる必要があるだろう。そうしたグループにおいては、ある特定の誰かがそう発言したという理由で同意が形成されるわけではなく、意見や感情、先入観や誤解を自由に表現しあうことによって、相対的な意見の一致や寛容な善意といった普遍的な位相に導かれることによって、同意が形成されるのである。

この章はあまりにも長くなってしまった。ここで論じられているテーマから議論を開始しなければならないのは実に残念である。私たちは始まりについて、つまり人間の精神《マインド》のより深い層について、ほとんどわかっていない。しかしすでに全般的な観察に着手してしまったからには、信頼という問題に密接に関係している、ある文化的・伝統的な制度について一言触れておかねばならない。宗教の問題である。

宗教が何らか特定の言葉や儀式によって告白され実践されるべきなのかどうか、それを判断するのは心理学者の仕事ではない。心理学的な観察者が問題にすべきなのは、むしろ以下の問いである。すなわち、観察対象となるあらゆる地域において、宗教と伝統は、ある種の信仰や確信を生み出す生きた心理的な力となっているのかどうか。そして、その信仰や確信は、両親のパーソナリティ全体に行き渡っており、その結果として、世界は信頼するに値するという子どもたちに備わるべき基本的信頼を強める働きをしているのかどうか。精神病理学者は、宗教なしでは生きてゆかれない人々が実際に大勢いることを観察している。あるいは、宗教を持たないことを誇りに思っている人が、実は暗闇の中で口笛を吹いてカラ元気を出そうとしているにすぎないことを観察している。その一方で、宗教的な教義以外の領域から、例えば仲間・生産的な仕事・社会的行動・科学的探究・芸術的創造などから、信仰を獲得しているようにみえる人も大勢いる。逆に、信仰を持っていると公言しているにもかかわらず、実際の生活においては人生も人間も信頼することができない人も大勢いる。こうしたことを思う時、数世紀にもわたって宗教が、一定の間隔をおいて、信仰の形をとって信頼の感覚を回復させる働きをしてきたという事実、他方、悪の感覚にはっきりとした形を与えその禁止を命じてきたという事実に、思いを巡らせてみることも無駄ではないだろう。すべての宗教は、現世利益と霊的健康を与える唯一の提供者、あるいは複数の提供者たちに対する、定期的に繰り返される子どものような服従を、共通に含んでいる。［祈祷における］身をかがめた姿や謙遜の姿勢を通して、我が身がいかに小さく依存的であるかが表現される。行いにおける過ちも想いにおける過ちも、そして邪《よこしま》な考えも、祈りや讃美のなかで告白される。内面的な分裂が告白され、神に導かれることによって得られる心の統一が求められる。明確な自己描写と自制心が求められる。そして最後にひとつの洞察に至る。個人の信頼は共有された信仰になるべきであり、個人の不信感は定式化され共有された悪になるべきである。そして、回復を求める個人の要求は、様々に執り行われる儀式の一部となり、共同体の中で、この世界は信じるに値するという信念の標識とならなければならない。

自分は宗教を持っているという人は、そこから信仰を引き出さねばならない。そしてその信仰が基本的信頼という形で幼児に伝えられる。自分には宗教は必要ないと主張する人は、そうした基本的信仰を他のところから引き出さねばならない。

Ⅱ・3　自律　対　恥と疑惑

Ⅱ・3・1　保持と排除、そして、しつけ†

スポック育児書の「一歳児について」と「幼児の扱い方」という見出しのあるいくつかの項目を概観すると、今は自分の家庭のなかに好奇心にあふれる幼児がいない人も、大人と子どもとの間で繰り広げられる小競り合いや勝利や敗北を思い出すことができるだろう。

元気いっぱいのとき
探求への情熱
ますます依存的になると同時に、ますます自立的になる
動き回る赤ちゃんのために家を整える
事故を予防する
今こそ、毒物は手の届かないところに
特定のものに触らないようにさせるにはどうすればよいか
ものを落としたり投げたりする
子どもは攻撃的な感情をコントロールできるようになる
人に噛みつく
おやすみの時間を幸せなひととときに

夜中にベッドに寝ていられない子ども

こうした項目を選んだのは、そこで扱われている問題の領域と範囲をお伝えするためであって、それによって博士の卓越したアドバイスを概観することもできなければ、この段階においても他の発達段階と同様に子ども部屋を支配している驚くべき気楽さと平凡さを描写する博士の優れたバランス感覚を概説することもできない。それにもかかわらずここには、つなぎ止めたり、解き放ったりする不吉な力が示されている。特にその力は互いに食い違ういくつかの意志のゲリラ的な戦いの中に現われる。というのは、子どもは自分の暴力的な衝動と不均衡な関係におかれる場合が多く、親と子どもの関係も互いに不均衡だからである。

この段階全体において重要であるのは、筋肉システムの成熟、そしてその結果として生じる「保持すること holding on」や「手放すこと letting go」といった数々の激しく葛藤しあう行動パターンを調整する能力（そして調整できないと感じる無能力）であると共に、まだ著しく依存的な子どもが自らの自律心に過大な価値を与え始める点にある。

精神分析は「肛門愛 anality」という言葉によって私たちの語彙を豊かにした。「肛門愛」とは、しばしばこの段階の排泄器官に結びついた特有の満足感や固執性を表わしている。できるだけ完全に腸や膀胱を空にするという行為そのものは、もちろん、実際に言葉にするなら「よくやった」というような「気持ちのよさ」という報償《プレミアム》によって最初から強化される。この報償は、人生の初期において、腸が排泄という日々の仕事を学ぶなかで頻繁に経験する不快感と緊張を償う必要がある。二つの発達によって、次第にこうした肛門の経験は必要な力を得てゆく。一つは、より適した形の便座を与えられること、もう一つは、自由意志によって緩めたり、落として捨てたりする発達を可能にする筋肉システムの全般的な調整である。しかしながら、こうした物事へのアプローチの仕方の新たな次元は、括約筋に限られるわけではない。一つの全体的な能力、さらに言えば、一つの激しい欲求が発達し、意のままに物を落としたり、放り投げたり、保持したかと思うと遠ざけたりする。

肛門愛固有の問題［トイレット・トレーニング］に関して言うと、この時点では、すべては文化的な環境がそれを活用したいと望んでいるかどうかによって決まる。ある文化においては、両親は排泄に関する行動には関心を払わず、年長の子どもがよちよち歩きの子どもを茂みに連れて行くのに任せておく。そうした文化の場合、排泄に関して、服従することと、年上の子どもを真似したいという願望が一致する。［それに対して］私たちの属する西洋文明、とりわけその特定の階級は、この問題をより深刻に捉えている。そしてまさにこの点において、機械化の時代が、機械的に訓練され・完璧に機能する・常に清潔で・かつ規則正しく・しかも脱臭された身体という理想を加えたのである。しかも、「時は金なり」を公言し、秩序正しく・時間に正確で・倹約に心がけることを［人間に］要求する機械化の時代にあって、効果的に機能するようなパーソナリティを育成するためには、早い時期からの厳格なしつけが絶対に必要であると、多かれ少なかれ意識的に、考えられてきた。この点に関して私たちには行き過ぎと思われる兆候がある。すなわち私たちは、子どもを、あたかも飼いならすべき動物か、設定し調整すべき機械であると考えている。しかし実際には、人間の徳 virtues は段階を踏むことによって少しずつしか成長しない。いずれにせよ、私たちの臨床的な仕事が教えるのは、今日の神経症患者の中に含まれる「過度に強迫的な」なタイプの人たちは、愛情・時間・金といった事柄について、ちょうど腸にまつわる事柄と同じように、ケチで・保持的で［いつまでも手元に留めておきたがり］・几帳面すぎるのである。腸と膀胱のしつけは、私たちの社会の広範囲において、子どものしつけに関する最も眼に見えやすい困難な項目である。

では何が一体、肛門にまつわる問題を潜在的に重要で困難なものにしているのか。

肛門の領域は、他のどの場所にも増して、互いに矛盾する衝動に対して頑なに固執してしまう場である。

というのは、この領域は、**保持**と**排除**という交互に入れ変わるべき二つの相反するモダリティのモデルとなっているからである。さらに言えば、筋肉システムの中でも、括約筋は、硬直と弛緩、屈曲と伸長が明確に区別されない唯一の筋肉である。そこでこの段階全体が**自律**を求める戦いとなる。なぜなら幼児は、より確実に自分の足で立つ準備ができると、自分の世界を「私」と「あなた」、「私に」と「私のもの」として線を引くようになるからである。母親なら誰でも知っていることだが、もしこの段階の子どもが、すべきことを**自ら進んで行う**と決めた場合は、驚くほど柔順である。ただし、そのように都合よく子どもをやる気にさせるための、信頼に値する秘訣は見当たらない。そして母親なら誰でも、この時期の子どもがいかに可愛らしく寄り添ってくるか、そして、突然いかに容赦なく大人を払いのけようとするかを知っている。あるいはまた子どもは、物を溜め込んだかと思うと捨ててしまったり、持ち物に固執したかと思うと家や車の窓からそれを投げ捨ててしまったりもする。こうした一見矛盾する傾向をすべて、私たちは、保持=排除様式《モード》 retentive-eliminative modes と定式化するのである。

大人と子どもの相互調整という課題は、今や最大の難所に直面する。もし外部からのコントロールによってしつけが厳しすぎ早すぎ、子どもから無理やり自分の意志と自由な選択に基づいて**少しずつ**腸やその他の機能をコントロールする機会を奪ってしまうと、その子は再び二重の反抗と二重の敗北に直面する。自分自身の身体内部について無力であり（ときに子どもは自分の腸を怖がる）外面的にも無力であると感じると、子どもは再び退行するか、あるいは偽りの前進によって、満足とコントロールを探さねばならなくなる。言い換えれば、その子はより前の段階である口唇期のコントロールに戻ることになる。すなわち親指をしゃぶり、めそめそし、わがままで手がかかるようになる。もしくは、敵意をむき出しにし、頑なになり、多くの場合は自分の排泄物を（そして、後には、汚い言葉を）攻撃手段として用いるようになる。あるいは、決して本当に獲得したわけではないが、自律しているふりをし、頼れる人がいなくてもできるふりをする。

それゆえ、愛と憎しみの比率を決めるうえで・協調と頑固さの比率を決めるうえで・また自己表現の自由とその抑圧の比率を決めるうえで、この段階は、決定的に重要な意味を持つ可能性がある。**自尊心を失うことのない自制心**の感覚から、永続する自律と誇りの感覚が生まれ、［逆に］筋肉や肛門の不能感・自制心の喪失感・親から過剰にコントロールされている感覚から、永続する疑惑と恥の感覚が生まれる。

自律を発達させるためには、初期の信頼の段階がしっかり発達し、その持続が確実でなければならない。幼児は、自分自身と世界に対する基本的信頼（これは口唇期の葛藤の中から救い出された永続的な宝である）が、選択権を持ちたい・貪欲に自分のものにしたい・断固として排除したいといった自らの突然の激しい欲望によって、危険に曝されたりしないと感じる必要がある。いまだ訓練不足の識別の感覚が混乱したり、慎重に保持したり手放したりできないための混乱から、幼児は、〈**確実であること**〉によって、未然に守られなければならない。幼児の「自分の足で立ちたい」という願いは、周囲の環境によって応援される必要がある。それがないと、幼児は、自分があまりに未熟で愚かな存在として人目に曝されているという、私たちが恥と呼ぶ感覚に圧倒されてしまうか、もしくは、二次的な不信、つまり、私たちが疑惑と呼ぶ「ダブル・テーク」［喜劇役者などが笑って受け流したあとに気づいてぎょっとするしぐさ］の感覚によって圧倒されてしまう。

恥という幼児の感情に関する研究は不十分である。恥とは、自分が完全に人目に曝され、また見られていると意識していること、要するに、自己意識的であることを意味している。人は見られる存在であり、見られる準備のできていない存在である。それゆえ恥の夢は、着替えの途中・寝巻きのまま・あるいは「ズボンを下ろしている」状態で見つめられている状況として表われる。幼い時期には、恥は、顔を覆い隠したい衝動、あるいは今この地面に潜りたい衝動として表現される。こうした潜在的な可能性は「恥をかかせる」という教育手法によって存分に利用されている。ある種の原始的《プリミティヴ》な人々はもっぱらこの方法のみを用いるが、そのやり方がしばしば破壊的な罪の感覚をもたらす点については、後に見る。いくつかの文明においては、恥をかかせることの破壊力は、「**顔を立てる**」という工夫によってバランスを保たれる。恥は、自らを小さな存在と感じることによって高まるが、その感覚は、逆説的にも、子どもが立ち上がると共に、自分の大きさや力を他の人と比較する尺度を意識するにつれて、ますます発達するのである。

あまりに恥をかかせると、正しくあろうとする感覚ではなくて、見られていないなら何でもやって上手く逃げてしまおうという、秘かな決意が生まれる。のみならず、故意に**恥知らず**になることもある。アメリカには印象的なバラッド［素朴な民間伝承の物語詩・曲］がある。ある人殺しが、人々の目の前で、絞首台に掛けられようとしていた。もちろん不安や恥を感じるべき場面である。しかしその人殺しは見物人をひどく罵《のの》り始め、散々抵抗した後で、「お前たちの眼が呪われよ」と締めくくるのである。多くの子どもたちは、耐え難いほど恥をかかされた場合、（実際にはその勇気も言葉も持ちあわせていないのだが）これに似た言葉で反抗を表明したい気分になる。こうした不吉な例を挙げて私が語りたいと思うのは、子どもであれ大人であれ、我慢には限界があるということである。すなわち、自分自身を・自分の身体を・その欲求を・その願望を邪悪で汚いものと思い込まされる場合、そして、そのように決めつける側が絶対に間違っていないと信じ込まされる場合、人の忍耐力には限度がある。そうした場合、人は状況を一変させようとひっくり返したり、秘かに他人の意見を無視したり、他人が存在するという事実すら邪悪であると見做すことになる。すなわち、他人が立ち去り、あるいは自分が他人から離れることができる時に、自分のチャンスが来ると思うのである。

多くの反抗的な子ども、あるいは多くの若い犯罪者は、このようにして作りだされる。私たちは、少なくとも彼らをそのような存在に至らしめた諸条件について、調べてみる価値があるだろう。

ここでもう一度繰り返そう。筋肉の成熟によって、同時に発生する二組の社会的モダリティを実験する準備が整う。**保持すること**と**手放すこと**である。すべてのモダリティがそうであるように、こうした基本的葛藤は最終的に、敵意に満ちた期待・態度にも、優しさに満ちた期待・態度にも、そのどちらにもなりうる。「保持すること」は破壊的で残酷な保持や抑制にもなり、「手許において守る to have and to hold」というケアのパターンにもなる。「手放すこと」は敵意をこめて破壊的に放り出すことにもなるし、力を抜いて「明け渡す」ことや「そのままにしておく」ことにもなる。文化の面からいえば、これらのモダリティは善でも悪でもない。モダリティの価値は、その内に含まれる敵意が、敵に向かうか、仲間に向かうか、もしくは自分自身に向かうかによって決まる。

最後に挙げた［敵意を自分自身に向ける］危険は、精神医学においてよく知られている。自由選択の自律を、適切に導かれながら徐々に経験することができなかったり、あるいは信頼を早い時期に喪失することによってその経験が弱められたりすると、敏感な子どもは、識別し操作する自分の衝動をすべて自分自身に向けてしまうことがある。その子は**自分自身を過剰に操作**したり、**早熟な良心**を発達させたりする。何度も繰り返して遊びながら試すために何かの物を所有する代わりに、その子は自分自身の反復性に取り憑かれてしまう。そしてすべてのことが「まさにその通り」に進むことを望み、しかもそれが一定の順序とテンポでなくては許せなくなる。こうした幼児的な強迫性によって・ぐずることによって・ある種の儀式に固執することによって、その子は結果として両親や養育者を支配する力を獲得するが、しかしそれは広範囲にわたる彼らとの相互調整が見出せなかった領域に限られる。この空虚な勝利こそ、強迫神経症の幼児的モデルである。これが成人の性格に引き起こす帰結については、すでに述べたような古典的な強迫性格のうちに観察される。それに加えて、物事を「上手くやり過ごす」願望に支配されている性格もある。とはいえ、その人は、その願望それ自身を上手くやり過ごすことはできない。なぜなら、その人は言い逃れを学んでも、その人の早熟な良心は上手くやり過ごすことを許さない。それゆえ、その人は生涯を通して習慣的に、恥ずかしい思いを抱え・弁解がましく・見られることを恐れながら生きていく。あるいは、私たちが「過剰補償」と呼ぶ形で、反抗的な自律を示すこともある。しかし本物の内的な自律は少しも身についていないのである。

Ⅱ・3・2　固有の傷つきやすさ†

しかし、異常な例を考察するのはここで終わりにして、小児科医の実用的で慈悲深いアドバイスを伝える見出し［64‐65頁］の研究に戻ることにする。これらのアドバイスはすべてこう語っている。この発達段階にある子どもに対しては、確固たる態度を取ると同時に寛容であるのがよい。そうすれば、その子は自分自身に対して確固たる態度を取ると同時に寛容になるだろう。その子は自分が自律した人間であることを誇りに思い、他人の自律も認めることができ、そして、何かを上手くやり過ごすことさえ自分に許すことができるだろう。

さて、もし私たちがどうすればよいかを知っているならば、なぜこの本質的で本物の自律を発達させるために何をすればよいか、両親に詳しく話さないのだろうか。答えはこうである。人間の価値に関するかぎり、いかに本物を製造し、いかに操作したらよいか、誰にもわからないのである。私の専門領域である精神分析が特別に研究してきたのは、罪の感情が一般的な道理を超えて過剰に増加した場合や、その結果として子どもが自分の身体から過剰に疎外されてしまった場合であるが、その研究を通して、子どもたちに対して少なくとも何をすべき**ではない**か、定式化しようと努めてきた。ところがこうした公式は、漠然とした警告から不安を煽るような規則を作り上げる傾向のある人々の中に、しばしば迷信的な禁止を引き起こしてしまった。しかし実際には、私たちは少しずつ、**どのような**子どもに対して、**何歳**のときに、何をすべき**ではない**のか、学びつつあるにすぎないのである。

世界中の人々が、正しい（**それぞれの人にとっての**正しい）人間を育てるためには、子どもの生活に恥・

疑惑・罪・恐れの感覚を継続的に導入すべきである、と確信しているように見える。ただそのパターンが異なる。人生の早い時期に制限を加え始める文化もあれば、遅い時期に始める文化もあり、唐突に制限を加える文化もあれば、次第にそうする文化もある。充分な比較観察の結果がでる前に、私たちがこうした条件の原因となるすべての要因を厳密に理解することなしに、病理的な状態を**避け**ようと願うと、さらに余計な迷信を付け加えてしまうことになりそうである。例えば、あまり早く乳離れさせてはいけない、あまり早くしつけをしてはいけない、という。しかし早すぎるとか遅すぎるというのは、避けたいと願っている病理によるだけではなく、私たちが創り出したいと願っている価値によって決まるのであり、より率直に言えば、私たちが生きる拠り所としたいと願う価値によって決まることなのである。なぜなら、細かい点について何を行おうと、子どもは何よりもまず〈私たちが何を生きる拠り所としているか〉、〈何が私たちを愛情に満ちた・協力的な・確固たる存在にしているか〉、〈何が私たちを憎しみに満ち・苦悩に満ち・分裂した存在にしているか〉、感じ取るからである。

もちろん、私たちが基本とするエピジェネティックな観点から、避けるべき点はいくつか明らかになっている。すべての新しい発達はそれぞれ固有の傷つきやすさを伴うことは覚えておいてよい。例えば、子どもは八カ月頃になると、いわば自分が**分離した存在であること**について、より一層意識的になるように見える。そしてその気づきが子どもに、目前に迫った自律の感覚を準備させる。同時に子どもは、母親の特徴と存在を、また他人に対する違和感を、一層はっきりと認識するようになる。この時期に母親から突然あるいは長期間引き離されると、その経験は、繊細な子どもにとって、分離され見捨てられたという感覚を悪化させ、激しい不安と引きこもりにつながる。あらためて確認すれば、もしすべてがうまくいっていれば、幼児は生後二年目の最初の三カ月頃に、この章で論じられている自律にちょうど気づき始める。この時期に腸のしつけを始めると幼児が全身全霊の抵抗を示すのは、芽生えかけた自分の意志が「壊される」ように感じているためであるように見える。こうした幼児の感情［自分の意志が壊されると感じる体験］を避けることは、この時期にこそしつけが重要と主張することよりも、はるかに重要である。なぜなら、［確かに］自律が頑固に優勢を主張する時期もあれば、安定した自律を部分的に犠牲にしなくてはならない時期もあるとしても、しかし、そうした犠牲が意味を持つのは、自律の核が獲得され強化され、より深い洞察を獲得した**後の**時期であることは明らかだからである。

パーソナリティの最も危機的な成長期を、正確に時系列の中に位置づける試みは、ここまで来て初めて可能になる。［子どもの成長における］避けがたいトラブルは、一つの出来事から生じるのではなく、しばしば、子どもの歩みをひっくり返すような複数の変化が同時に重なることによって生じる。［例えば］［1］家族が新しい場所に引っ越した時に、ちょうど、その子が特別な成長の時期を迎えていたのかもしれない。［2］もしかすると言葉を最初に教えてくれた祖母が突然亡くなったため、その子は、言葉を最初からまた学び直す必要があったのかもしれない。［3］母親が旅行の最中にちょうど妊娠していたために、疲れきってしまい、戻ってから子どもに適切な埋め合わせをすることができなかったのかもしれない。［しかし］もし親が、人生とその変化に対して適切な勇気《スピリット》を持っているならば、必要に応じて小児科医や専門家の助けを借りながら、こうした問題にも対処できるはずである。しかしその場合でも、専門家の責務とは（フランク・フレモント＝スミスの言葉を借りれば）「**その枠内で選択が許容され、その選択が望ましいものとなるような思考の準拠枠を設定すること**」に限定されるべきである。なぜなら最近の分析によると〈子どものしつけに関する比較研究が私たちに教えるように〉、〈両親が小さい子どもたちに与えることのできる自律の感覚の種類と程度〉は、〈両親自身が自らの生活の中で持っている個人的な自律の感覚とその尊厳〉に左右されるからである。［子どもの］信頼の感覚が、両親の逞しい現実的な自信の表われであったように、［子どもの］自律の感覚は、両親の個人としての尊厳の表われなのである。

「口唇的」パーソナリティの場合と同様、強迫的パーソナリティ（精神医学の文献ではしばしば「肛門性格」と呼ばれる）には、正常な側面と、異常に誇張された側面がある。ある種の強迫性は、もしそれが他の特質によって適切に補償され統合されているならば、秩序正しく・時間に正確で・清潔であることが要求される領域において、有効に働く。問題はいつでも、私たちが物事を（より複雑にするためではなく）より扱いやすくするために作ったルールの支配者であり続けるのか、それとも、ルールの方が私たちを支配するのかという点である。しかし個人の生活においても集団の生活においても、いったんルールが成文化されると、それを生み出した精神を殺してしまうことがよく起こるものである。

Ⅱ・3・3　平等†・尊厳・法の原則

私たちは基本的信頼を、宗教という制度に関連づけて考えてきた。同様に、成人の社会秩序の中で、自分自身の**自律**を明確にしておきたいという個人の基本的欲求は、「**法と秩序**」**の原則**によって担当されているように見える。この原則に基づいて、日常生活においても、最高裁判所においても、各個人の特権・制限・義務・権利が分配されている。自律の感覚は、子ども期の第二段階で現われ、また現われるべきものであり、両親によって育まれる。この感覚を育むのは、両親の側の、正当な尊厳と合法的な独立の感覚を表現するような子どもへの接し方であり、また、子どもの時に育まれた自律は後に挫折することはないという確かな期待を与えるような子どもへの接し方である。それゆえ、両親同士・両親と雇用者・両親と政府の関係は、社会地位のヒエラルキーの中で、両親に、その本質的な尊厳を再確認させるものでなければならない。この点を詳しく見ておくことは重要である。なぜなら、子どもの中に生じる恥や疑惑の大半、あるいは侮辱や不確かさの多くの部分は、結婚生活・仕事・市民生活に対する両親の不満の結果だからである。したがって、子どもの自律の感覚は（一般的にアメリカの子どもたちにおいては豊かに育っているが）、経済および政治の面における［親たちの］自律の高度な感覚と自己信頼を維持することを通して、支援されなくてはならない。

社会組織は、政治的な権力を用いて、ある種のリーダーシップをとる特権とそれに伴う行動上の義務を人々に与え、他方では、ある種の服従の義務としかし自律的であり続け自己決定し続ける特権を押し付ける。しかし、こうした事態の全体像がぼやけてしまう場合、個人の自律は、経済的な指針の方向転換に際して論争となるように、精神的《メンタル》健康《ヘルス》の問題となる。子ども時代に自分の人生は自律・自尊心・機会に満ちていると期待していたのに、大人になってみたらむしろ超人間的な組織やあまりに複雑で理解不能な機械によって支配されていると気づいた多くの人々は、おそらく深刻な慢性の失意に襲われることになる。そしてこの失意は、自律を互いに与え合う健康的なパーソナリティには結びつかない。あらゆる大国は（あらゆる小国も）ますます現代生活の複雑化や機械化の困難に直面し、より大きい単位の・より大きい領域の・より相互依存的な組織の問題に呑み込まれ、それによって個人の役割を再定義する必要に迫られている。この国の精神にとって重要であり、世界にとっても重要であるのは、ますます平等と個の意識が高まるのは、次第に複雑化していく組織において分化された機能が必要とされる事実に由来するという点である。なぜなら、もし平等や個の意識が弱いと、数々の恐怖が生じ、それが大規模な不安となって表れるからである。一人ひとりが抱える不安の量はごく僅かであり、ほとんど気づかれることもないにもかかわらず、表面的には欲しいものを手に入れ、それを期待する権利があるものを手に入れているかのように見える人々に、奇妙なまでの動揺を引き起こす。自分の自律を失うことへの不合理な恐怖（「私を拘束するな」という恐怖）に加えて、自分の自由意志が自らの内なる敵によって妨害されてしまうことへの恐怖が存在し、また、自分の自律的な自主性《イニシアティヴ》が制限され抑制されることへの恐怖もある。さらに、非常に逆説的ではあるが、同時に、十分に支配されないのではないかという恐怖、何をすべきかを指示してもらえないのではないかという恐怖も存在する。当然ながら、そうした恐怖の多くが、実際に複雑な社会機構に内在する危険を査定した結果に基づき、権力・安全・安心を求める努力に根ざしていることは確かである。しかしその反面、そうした恐怖が、一方では、精神神経症状や心身症的な障害を引き起こす一因となり、他方では、過剰かつ理不尽な画一化によって悪条件の緩和を約束する陳腐なスローガンを安易に受け入れさせてしまう一因ともなっている。

Ⅱ・4　自主性《イニシアティヴ》　対　罪の意識

Ⅱ・4・1　侵入様式と男の子・女の子†

自律の問題に確かな解決を見つけると、四、五歳の子どもは次の段階、すなわち次の危機《クライシス》に直面する。自分が一人の人間であるという強い確信を得ると、今度は、自分が**どのような種類の**人間になろうとしているのかを見出さなくてはならない。ここで子どもはあまりに大きな野望としか言いようがない望み、すなわち、自分の両親のようになりたいという望みを抱く。子どもの目に映る両親は、全く理不尽に危険ではあるが、非常に力強く、非常に美しい存在である。子どもは「彼らと同一化し」、両親のようになるとどのような感じがするだろうかと想像をめぐらす。三つの力強い発達が、この段階で助けとなると同時に、子どもを危険に近づける役割も果たす。㈠子どもはより自由に、より激しく動き回るようになり、それゆえ、より広範囲の、子どもにとっては制限のないように見える目標を定めるようになる。㈡子どもの**言語**感覚は、多くの物事について理解し、尋ねることができるまでに完成するが、かえってそのために完全な誤解が生じることもある。㈢言語および移動能力の発達により、子どもはあまりに多くの物事に**想像**を広げることが可能になるので、自ら夢みたり考え出したことに対して恐怖を感じざるを得なくなる。しかし子どもは、こうしたすべての困難から抜け出して、崇高かつ現実的な野心と独立の感覚の基礎となる、**屈することのない自主性**《イニシアティヴ》の感覚を獲得しなくてはならない。

ここで疑問が生じ、実際尋ねられる場合がある。この屈することのない自主性の基準とは何か。ここで論じられる感覚の基準はすべて同じである。恐れを伴う危機、あるいは少なくとも全般的な不安や緊張を伴う危機が解消されたように見えると、子どもは突然、心理的にも身体的にも「一つになる grow together」ように見える。「より自分らしく」なり・一層愛情深く・リラックスし・判断力が冴えてくるように見え（むろんこの段階なりのものである）、とりわけ、あたかも自分で自分を活気づかせるように見える。すなわち、余剰エネルギーを自由に使える状態で所有しており、そのために失敗をすばやく忘れることができ、望ましいと思われることに向かって（たとえそれが同時に危険を孕んでいるとしても）衰えることのないより適切な目的に向かう努力によって接近してゆくことができる。このようにして子どもとその両親は、一層の準備を整えて、次の危機に向かうことになる。

私たちは今や三歳の終わりに近づいている。歩くことが楽になり、あるいは精力的にできるようになる頃である。書物によれば子どもはこれよりかなり以前に「歩ける」ようになる。しかしパーソナリティ発達の観点から見ると、何らかの支えによって・ほんの少しの間・かろうじて歩くというだけでは、本当の意味で歩けるようになったと言うことはできない。子どもが、歩くことや走ることを自らの支配圏内の項目にするのは［自在に使いこなすのは］、重力を自分の**内側**に感じた時であり、自分が歩いていることを忘れ、その代わり**歩くことによって**何ができるかを見出すことができた時である。そのとき初めて子どもの足は、外側に付いた・まだ頼りにできない・歩行用の付属物ではなく、その子の無意識の一部になる。そしてそのとき初めて子どもは、実際に**できる**ことに加えて、いま自分にできる**かもしれない**ことを自分の強みとして捉えるようになる。

ここで振り返ってみよう。最初の途中駅は、うつぶせ状態のリラックスであった。呼吸・消化・睡眠などの基本的なメカニズムが［例えば親から］与えられる食物や心地よさと常に深く結びついているという経験に基づいた信頼が、まず座ってみること、次に立ち上がってみることへの、発達しつつある能力に強い興味を与える。第二の（二歳の終わり頃になってようやく達成される）途中駅は、しっかりと座ることができるだけではなく、いわば、疲れることなく座っていられるようになることである。これができるようになると、次第に筋肉システムを用いて、より自律的な方法で、繊細に物事を識別すること・選んで捨てること・物を積み重ねること・音をたてて物を投げ捨てること、などができるようになる。

第三の途中駅に差し掛かる頃になると、子どもは誰にも頼らず、精力的に動くことができる。自分のことを、歩き回っている大人たちと同じ存在として思い浮かべる準備が整う。比べることを開始し、大きさの違い全般、とりわけ性差について、飽くことのない好奇心を発達させる。将来自分が担う可能性のある役割を理解しようと試み、少なくとも、どの役割に模倣する価値があるのかを理解しようとする。より直接的には、子どもは今や同じ年頃の子どもたちと付き合うことができる。年長の子どもや特別な女性の保護者に導かれ、保育園・街角・納屋の前庭での子ども同士の駆け引き《ポリティクス》に徐々に加わる。その学習はいまや著しく侵入的で精力的である。そして子どもは自分の限界を超え、将来の可能性へと導かれてゆく。

この段階の行動の大部分は、**侵入様式**《モード》によって占められ、多様な形態の「似たような」活動や空想を特徴としている。そこに含まれるのは、身体的な攻撃によって他者の身体に侵入すること・積極的に話しかけることによって他人の耳や心に侵入すること・活発に動き回ることによって空間に侵入すること・激しい好奇心に導かれて未知の領域に侵入すること、などである。**包含様式**《モード》についても、男女とも、受容性や未熟な同一化の経験の中に一般化されているのを見ることができる。［訳注3］

またこの段階は、幼児的な性的好奇心を持ち・生殖器の興奮を覚え・時には性的事柄に没頭し・過度の関心を抱く時期でもある。ここでいう「性器性欲 genitality」とは、もちろん未発達《ルーダメンタリ》な初期段階のもので、将来を予見させるものにすぎず、特にそれとして気づかれずに終わることも多い。もし、とりわけ厳格で明白な（「それに触ったら、お医者様に切られてしまいますよ」といった）言葉や、特別な（例えば集団での性的な遊びなど）の慣習によって、刺激を受け早熟に姿を現すことがなければ、これはやがて単なる一連の魅力的な経験と受け止められ、間もなく恐ろしく無意味なものとして抑圧されてしまう傾向を持つ。その結果、フロイトが「潜在」期と呼んだ、人間特有の段階、すなわち、幼児的なセクシュアリティ（動物の場合はそのあとすぐに続けて成熟する）と身体的な性的成熟との間を隔てる、長く引き伸ばされた期間に入ることになる。

男の子の性的な関心《オリエンテーション》は、男根およびその感覚・目的・意味に集中する。勃起そのものは、間違いなくこれより早い時期に（反射的に、あるいは子どもに強い感情を起こさせる人や物に反応する形で）起こるが、いまや両性の生殖器に集中的な興味が発生し、同時に遊び半分の性的な、少なくとも性的探求の行為を実行したいという衝動が生じる。運動機能の操作可能感《マステリー》が高まり、今や父親や母親と**ほとんど**同じほど大きくなったというプライドを育てていたにもかかわらず、生殖器の領域においては明らかに劣っているという明らかな事実を前にして、プライドは激しく傷つく。その上、かなり遠い将来においても、母親との性的な関係における父親、あるいは、父親との性的な関係における母親には決してなりえないという事実の前に、さらなる挫折を味わうことになる。この洞察によってもたらされる非常に深い情動と、それに伴う魔術的な恐怖こそ、フロイトがエディプス・コンプレックスと名づけたものである。

精神分析が示すのは以下のようなシンプルな結論である。男の子は、最初の生殖器的な愛情を、他の点では自分の身体に安心感を与えてくれる母親的な大人に結びつけ、最初の性的な競争意識を、その母親的な人物を性的に所有している人物に対して抱く。他方、女の子は、父親や他の重要な男性に愛着を持ち、母親に嫉妬する。この［嫉妬の］発達は女の子に大きな不安をもたらす。なぜなら、まさにその母親のもとに逃げ込む道が閉ざされてしまうように感じるからであり、しかも、無意識的に「報いを受けて当然」と感じているために、母親に受け入れてもらえないことは、ますます魔術的に危険を帯びたものとなるからである。

女の子はしばしばこの段階で困難を経験する。なぜなら彼女たちは、遅かれ早かれ、自分の移動能力的・精神的・社会的な侵入性が男の子と平等に・適切に増していて、全く男の子のようなおてんば娘になることが可能であるにもかかわらず、ある物が欠けていると気づくからである。ペニスであり、同時に、ある文化やある階級において認められているペニスに伴う重大な特権である。男の子たちは、この眼に見える・勃起しうる・わかりやすい器官を持っていて、大人になる夢をそれに結びつけることができるのに対して、女の子のクリトリスは、性的平等という夢を支えるにはあまりにもささやかな存在である。また女の子には、大人になれば明確な女性としての兆候となる乳房すらなく、その母性的な欲動は空想遊びや子守などに格下げされてしまう。他方、母親が家庭を支配している場合には、今度は男の子が、無力感を募らせる可能性がある。なぜなら、男の子は上手に遊び上手に仕事することができたとしても、自分には家・母・姉たちを支配することは決してできないことを、この段階で学ぶからである。実際、母や姉妹たちは、自分たちの内なる大きな疑惑にかられて、男の子というのは（かたつむりと子犬のしっぽみたいな可愛いものがついていて）、彼厭わしい生き物とまでは言わないにせよ、本当は劣った存在であると男の子に感じさせることによって、彼に対して仕返しすることがある。女の子も男の子も、この時期には、いつか父親や母親のように立派になれる（もしかすると超えられる）と確約してくれることなら何であれ、異常なまでに大切にし、また、一度に少しずつ、あるいは間隔をあけて忍耐強く繰り返される性的な啓発を有り難いと思う。経済生活の必要のためや社会の計画がシンプルであるために、男女の役割・その特有の権力・報酬が明確になっている社会においては、当然のことながら、性別による差異についての早期の不安は、性別の役割を区別する文化の構造によって容易に回収されることになる。

男女共、この段階において、基本的な社会的モダリティの一覧に、古い言葉でいう「ものにする"making"」、今日の俗語でいう「異性の相手を探している"being on the make"」という項目が付け加わる。これまで論じてきた社会的なモダリティに相応しいこれほどシンプルで力強い言葉は他にはない。この言葉は、競争を楽しむこと・目標に固執すること・征服に喜びを見出すことを示唆している。男の子の場合、真正面からの攻撃により「ものにする」点が強調されるが、女の子の場合には、この「ものにする」が、自分自身を魅力的でかわいらしく見せるよう変化することがある。こうして子どもは、**男性的・女性的な自主性**《イニシアティヴ》の必要条件となるもの、すなわち、社会的目標の選択とそれを達成するための忍耐力を成長させる。こうして人生を始める準備がすべて整うのだが、しかし、人生はまず学校生活から始まるという点を忘れてはならない。学校において子どもは、最も大切にしていた希望や最も活気に満ちた望みの多くを、抑圧し忘却しなくてはならない。その一方で、溢れ出る想像力は飼いならされ、［社会で］必要とされる自制心と［社会で］必要とされる個人的には興味の湧かない物事を（例えば、読み・書き・算数を）習わなくてはならない。この経験はしばしば子どものパーソナリティ変化を要求し、場合によってはあまりにも強烈な変化をもたらすことになる。この変化は、単に教育の結果というわけではなく、内面的な方向づけが変更した結果であり、生物学的な事実（性的成熟が遅いこと）と心理学的な事実（子ども時代の願望の抑圧）が基礎になって生じる。なぜなら、これらの不吉なエディプス的願望、そして、その結果として巨大に膨れ上がってしまった想像《イマジネーション》、さらに、いわば移動能力の増大からくる陶酔状態が、恐ろしく肥大化した秘かな幻想《ファンタジー》につながるように見えるからである［訳注4］。その結果が、深刻な罪の感覚である。これは奇妙な感覚である。なぜなら、この感覚は、結局のところ、実際に犯したわけではないどころか、生物学的に全く不可能であるはずの犯罪や悪事を働いたということを、永遠に意味しているからである。

自律を求める戦いは、最悪の場合には、ライバルを排斥することに集中し、しかも**年下**の兄弟姉妹からの侵略に対して**嫉妬に怒り狂う**という形で表現されることが多い。他方、自主性《イニシアティヴ》は、「年上の兄弟姉妹という」あらかじめ存在し、それゆえより優れた準備を整えて、「その子の」自主性《イニシアティヴ》が目指している領域を先に占有している人々に対する**予期的なライバル**関係を引き起こす。嫉妬心とライバル心は、惨めな思いをもたらす割には、自分の優先権を確定しようとする所詮不毛な試みであるが、今や、誰が父親あるいは母親からより気に入られているかを競い合う最終的なコンテストにおいて頂点に達する。そしてその競争における不可避的かつ必然的な敗北によって、罪と不安が生じる。子どもは自分が巨人や乱暴者になった空想に耽るが、夢の中では恐怖に駆られて必死に逃げる。つまりこの段階は、命がけの恐怖に満ちたものであり、幼児的な性器の興奮に結びついた幻想への罰として、男性器を失うかもしれないという恐れ（女の子の場合は、失ってしまったのかもしれないという確信）を含んでいる。

こうした話は、子ども期の明るい面にしか眼を向けようとしない読者には、まるで奇妙に聞こえることだろう。あるいは、破壊的な欲動に気がついていない読者、すなわち、この段階において生じ一時的に抑圧され、後に刺激を受ける機会があれば内的破壊力の兵器庫に貢献することになる破壊的な欲動の潜在的な発電所に気がついていない読者にとっては、奇妙な話に過ぎないだろう。「潜在的な potential」「刺激を受ける provoke」「機会 opportunity」という言葉を使うことによって、私が強調したいのは、私たちが子ども期の葛藤と不安を学び、人類にとっての子ども期の重要性を学ぶことがなければ、こうした内的発達の中で、建設的で平和な自主性に馬具をつけて利用する《ハーネス》ことができないということである。もし私たちが子ども期の現象を見て見ぬふりをしたり・軽く扱ったり、あるいは子どもたちを「かわいい」だけの存在と見なすならば、（自分の子ども時代の最高の夢や最悪の夢を忘れてしまうと同時に）人間の不安と対立を生む永遠の源泉の一つを、永久に見逃すことになってしまうだろう。

Ⅱ・4・2　良心と両親†

自主性《イニシアティヴ》を統治する偉大なる存在、すなわち**良心**がしっかりと確立するのは、この自主性《イニシアティヴ》の段階である。依存することによって人は良心を発達させ、今度は、自分自身への依存がその人を、信頼される存在にする。そして数々の根本的な価値に完全に依存することができて初めて、人は独立し・伝統を伝え・伝統を発展させることができる。

さて、今や子どもは、見つかった時に恥ずかしいと感じるだけでなく、見つけられはしないか恐れる。いわば神の姿を見ることとなく、神の声を聞く。さらに言えば、誰も見ていない単なる思いや行いについてさえ、反射的に《オートマティカリー》、罪を感じるようになる。これが個人における道徳の礎である。しかし、心理的健康の観点からみると、もしこの偉大な達成〔道徳の礎〕が、あまりに熱心な大人たちによって過剰な負担を担わされると、精神にとっても道徳そのものにとっても、悪い影響が生じることを指摘しておかねばならない。なぜなら、子どもの良心は、未発達であり・残酷であり・妥協を許さないものであったりする**かもしれない**からである。そうした例は、子どもがすべてを抑制してしまうまで自分自身を抑える術を身につけてしまうケース、子どもが両親の要求よりもはるかに融通の利かない従順さを発達させるケース、あるいは、両親たち自身が子どもの中に育てた新しい良心に沿う生活を送っていないように見えるために、子どもが深刻な退行と永続的な怒りを発達させるケース、などにおいて観察される。人生における最も深刻な葛藤とは、良心の模範であり執行者でもある両親が、子どもにとっては許すことのできない罪から「うまく逃れ」ようとしていることを（何らかの形で）知られてしまった場合に、子どもが抱く両親に対する憎しみである。そうした罪は、親と子の間に存在する不平等から生じる自然な結果であることが多いとしても、しばしば〔大人の側が〕

その不平等を心なく搾取したことによって生じる。その結果として子どもは、そうした事態がすべて普遍的な善であるわけではなく、むしろ恣意的な権力にすぎないと感じるようになる。こうした、ごまかしに対する不信感が、一切の妥協を許さない超自我の性質と混合すると、伝統を担う機関であるこの超自我は、道徳主義的な人間を、自分自身にとっても仲間にとっても非常に危険な存在にする可能性をもつ。つまり道徳とは、その子にとって、あたかも復讐心や他者を抑圧することと同義になってしまうのである。

　この年齢の子どもにおける、こうした道徳主義《モラリズム》（道徳性《モラリティ》とは区別される）の源泉を指摘しておくことは重要である。なぜなら幼児期の道徳主義は、乗り越え・克服されるべき段階だからである。この段階において生じた罪「罪悪感の意義」の結果は、かなり後になるまで現われないことが多い（この罪は子どもそのもの・欲動そのものが本質的に悪であるという根深い確信の形で表れる）。そして、後にそれが現われる時、自主性《イニシアティヴ》をめぐる葛藤が、内なる能力に従って生き想像力や感覚の力に従って行動することを、（性的不能や不感症とまではいかないにせよ）自己抑制してしまうことがある。もちろん、こうした自己抑制はすべて、飽くなき自主性《イニシアティヴ》を誇示するために、いかなる犠牲を払っても「過剰に補償される」。多くの大人たちは、自分の人間としての値打ちが、**何をしているか**、あるいはむしろ**次に何をしようとしているか**という点にあると思っており、個人としてどのような存在であるかという点にあるとは考えない。したがって彼らの身体に生じる緊張は、休みのときでさえ休むことなく、エンジンを空転させて常に「働きづめ」の状態である。こうした緊張が、今日盛んに論じられる心身症の有力な一因となっている。

　しかし、病理というのは、貴重な人間の資源がないがしろにされていること、子ども時代からずっとないがしろにされ続けていることを表わす兆候にすぎない。問題は、ここでもまた相互調整である。子どもが、自分を過度に抑制する可能性を持ちつつも徐々に責任感を発達させることができる場合、あるいは、いずれ自分が大人として責任を持って参加すると予期させる制度・機能・役割などについてシンプルな「屈折していない」感情を抱くことができる場合、そうした場合には、その子はすぐに、小型の道具や武器を使いこなし・意味のあるおもちゃを動かし・自分自身や年下の子どもの面倒をみたりすることに、心地よい達成感を感じるだろう。

この時期は、他のどの時期よりも、素早くそして貪欲に、以下の点で大きく成長することを学ぶ準備ができているということは、グランドプランの智慧である。すなわち、**人を**「[自分の]**ものにする**」**代わりに物を作る**という意味における力よりも、義務・規律・作業を共に分かち合うという感覚において、大きく成長することを学ぶ時期である。また、この時期の子どもは、他人を支配したり強要する代わりに、**一緒に物を作り**、他の子どもたちと一緒に建設的で計画的な目的のために協力することに熱心であるし、またそれが可能である。そしてまた、教師や理想的なプロトタイプと協力して、人の役に立つことが十分にできるし、自ら進んでそうしようとする。

両親はその理由に気がつかないことが多いのだが、子どもは突然、両親のことを考えることが少なくなって、教師・他の子どもの両親・子どもが理解できる職業の人々（消防士・警察官・庭師・配管工）を慕うように見える。重要なのは、子どもたちが、同性の親から最も主要な不平等を［親には敵わないということを］思い知らされたくないという点である。彼らは同性の親に同一化し続けている。しかし当面は、あまり深い葛藤や罪の意識を感じることなく、表面的な同一化によって、自主性《イニシアティヴ》の場が約束される機会を求めるのである。

しかし子どもは、しばしば親自身によって、より現実的な第二の同一化に、すなわち平等の精神に基づき、物事を一緒に行うことによって経験される同一化に導かれることがある（これは世界中でもアメリカの家庭において最も顕著に見られる）。わかりやすい技術的な作業と結びつく形で、父親と息子の間に仲間意識が育つ。これは**タイム・スケジュールにおいて平等ではない**［年の差がある］にもかかわらず、本質的なところで、人間としての**価値において平等**という経験である。こうした仲間意識は、単に親子にとってのみならず、人類にとっても永続的な宝である。単なる大きさやスケジュールに由来する弱さは搾取されると隠れた憎しみを生むが、そうした憎しみを軽減することは、私たち人類が切に必要としていることなのである。

成長しつつある人間の内に育つ憎しみや罪を早期に予防し緩和すること、そして、その結果として、**たとえ人種・役割・年齢は違っても人間の価値は平等である**と感じている人々が憎しみに対して自由に共同して対処すること、これこそが唯一、自主性を平和の内に育成すること、つまり本当に自由な冒険心《エンタープライズ》を可能にする。この「冒険心《エンタープライズ》・事業」という言葉は意図的に選ばれたものである。というのは、子どものしつけに関する比較検討から明らかになったことは、子どもが両親への同一化を通して、幼い日々の夢をおぼろげながらに大人たちの活動的な生活の目標と重ね合わせてみる時に、子どもに伝わるのは、世間一般に広まっている経済的な理想や、それに若干の修正を加えたものなのである。

Ⅱ・5　勤勉 対 劣等感

Ⅱ・5・1　学ぶ[†]・遊ぶ・マスターする

第一段階のパーソナリティは「私は私が与えられるものである I am what I am given」という確信を中心に結晶化している。第二段階は「私は私がしようとしているものである I am what I will」という確信である。第三段階は「私は私がこうなっていくだろうと想像できるものである I am what I can imagine I will be」という言葉によって特徴づけられる。さて、これから第四の段階に取り組まねばならない。それは「私は私が学ぶものである I am what I learn」という段階である。子どもは、何かを開始するにはどうしたらいいのか、他人とたくさん付き合うにはどうしたらいいのか、その方法を教えてもらいたがる。

こうした傾向もまた、特別な子どもたちの場合には、かなり早い時期から始まる。その子たちは、物事がどのように行なわれるのか知りたがり、実際にやってみたがる。運がよければその子たちは、農家の内庭や街中で忙しい大人たちや年の違う大勢の子どもたちに囲まれて暮らしており、能力や自主性《イニシアティヴ》が一時的に高まる時に「試してみたくなった時に」、彼らを見ながら試し、観察し参加してみることができる。しかし、いまや**学校に行く**時期である。いかなる文化においても、子どもたちはこの段階で、ある種の組織的教育を受ける。しかし、必ずしも教養ある人々の手によって組織された学校、まして、読み書きの教え方を学んだ教師を中心に組織された学校であるとは限らない。文字を持たない民族の場合、子どもたちは、任命によってではなく拍手喝采によって教師になった大人たちから、多くのことを学ぶと共に、年上の子どもたちからも非常に多くのことを学ぶ。より原始的な［学校化される以前の］環境の中で学ぶ物事は、**テクノロジー**の基本的スキルに関係するもので、そのスキルは、大人が使っている調理器具・道具・武器を扱う準備が整うにしたがって発達する。子どもは自らの種族に特有のテクノロジーに、ゆっくりと時間をかけて、しかし非常に直接的に入り込んでいく。よりリテラシーの高い・より専門化された職業の人たちは、何よりもまず子どもが読み書きをできるように教えることを通して、子どもに準備をさせなくてはならない。その次に子どもは、将来の職業選択の幅が最大限に広がるように、できるだけ広い範囲の基礎教育を与えられる。職業が専門化すればするほど、自主性《イニシアティヴ》の目標は一層不明瞭になり、社会のあり方が複雑になればなるほど、その中で父親や母親が果たす役割は一層曖昧になる。それゆえ、子どもたちは、子どもと大人の間の時期に、学校に行く。学校は、それ自体が一つの世界であって、そこには特有の目標や限界があり、特有の成功や失望がある。

小学校教育は、二つの極の間を大きく揺れ動いている。一方の極は、学校生活の開始を厳しい大人時代の延長上とみなし、人から**言われた通り**にするための自己抑制と厳格な義務感を重視する。他方の極は、学校生活を子ども時代の自然な傾向の延長上に置き、遊びを通して、自分がしなくてはならないことを発見させ、あるいは、自分の**好きなこと**を一歩ずつ行うことによって、学ばせようとする。どちらの方法も、ある子どもにとっては時に効果的であるとしても、すべての子どもにとって常に効果的であるとは言えない。最初の［自己抑制と義務を重視する］傾向が極端になると、保育園や小学校に通う子どもの持つ義務に全面的に依存する傾向を、搾取するようになる。そうすると子どもは、［確かに］絶対に必要な事をたくさん学び、ゆるぎない義務感を発達させるが、しかし、後に自分の人生も他人の人生も惨めなものにしてしまう不必要かつ犠牲の大きい自己抑制を、もはや二度と捨て去ることができなくなり、のみならず、自分の子どもたち［その子の次の世代］の学びたい・働きたいという自然な願望を台無しにしてしまうだろう。それに対して、二番の［遊びを大切にする］傾向が極端になると、子どもたちは何も学んでいないという、周知の通りの異議申し立てを招くだけではなく、子どもたちの中にもこんな気持ちが生まれる。それは今では有名な話だが、ある都会の子どもが、ある朝、気遣わしげに、「先生、今日も僕たちは自分の**やりたい**ことをし**なくてはならない**のですか」と尋ねたという、その言葉に表れている。この言葉ほど、この年齢の子どもたちの必要を的確に言い表したものはない。子どもたちは、やさしくしかし断固とした態度で、強制的に冒険の中に送り出してもらうことを**望んでいる**。すなわち、自分では決して考え付かなかった事柄、遊びや幻想の産物ではなく、現実・実用性・論理の産物であるからこそ魅力的である事柄、大人たちの現実世界に参加しているという証になる感覚を与えてくれる事柄、そうした事柄を自分で獲得することができると発見する冒険に、強制的に送り出してもらうことを**望んでいる**。こうした議論の際によく耳にするのは中道の教え、すなわち、遊びと仕事、子ども期と大人期、旧式の教育と進歩的な教育の中道を取るべきとする語りである。しかし、中道を行くと語ることは容易いが（そして批評家はそれで満足しているように見えるが）、実際には、中道というのは、熱心に目指すべき目標というより、避けるべきことに導かれた結果であることが多い。それゆえ、〈気楽に遊ぶこと〉と〈必死に働くこと〉という二つの極端を単に避けるのではなく、〈遊びとは何か〉〈仕事とは何か〉を熟慮した上で、遊びが仕事に溶けこみ、仕事が遊びに向かうようなやり方で適量を交互に行う術を学ぶことが大切になってくる。そこで、子どもと大人の様々な段階における遊びの意味について、手短に概観してみよう。

大人は、レクリエーションを目的として遊ぶ。現実を踏み出して想像上の現実に入り、その中で恣意的かつ拘束力のあるルールを作りだす。しかし大人が遊び人《プレイボーイ》になりきってしまうことは滅多にない。働く者だけが遊ぶことを許される。ただしそれは、自分の競争心をリラックスさせることができる場合に限られる。

さてそうすると、遊ぶ子どもは、ひとつの問題を提起する。働かない者は遊ぶべきではないのか。そこで大人は、子どもたちの遊びを容認するための理論を創り出さねばならず、子どもの遊びは実際には子どもにとっての仕事であると考えたり、あるいはそうした遊びはもはや遊びには含まれないと考えたりする。最もよく知られた理論であり、また外から観察者にとって最もわかりやすいのは、子どもはまだ何者にもなっていないために、それが反映して、子ども遊びは無意味《ナンセンス》なものになるという考えである。スペンサーによれば、多くの哺乳類の子どもは、両親が代わりにやってくれるために、自分で餌を採ったり身を守ったりする必要がなく、そこで生じた余剰エネルギーを、遊びによって消費している。別の説によれば、遊びとは将来への準備であるか、もしくは、過去の感情を解消する方法、すなわち過去のフラストレーションに想像上の救済を見出す手段である。

確かに、個々の遊びの中身は、困難な経験をじっくり考えなおし**支配《マスター》している感覚を回復する**ための幼児なりの方法であることが多く、それは私たちが、深く考え・とめどなく話し続け・空想し・眠っている間に夢をみたりする中で自分の手に負えなかった経験を繰り返すやり方に相応している。これが遊戯観察・遊戯診断・遊戯療法の論理的な根拠である。訓練を受けた観察者は、子どもが遊んでいるのを見て、その子が「何度も考えなおしていること」は何か、その子がどのような誤った論理やどのような感情的な袋小路に入り込んでしまったのか、ある程度の印象を得ることができる。診断のための道具として、こうした観察は必要不可欠なものになっている。

遊び慣れたおもちゃに囲まれた小さな世界は、子どもが、自分の自我を分解修理《オーバーホール》する必要に迫られたときにそこに戻っていくために作りだした避難所である。しかし、物＝世界にはそれ独自の法則がある。並び替えられることを拒むこともあれば、たやすく粉々に砕け散ることもある。他の人のものと判明することもあれば、年上の子たちに没収されてしまうこともある。そこで子どもは遊びにつられて、無防備なまま危険を伴う主題や態度を表現し、そのために不安になり、突如として**遊びが崩壊する**事態に至る。それは目覚めているときの不安夢に対応する。それを恐れて子どもが遊ぼうとしなくなることがあるのは、夜驚を恐れて子どもが寝ようとしなくなるのと全く同じである。このようにして脅かされたり失望させられたりすると、子どもは空想にふけり、指しゃぶりや自慰行為に退行することがある。それに対して、最初の物＝世界の利用がうまくいき適切に導かれると、**おもちゃを操作《マスター》する喜び**が、〈それらの物に投影されている**葛藤を操作する**こと〉や〈そのような操作を通して得られる**威信**〉と結びつくことになる。

最後に、保育園に通う頃になると、子どもの遊びは**他人と共有される**ようになる。最初のうち、他人は、物として扱われる。調べられ、衝突され、「お馬さんになって」とせがまれる。どのような遊びは空想することだけが許され、どのような遊びは一人きりで遊ぶときに限って許されるのか、あるいは、どのような内容ならばおもちゃや小さい物の世界の中でのみ表現してもかまわないのか、そして、どのような内容ならば他人と共有でき強制することさえ可能なのか。それらを理解するために、子どもたちには学習が必要なのである。

では、幼児の遊びとは何か。私たちの見解では、それは大人の遊びと同じものではない。つまり気晴らしではない。遊んでいる大人は、現実から横にそれて、別の人工的な現実に足を踏み入れる。それに対して、遊んでいる子どもは、一歩先に踏み出して、**現実の操作可能感覚**《マステリー》という新しいステージに進む。この新しい操作可能感覚は、おもちゃや**物**を技術的に支配するという意味に限らない。瞑想・実験・計画・共有などを通して**経験**を操作可能《マスター》にする幼児的な方法も含むのである。

Ⅱ・5・2 親と教師と子どもたち†

すべての子どもは、時折、独りになり一人遊びをする必要がある（あるいは、後になると本・ラジオ・映画・ビデオをお供にするが、これらはみな、昔のおとぎ話のように、少なくとも時おりは子どもの精神《マインド》が求めるものに適した何かを伝えていると思われる）。また、すべての子どもは、ゲームの中で何日も何時間もごっこ遊びをする必要がある。しかし遅かれ早かれ、子どもたちは、役に立っているという感覚がないと、すなわち、物事を作ることができ、しかも上手に作ることができ、完璧に作ることさえできるという感覚がないと、不満を抱き不機嫌になる。私はこの感覚を**勤勉の感覚**と呼ぶ。この感覚を持つことができないと、どんなに楽しくても、子どもはすぐに搾取されているようにふるまう。あたかもそれは、子ども自身も社会の側も、子どもはもはや心理学的にはすでに親の予備軍になったのだから、生物学的な親になる前に働き手になり潜在的な「労働力の」提供者になり始めなくてはならないと、知っているかのようである。そして、潜在期が近づいてくると、正常に発達した子どもは、人を直接的な攻撃によって「ものにする making」する必要を忘れ、急いで父親や母親になりたいという願望を忘れ、厳密に言えば「昇華する」（つまり、より役に立つことを追求したり、より良いと認められる目標に向けたりする）。子どもはいまや、**物を生み出す**ことによって認めてもらう術を学ぶ。子どもは勤勉性を発達させるが、それはつまり、道具の世界の無機質な法則に適応することである。子どもは、何かを生産する状況の中に必死に没頭し、その状況の一つの単位になる。そうした生産的な状況を完成させたいという目標が次第に優位になり、特有の欲動や個人的な失意からくる気まぐれや願望に勝るようになる。かつて、うまく歩けるように、うまく物を投げられるように、たゆまぬ努力をしたように、いまや、物をうまく作りたいと願うようになる。絶え間なく注意を傾け、目的を貫くまで勤勉に努力することを通して、子どもは**仕事を完成させる**喜びを味わうようになる。

この段階の危険は、**不全感**や劣等感の増大である。それらは、それ以前の葛藤の解決が不十分であったために生じる場合がある。すなわち子どもは、知識よりもまだママが必要なのかもしれない。学校で立派にやっていくよりもまだ家で赤ちゃんのままでいたいのかもしれない。あいかわらず父親と自分を比べ、それによって罪の意識が生じ、解剖学的な劣等感が生じる。家庭生活の中（特に小家族の中）で、学校生活の準備ができていない場合もある。あるいは、学校生活の中で、それ以前に上手にできるようになっていたことを教師から少しも評価してもらえないという形で、子どもの早期の約束［将来への期待感覚］が衰えてしまう場合もある。しかし子どもは、今はまだ眠っているものの、今刺激が与えられなければ後に発達するか、一生発達せずに終わるような仕方で、将来的に人より秀でる可能性も持っている。

優れた教師・健康な教師・リラックスした教師・共同体の中で信頼され尊敬されていると感じている教師は、こうしたすべてのことを理解し、導くことができる。そうした教師は、いかに遊びと仕事、ゲームと勉強を交互に行うべきか知っている。どうしたら特別な努力に気づくことができるか、どうしたら特別な才能を伸ばすことができるか知っている。子どもに時間を与える方法も知っている。学校が現時点では重要な意味を持たず、楽しむというより耐える場所になっている子どもたちをどう扱うか、他の子どものほうが教師よりもずっと重要である子どもたちをどう扱うべきか知っている。

優れた両親・健康な両親・リラックスした両親は、子どもに教師を信頼させることの必要性を感じ、それゆえ信頼できる教師の必要を感じている。ここで教師の選び方・教師の訓練・共同体における教師の地位と給与について論じることは、私の行うべきことではない。ただし、これらすべてのことは、〈**勤勉の感覚**〉と〈**物事を知っている**人や物事の**やり方**を知っている人との肯定的な同一化〉を子どもの中に育て維持するために、直接的に重要である。とりわけ、優れた才能がありインスピレーションを受けた人物たちの人生において、ある教師が、どこかの時点で、隠れた才能に火をともすことに成功したのを、私はこれまでに何度も目にしてきた。

ついでながら、小学校の教師の大多数が女性であるという事実は、ここで検討すべき点である。なぜなら、あたかも知識は女性的、行動は男性的という印象が生じ、「普通の」男の子にとっての男性としての同一化に、葛藤を引き起こすからである。男の子も女の子も、バーナード・ショウの言葉「できる者はそれを行い、できない者はそれを教える」に同意してしまうだろう。そこで教師の選択と訓練は、この段階の子どもたちに降りかかる危険を避けるために、非常に重要な意味を持つ。第一に、前述した劣等感、自分は何の役にも立たないという感情がある。この問題に対応するには、子どもが**できる**ことをどのように強調すればよいか理解し、子どもに精神医学上の問題があったときにはそれに気づくことのできる教師が必要である。第二に、子どもが、あまりに高潔な教師に過度の熱意を持って同一化し、教師のペットになってしまう危険がある。ここで私たちがその子どものアイデンティティの感覚と呼ぶものが、善良で小さな労働者・善良で小さなお手伝いとして、未熟なまま固定されてしまう可能性がある。むろんそれが、その子の**なりうる**すべてではない。第三に（そしてこれが一番よく見られるが）、長い学校生活を通して、何一つ、働く喜びも、得意なことが少なくとも一つはあるというプライドも、手に入れることができない危険もある。そしてこの点は特に、そうした子どもたちに学校が何をすべきか何ら対応してこなかった国において顕著である。私たちはしばしば耳にする。彼らは生まれつきそうなのだ。優秀な人々の背後に教育水準の低い人々が存在するのは当然だ。市場は多くの単純でスキル不要な仕事のためにそうした人間を必要とし育成さえしているのだ。このように指摘するのはいつでも簡単である。しかし、健康なパーソナリティという観点から見るとき（議論を進めていくうえで、健康な社会における建設的な役割という観点がいまや必要となる）考慮しなくてはならないのは、確かに、より幸運な人々にとっては好都合な学校教育は受けてきたものの、様々な理由から、彼ら自身の奮闘努力に対しては何らの内的・外的なサポートも受けることができなかった人々のことである。

さて、勤勉の感覚が発達する時期に関するこれまでの言及では、もっぱら**外的な障害**について語っただけであり、基本的な人間の欲動の一覧表に載っているような危機については（劣等感の危機が引き伸ばされる場合を除いて）全く扱っていないと、指摘する向きもあるだろう。しかしこの段階は、他の段階と異なり、新しい操作可能《マステリー》感覚によって引き起こされる激しい内的変動に動揺する時期ではない。フロイトがこの段階を潜在期と名づけたのは、激しい欲動がこの時期において通常は休眠状態にあるためである。しかしこれは思春期という嵐の前の静けさにすぎない。

他方、この時期は社会的には決定的に重要な意味を持っている。なぜなら勤勉性には、他人と並んで・他人と共に行動することが含まれるので、**分業**や**機会均等**といった感覚がこの時期に初めて発達するからである。もし子どもが、自ら学んでゆく願望や意志よりも、むしろ肌の色・両親の経歴・衣服の値段こそが自分の社会的価値を決定すると感じ始めると、結果として**アイデンティティの感覚**を永続的に傷つけてしまうことになる。このアイデンティティの感覚が次の課題である。

Ⅱ・6　アイデンティティ　対　アイデンティティ拡散《ディフュージョン》

Ⅱ・6・1　斉一性《セイムネス》†と連続性《コンティニュイティ》、そして自我アイデンティティ

技能《スキル》の世界、および新しい技能《スキル》を教え分かち合う人との間に良好な関係が築かれると、子ども特有の時代は終わりを告げる。そして青春時代が始まる。しかし思春期と青年期には、それまで依拠していた斉一性《セイムネス》と連続性《コンティニュイティ》のすべてが、再び問い返されることになる。なぜなら、子ども期の初期に匹敵するほどの早さで身体の成長が急速に進み、さらに身体的な生殖器の成熟が全く新たに付け加わるためである。成長し発達しつつある若者は、自分の内部の生理的革命に直面しながら、自らの社会的な役割を確固とする試みに最も強い関心を払う。若者たちは、時に病的なほど、多くの場合は奇妙に思えるほど、夢中になって〈自分自身についてどう感じるか〉と〈他人の眼に自分がどう映るか〉を比べ、あるいは、〈それまでに培ってきた役割や技能《スキル》〉と〈この時代の理想となるプロトタイプ〉をいかに結びつけるかという問いに没頭する。若者の中には、新しい連続性《コンティニュイティ》と斉一性《セイムネス》との感覚を探すなかで、子ども時代の多くの危機と再び戦わなくてはならない者もいる。彼らはまだ、最終的なアイデンティティの守護者として永続的に崇拝する人物や理想を設定する準備ができていない。

自我アイデンティティという形で生じつつある統合 the integration は、子ども時代の同一化の総和 the sum of the childhood identifications を超えたものである。この同一化の総和は、これまで連続してきた段階におけるすべての経験から生じる内的資源 the inner capital である。同一化がうまくいくと、個人の**基本的な欲動**が、その人の**素質**や**機会**とぴったり合致する。精神分析はこうした成功した相互一致を「自我総合 ego synthesis」に

よるものとみなす。私がこれまで論証しようと努めてきたのは、子ども時代に生じた自我価値 the ego values は、私が**自我アイデンティティの感覚** a sense of ego identity と呼ぶものに至って最高潮に達するということである。自我アイデンティティの感覚は〈自分自身の内部の斉一性《セイムネス》と連続性《コンティニュイティ》（心理学的な意味における自我）を維持する能力〉が〈他人にとってその人がもつ意味の斉一性《セイムネス》と連続性《コンティニュイティ》〉と調和するという確信から発生する。自尊心は、主要な危機の終わりごとに強められるが、やがてそれは、自分が実現可能な将来に向かって効果的に学びつつあるという確信に成長し、あるいは、社会的現実の内部で確かなパーソナリティを発展させつつあるという確信に成長する。成長しつつある子どもが、生き生きとした現実感を獲得するのは、次のような自覚を持つことができる場合、すなわち〈経験を支配《マスター》する自分なりのやり方〉が、〈周囲の人々が経験を支配《マスター》し、その支配を認識しているやり方〉の成功した一形式であると自覚できる場合である［訳注5］。

この点において、子どもたちが、空虚な褒め言葉や恩着せがましい励ましに欺かれることはない。彼らの自尊心を鼓舞する人工的な励ましを、何かより良い物の代わりに受け取らねばならない場合もあるかもしれないが、蓄積しつつある自我アイデンティティと私が呼んだものは、本物の達成によってのみ、すなわち、彼らの属する文化の中で意味をもつ達成に対する心からの一貫した認識を受けることによってのみ、本物の強さを得る。それに対して、子どもは、自我アイデンティティの中の次の一歩を発展させ統合させることを可能にするあらゆる形式の表現を、環境によって徹底的に奪われそうになっていると感じると、驚異的な強さをもって抵抗する。それは、急に自分の生命を守ることを強いられた動物に見られるような抵抗である。実際、人間の社会というジャングルの中では、自我アイデンティティの感覚がなければ、生きている実感を持つことができない。この点を理解することが、青年の問題をより深く理解することになるだろう。とりわけ「良い」子でいることができず、我が国アメリカであれば徒党やギャングに、他の国ならば刺激的な大衆運動に加わることによって、［自分がどこかに］帰属しているという満足した感覚を必死で探している若者たちに共通する問題について、理解が深まるはずである。

自我アイデンティティは、すべての同一化が次第に統合されることによって発達する。しかしここで、あるいはいかなる場面においても、全体《ホール》は各部分の総和とは質が異なる。恵まれた境遇の子どもたちは、人生の早い段階で独立したアイデンティティの核を手に入れる。そして多くの場合、両親のどちらか一方と過剰に同一化させようとするあらゆる圧力から、その核を守らなくてはならない。この点を患者から学ぶのは難しい。なぜなら神経症的な自我は、当然ながら、不安定な両親との過剰で誤った同一化の犠牲になってしまっているからであり、その状況は、芽生えかけたアイデンティティからも、周囲の環境からも、幼い子どもを孤立させてしまうからである。しかしこの点については、アメリカのマイノリティ集団の子どもたちを研究することが有益であるだろう。こうした子どもたちは、際立って上手に導かれた自律の段階を順調に卒業すると、アメリカの子どもにとって最も決定的な段階、すなわち、自主性《イニシアティヴ》と勤勉の段階に入ってゆく。

アメリカ化がそれほど進んでいないマイノリティ集団（黒人・アメリカインディアン・メキシコ人・一部のヨーロッパ系集団）においては、多くの場合、子ども期初期に、より感覚的［官能的］な経験を楽しむ特権を持つ。彼らに危機が訪れるのは、両親や教師たちが自らへの信頼を失い、曖昧なしかし広く浸透したアングロ・サクソン的理想に近づくために突然、矯正手段を用いて、子どもたちとの間に激しい断絶を引き起こす時である。あるいは、むしろ子どもたちの側が、感覚的［官能的］で過保護な母親を誘惑と見做し、アメリカ的なパーソナリティを形成するための障害と見做すことによって、否定するようになる時である。

全体的にみると、アメリカの学校［システム］は、保育園・幼稚園・小学校の子どもたちをしつける課題には、自己信頼と積極性《エンタープライズ》の精神に基づいて、成功していると言ってよいだろう。この年齢の子どもたちは驚くほど偏見や不安から自由であって、成長し学ぶ喜びに、また家族外の人々との付き合いから得られる新たな喜びに夢中になっているように見える。こうした喜びは、個人の劣等感を未然に防ぐために、

「勤勉な《インダストリアル》［働く者同士の］連帯」の希望へと、すなわち、学ぶなかで同じスキルと冒険に心から打ち込む人は誰もがみな平等であるという希望へと導かれなくてはならない。しかし反対に、個人的な成功を遂げたことによって、すでに過剰な期待を背負った、様々なバックグラウンドを持つ、おそらく各々異なる才能を持った子どもたちが、アメリカの青年に特有のショックに曝されることもある。すなわち、個性の標準化と、「違い」に対する不寛容である。

現われつつある自我アイデンティティは、〈子ども期の初期、すなわち、身体イメージや両親イメージに特有の意味が与えられていた時代〉と、〈これより後の段階、すなわち、様々な社会的役割が可能になるが、次第にそれを強制的に感じる時代〉とを橋渡しするものである。永続する自我アイデンティティは、最初の口唇期の信頼がなくては、そもそも存在することができない。そしてそれは、大人に関する支配的イメージから赤ちゃんの最初のイメージに至るまで一貫する達成感、そのあらゆる段階において自我の強さが増えてゆく感覚を創り出す達成感の約束なしには、完結することができない。［訳注6］

Ⅱ・6・2 †アイデンティティ拡散《ディフュージョン》の感覚とそれに対する防衛としての不寛容

この段階における危険は、**アイデンティティ拡散《ディフュージョン》**である。アーサー・ミラーの戯曲『セールスマンの死』の主人公・長男ビフはこう語っている。「掴めないんだ、母さん、人生って奴を掴むことができない」。このジレンマが、それ以前に体験されていた民族的・性的アイデンティティへの強い疑いに基づく場合、しばしば非行や、明確な精神病の形で出現する。若者たちは次から次に見せかけの、アメリカの若者を容赦なく標準化しようとして強いられた役割に混乱し、逃避し続ける。学校を辞め・仕事を辞め、一晩中家に帰らず、人を近づけず不自然に引きこもることもある。一度「非行に走った」若者にとって、最も必要であり、多くの場合唯一の救済となるのは、年上の友人たち・助言者・司法の人々が、もはやこれ以上、紋切り型の診断を止め、青年に特有のダイナミズムを考慮しない社会的判断に基づいた若者の分類を拒否することである。なぜなら、正しく診断され治療されれば、精神病や犯罪のように見える出来事も、青年期においては、他の年齢でみられるような致命的な重要性は持たないからである。とはいえ、多くの若者は、権威のある人々が自分を「怠け者」「同性愛者」「変人」と見做していることに気づくと、まさしくその通りになって、意地でもその予見を実現しようとする。

一般に、職業的アイデンティティを決められないことが、何よりも若い人々を混乱させる。自分自身を拡散《ディフュージョン》させないために、一時的に彼らは、一見すると完全にアイデンティティを喪失したと思われるほど、徒党や群集の英雄たちに過剰に同一化する。他方で、他人を排除することにかけては、非常に排他的で、不寛容で、残酷になる。この場合の他人とは、皮膚の色・文化的背景・趣味や才能・グループの内と外を区別するサインとして恣意的に選ばれた服装や身振りなど、全く些細な点において「異なっている」者のことである。重要なのは、こうした不寛容が、**アイデンティティ拡散《コンフュージョン》の感覚に対する防衛**のために必要とされている点を理解することである（理解するといっても、大目に見ることでも、加担するという意味でもない）。こうした拡散《コンフュージョン》は、［1］身体の各部分が根本的に変化し、［2］性器の成熟が身体や想像をあらゆる種類の欲動であふれさせ、［3］異性との親密さが近づき、時にはそれが少年に強いられ、［4］目の前に広がる人生が多種多様な矛盾しあう可能性や選択に満ちている、そうした年代にとって、避けがたいことである。こうした不快な時期に、青年たちは徒党を組み、自分自身・理想・敵をステレオタイプ化することによって、一時的に助け合う。

この点を理解することは重要である。なぜならこの点に全体主義の教義はアピールするからである。すなわち、全世界的に産業化・解放・コミュニケーションの拡大が進むこの時代に、集団アイデンティティ（封建的・土着的・国家的などのアイデンティティ）を失ってしまった、あるいは失いつつある国々や階級の若者の心に、単純で残酷な全体主義の教義は訴えかけるのである。家父長制や農業中心の国々（政治機構や経済の面で最も根本的な変化に直面している国々）において嵐のような青年時代を生き抜いている若者たちのダイナミックな特質は、いかにその若者たちが人種・階級・国家といった単純な全体主義の教義の中に、納得し満足したアイデンティティを見出しているかについて説明してくれる。たとえ私たちがこうした国の指導者たちとの戦いに勝利したとしても、まだこうした扱いにくい若者たちの平和を獲得する仕事が残されている。そしてその仕事は、力強く・寛容で・思慮深く・しかし決然とした・民主的アイデンティティを、若者たちが納得できるように、行動で示すこと（それを実際に生きること）を通して可能になるのである。

　しかし、以上の点を理解することは、我が国の若者たちの不寛容を、言葉によってステレオタイプ化したり禁止することとなく、理解と導きによって扱うためにも、ますます重要な意味を持っている。もし心の奥深くにおいて以下のような確信をはっきりと持つことができなければ、寛容であることは難しい。［1］自分は男性である（あるいは女性である）という確信。［2］いつか必ず再び一つに統合され魅力的になるという確信。［3］自分の欲動をコントロールできるようになるという確信。［4］自分が何者であるかを本当にわかっているという確信。(5)［5］自分がどうなりたいかを知っているという確信。［6］自分が他人の目にどう映るかを知っているという確信。［7］二度と悪い友人・性的パートナー・指導者・キャリアと関わることなく、正しい決断を下す方法がわかるはずだという確信。

　アメリカのような国における民主主義は特別な問題を提起している。そこでは、**自分自身で作り上げたアイデンティティ**が強調され、多くのチャンスを捕まえる準備をすること、好況と不況の波、平和と戦争、移住と自ら決めた定住生活、といった必然的な変化に適応する準備をすることが強調される。さらにアメリカの民主主義は、様々なバックグラウンドを持つ若者たちによって共有される理想を、あるいは、独立という形で自律を強調し、冒険心《エンタープライズ》という形で自主性《イニシアティヴ》を強調するような理想を、若者たちに示さなくてはならない。しかしながら、こうした約束を、経済的・政治的機構が次第に複雑化し中央集権化するシステムの中で、まして、戦争という事態になれば、何百万という個人の「自ら作り上げた」アイデンティティを一律に無視し、最も必要とされている場所に彼らを配置しなくてはならないシステムの中で、実現するのは容易ではない。その現実は多くのアメリカの若者にとって厳しいものである。なぜなら、彼らがそれまで育てられてきた過程の全体、ということは、健康なパーソナリティの発達は、ある程度の**選択**、個人の**チャンス**に対するある種の希望、**自己決定**の自由へのある種の確信の上に成り立ってきたのだからである。

私たちは今、高貴な権利や高邁な理想についてだけではなく、心理学的必然性についても論じている。心理学的に言えば、徐々に生じつつある自我アイデンティティは、**欲動の無政府状態**や**良心の独裁**に対抗する唯一の防衛手段である。良心の独裁とは、残酷なほど過剰に良心的であること、つまり、過去における両親との間の不平等が大人になっても内部に残ったものである。アイデンティティ感覚の喪失は、あらゆる場合に人を、自らの子ども時代の葛藤に直面させる。例えばそれは、第二次世界大戦中、人生計画の全体が崩壊し、あるいは、戦時に特有の様々な圧力に耐えられなかった男女の神経症に見られる。私たちの敵はこのことを理解しているように思われる。彼らの心理的作戦は、単純ではあるが間違いなく効果的である階級闘争やナショナリズムといったアイデンティティの中へと人類を教化すること、そうした教化を可能にする一般的条件を持続させることである。その一方で、彼らは、経済と同様に心理の領域においても、自由な冒険心や自己決定が、長期化した冷戦や生ぬるい戦争の条件下では、破綻してしまうことを知っているのである。それゆえ、私たちが、我が国の若い男女に対して、我が国の歴史と彼らの子ども時代が彼らのために準備してきた人生に再び専念する機会を、確かに信頼できる形で約束してみせる努力をすべきことは、明らかである。これは、国家の防衛に関わる課題の一つとして、忘れてはならないことである。

これまで、信頼の課題を、成人の信仰に関する問題と関連づけて言及し［Ⅱ・2］、自律の課題を、成人の労働と市民生活における独立の問題と関連づけた［Ⅱ・3］。さらに、自主性《イニシアティヴ》の感覚が、経済システムにおけるある種の企業心《エンタープライズ》と結びつくことを指摘し［Ⅱ・4］、勤勉の感覚が、特定の文化のテクノロジーと結びつくことを指摘してきた［Ⅱ・5］。アイデンティティを導く社会的価値を探し求めていくと、貴族政治の問題に直面する。貴族政治は、最も広い意味では、最善の人々が支配し「規則を作り」、その規則が民衆の中で最善な仕方で発展する、という確信を含んでいる。冷笑的になったり無関心になったりすることがないように、アイデンティティを探し求めている若者は、どこかで、成功した者は最善なる者としての義務を背負わねばならないこと、つまり、国家の理想を体現しなくてはならないことを、確信しなくてはならない。他の国と同様に、この国にも、「体制側の有利」を冷笑的に代表したり、人格のない機械の「ボス」になったりする成功者のタイプがある。自力で成功した人間の価値が一度全体に普及した文化には、統合されたパーソナリティという考えから見る時、次のような特殊な危険が生じる。すわなち、あなたの外見があなた自身であるかのような危険、あるいは、何を買うことができるかがあなた自身であるかのような危険である。こうした危険に抵抗しうる唯一の方法は、単に「機能している」とか「基準に達している」ということを超えた、確固とした価値や目標を伝達してゆく教育システムを作ることである。

Ⅱ・7　成人期の三つの段階

Ⅱ・7・1　親密と孤立　対　自己陶酔

子ども時代と青年時代が終わると、ことわざが語る通り、人生が、始まる。つまり、特定のキャリアのために仕事し勉強し、異性と交際し、やがて結婚して自分の家族を持つようになる。しかし、適切なアイデンティティの感覚が確立されて初めて、異性との本当の**親密さ**が（正確には、あらゆる他人との親密さ、さらには自分自身との親密さが）可能になる。性的な親密さは、私がここで考えていることの一部に過ぎない。というのは、性的な親密さは、他人との間に本物かつ相乗的な心理的親密さを発達させる能力がなくても、成り立ってしまうからである。自分のアイデンティティに確信が持てない若者は、対人的な親密さを怖がって尻込みする。しかし自分自身に自信を持つようになればなるほど、友情・闘い・リーダーシップ・愛・インスピレーションという形で、そうした親密さを探し求めるようになる。少年と少女の間には、単なる性的魅力や愛情と間違えられることの多い、ある種の青年期的な愛着がある。社会の慣習《モーレス》が異性愛的行動を要求しない限り、こうした愛着は、個人のアイデンティティの定義を求める試みのために働き、果てしなく議論を続け、何を感じ相手がどう見えるか打ち明け合い、計画・願望・期待について話し合うことを通して行われる。青年後期や成人初期に、若者が他者とこうした親密な関係を築くことができないと（付け加えると、自分自身の内的な資源と親密な関係を築くことができないと）、自分自身を孤立させ、せいぜい非常にステレオタイプ化された形式的な対人関係しか見出すことができないか（この形式的とは、自発性・温かみ・本物の友情の交換の欠如を意味する）、あるいは、何度も試み何度も失敗しながらそうした親密な関係を探し求めなくてはならない。不幸なことに、多くの若者がこうした状況のもとで結婚し、お互いを発見することによって、自分自身を発見できるのではないかと期待する。しかし残念ながら、結婚の当初は、例えば配偶者や親として定められた行動の責務があり、自分自身のための課題を成し遂げることができない。当然ながら、配偶者を変えることが解決をもたらすことはめったにない。むしろ、真に二人であることの条件は、まず一人ひとりが自分自身にならなければならないという事実を、懸命に洞察することにこそ、その解決がある。

親密と対をなす概念は、**孤立**である。これは、その人にとって危険と感じられる力や人物の存在を、拒絶し、孤立させ、必要とあれば破壊しようとする心構えのことである。こうした、成熟し効果的な拒絶は（政治や戦争において利用され搾取されるのだが）、アイデンティティを求める苦闘のなかで馴染みのものと異質なものを鋭く冷酷に区別してしまう、盲目的な偏見の副産物である。最初のうち、親密的・競争的・闘争的な関係は、同一の人物との間において経験されるが、次第に分極化し、競争的な出会い・性的な抱擁・多様な形の積極的な関わりあいのなかで、それぞれ経験されるようになる。

かつてフロイトは、標準的な人間の為しうる課題について尋ねられたことがある。おそらく質問者は複雑で「深みのある」答えを期待していた。しかしフロイトは簡単に **"Lieben und arbeiten"**（「愛することと働くこと」）とのみ答えた。このシンプルな公式は熟考に値し、考えるほどに深みを増す。なぜならフロイトが「愛すること」と言う時、性器愛を意味すると同時に、寛容を広げてゆくことを意味しているからである。また、愛すること「**と**」働くことと言うとき、仕事一般の生産性が、人の心を奪い、性的な存在であり愛し合う存在である権利や能力を失ってしまうことがないように望んだのである。

精神分析は、**性器愛**を、健康なパーソナリティの主要な指標の一つであると強調してきた。性器愛とは、愛する異性のパートナーとの関係においてオルガスム・ポテンシーを発達させる潜在的な能力のことである。ここでいうオルガスム・ポテンシーとは、キンゼイのいう「はけ口」という意味での性的生成物の放出ではなく、異性愛の相互性《ミューチュアリティ》を意味しており、十分な性器の感受性を伴い、身体全体から完全に緊張が解き放たれることを伴う。このように具体的に表現しているものの、実際にはこのプロセスについて私たちは本当の意味で理解しているわけではない。しかし、こうした考え方の内に明確に含まれるのは、オルガスムのクライマックスにおける相互性《ミューチュアリティ》の経験が、複雑なパターンの相互調整の究極的な例を提供しているということ、ある意味では、男性と女性、事実と空想、愛と憎しみ、労働と遊びといった日常的な対立の中で生じる潜在的な激しい怒りを和らげるということである。満足できる関係においては、セクシュアリティが強迫的であることは少なくなり、サディスティックな支配は無用となる。しかし、ここで精神医学の処方は、人々の内に潜む抵抗しがたい偏見と、制約された状況に直面してしまう。これらの人々のアイデンティティ感覚は、性愛や官能性を、人生の苦労・義務・礼拝の下に従属させることによって成り立っているためである。そうした状況においては、少しずつ率直に話し合うことによってしか、伝統的な厳格さの危険を指摘し、突発的な変革や単なる表面的な変革の危険を指摘することはできない。

Ⅱ・7・2　ジェネラティヴィティ　対　停滞

性器愛の問題は、精神的健康の第七の基準と密接な関連があるが、これは親であることに関わる。性的に結ばれたカップルが、自分たちの関係の中に本物の性器愛を見出したか見出しつつあると、間もなく（もし明確な希望を自覚するまで発達していたならば）、二人のパーソナリティとエネルギーを結合させて、共通の子孫を生み出し育てたいと願うようになる。この願いの下に広がる広範囲の発達を、私は**ジェネラティヴィティ**と名づけたが、それは次世代を（性器愛と遺伝子を経由して）確立することに関わっているからである。他のどんな流行の言葉でも、例えば「創造性《クリエイティヴィティ》」や「生産性《プロダクティヴィティ》」といった言葉でも、私がここで必要とする理念を伝えていないように思われる。[6] ジェネラティヴィティは、主として次の世代を確立し、導くことへの関心である。しかし何らかの不運のため、あるいは他の方向に特別で真正の才能があるために、この欲動を子孫に向けるのではなく、利他的な関心や創造性のような他の形式に向ける人もいる。そしてそれらが、彼らなりの親としての責任の表し方なのである。重要なのは、これが健康的なパーソナリティの成長の一段階であること、そして、あらゆる仕方によってもそうした「ジェネラティヴィティの」豊かさを獲得できずに失敗するとジェネラティヴィティから退行して偽りの親密さを強迫的に求めること、そして多くの場合、広く浸透した停滞の感覚と対人関係における窮乏化が伴うことを、認識しておくことである。ジェネラティヴィティを発達させていない人は、自分自身をたった一人の子どもであるかのように甘やかし始めることが多い。もちろん、単に子どもがいる、あるいは子どもが欲しいと思っているという事実だけで、ジェネラティヴィティの証しにはならない。実際、児童相談を行う場所を訪れる若い両親のほとんどが、この段階の発達が遅れていたり発達していなかったりすることに苦しんでいるように見える。その理由は子ども期初期の印象の中に見出されることが多い。つまり、両親と誤った同一化をしていたり、あまりにも精力的に作り上げたパーソナリティを基盤とする過剰な自己愛であったりする。そして最後に（そしてここで始まりに戻るのだが）ある種の信頼、ある種の「人類への信頼」を挙げることができる。この信頼が子どもを、地域社会の歓迎された授かり物として見せるのである。

Ⅱ・7・3 インテグリティ 対 絶望と嫌悪

物や人を何らかの形で世話してきた人、また、何らかの形で必然的に自分以外の人間を生み出す者となり、物や考えを生成する者となり、それゆえに味わう勝利や失望に自らを順応させてきた人、このような人だけが、七つの段階の果実を次第に実らせることができるだろう。この点に関して、私は**インテグリティ**という言葉より適切な言葉を知らない。明確な定義を欠いているので、この心の段階の特性をいくつか挙げておくことにする。それは、自らの一回限りのライフサイクルを受容することであり、また、その人生の中で重要な存在であった人々を、あるべきものとして、また必然的に、かけがえのない存在として受容することである。そこで両親に対しても、今までとは異なる新しい愛情を抱くことになる。両親が別の人であったらよかったのにという願望を持つことはなく、自分の人生は自分自身の責任であるという事実を受け入れる。それは、人間の尊厳や愛を伝えようとする秩序・対象・言説を生み出した男性や女性に対して、たとえ異なる時代に異なるものを追求していたとしても、仲間意識を持つということである。インテグリティの所有者は、人間の努力に意味を与えてきた多様なライフスタイルが相対的であることに気づいているものの、いかなる物理的・経済的な脅威からも、自分自身のライフスタイルの尊厳を守る用意がある。というのは、その人には、個人の人生とは、〈単なる一つのライフサイクル〉と〈単なる一つの歴史の断片〉との偶然の一致であることがわかっているからであり、そしてまた、〈すべての人のインテグリティ〉が〈その人自身が参加しているある一つのインテグリティの様式〉と共に成り立ちまた衰退することが、わかっているからである。

以上が、臨床的・人類学的な経験に基づいた、インテグリティの議論のための端緒である。何よりもここから、私が手探りで始めたこの作業を、読者一人ひとり、そしてそれぞれの研究会が、それぞれの言葉で発展させ続けていく必要がある。とはいえ、臨床的な見地から言えば、この蓄積された自我のインテグリティが欠如したり失われたりすると、絶望や、多くの場合に無意識的な死の恐怖が現われることを加えることができる。すなわち、このただ一回のライフサイクルを人生の究極的なものとして受容できないということである。絶望は、時間が足りないという感情、すなわち、別の人生を始め、インテグリティへの別の道を試してみるには時間が足りなすぎるという感情となって表れる。こうした絶望は、多くの場合、嫌悪や人間嫌い、あるいは特定の制度や特定の人々に対する慢性的で軽蔑的な不快の表明の裏に隠されている。しかしこうした嫌悪や不快は、（建設的な考えや協同的な生活が伴わない場合には）その本人が自分自身を軽蔑していることを表現しているに過ぎない。

それゆえ、自我のインテグリティには、指導者としての責任を受け入れることと同じだけ、指導者に従って参加することを可能にする感情的な統合が含まれる。この両方が、宗教や政治、経済的秩序やテクノロジー、貴族的生活、そして芸術や科学の中で、学ばれ実践されなくてはならない。

Ⅱ・8 結論

この地点において私は、心理学と倫理学を隔てる境界線を踏み越える手前まできてしまった（既に以前から何度も踏み越えてしまっていると指摘される方もいるだろう）。しかし私は、もし両親・教師・医師が子どもの必要や子どもの問題について話し合いたいと願うならば、対人関係と共同体における生活の問題について議論することを学ぶ必要があると提案しているだけであり、そのための基本的な心理学的洞察についていくつか論じたにすぎない。その点をこの結論で簡潔にまとめてみたいと思う。

この数十年の間に私たちは、個々の人間の発達と成長について、また人間の動機《モチベーション》（特に無意識の動機）について、これまでの歴史全体と比べてみても（もちろん聖書やシェイクスピアが暗黙のうちに示唆していることを除いて）より多くのことを学んできた。ますます多くの人々が、子どもは、あるいは赤ちゃんでさえ（おそらく胎児でさえも）、自分が成長する環境の質に敏感に反応しているという結論に至っている。子どもたちは、両親の緊張・不安定・怒りを感じており、たとえその原因やその表に現われた姿を目撃していなくてもそれらを感じているものである。それゆえ子どもをだますことはできない。［訳注7］ところが、環境が急激に変化しているために、変化しつつある環境に**逆らって**本物になるべきか、あるいは、状況を良くするか安定させるために少しでも力を尽くす機会を望むべきか、どちらが良いかを知ることは難しい場合が多い。さらに、変化しつつある世界において、私たちは新しい方法を試しつつあり、また試さざるをえないことも、困難の原因である。伝統に依拠するよりも、情報と教育に基づいて、子どもを自分なりの寛容なやり方で育てることは、全く新しい方法である。これによって両親はさらなる不安定に曝されることになり、そのうえ一時的に精神医学によってその傾向は加速している［訳注8］。なぜなら精神医学的思考は、世界を危険に満ちた場所であると見做すので、注意を緩めることは難しいからである。私もまた、建設的な行動手段よりも、様々な危険について多く指摘してきた。おそらくこれは、私たちが学習途中の一段階にいることを示していると期待してよいだろう。例えば、車の運転を習うとき、**起こるかもしれない**すべてのことを意識せざるをえない。そして、計器盤や目の前の道路に現れる危険のシグナルをすべて耳にし、目にし、読み取ることができるようにならねばならない。それでも、その本人は、いつの日かこの学習の段階を脱して、いともやすやすと滑らかに美しい景色の中を走りぬけることができるだろうと期待し、あるいは、もし機械的トラブルの兆候や道路上の障害物があれば、自動的かつ効果的なスピードで反応できるという確信をもって眺めを楽しみながら運転できるようになる、と期待しているはずである。

私たちは今、民主主義の実りを収穫しつつある世界に向かって努力し闘っている。しかし、民主主義にとって安全な世界を作りたいならば、まずは民主主義を健康な子どもにとって安全なものに作り上げなくてはならない。世界における専制政治、搾取、不平等をなくすためには、人生における最初の不平等は子どもと大人の間の不平等であることをまず認識しなくてはならない。人間の子ども時代は長いために、両親や学校は、子どものパーソナリティを委託されて受け入れる時間があるし、私たちが知りうる限り最も優れた意味で訓練され人間らしくなるよう援助する時間もある。このように子ども時代が長いために、子どもは深刻な不安と永続する不安定な感覚にさらされ、これがもし過度に意味もなく増強されると、大人になっても漠然とした不安という形で残り続ける。今度はこの不安が、個人生活、政治生活、さらには海外での生活にも、明らかな緊張をもたらす。この長い子ども時代は、大人をも誘惑にさらす。他人から負わされている心理的な負債を子どもに支払わせることによって、あるいは、自分たちや周囲の、解消していない、敢えて解消しようとしない緊張の犠牲にすることによって、子どもの依存性を無分別に、しばしば残酷なまでに搾取しようとする誘惑である。私たちは、子どもを働かせることによって子どもの身体の成長を阻むことがないように学んできた。いまや子どもを私たちの不安の犠牲にすることによって、子どもの成長しつつある精神《スピリット》を壊すことのないよう学ばねばならない。

もしそれを生かすことさえ学ぶならば、成長のプランは健やかである。

※本論文のオリジナル版は、以下に収録されている。*Symposium on the Healthy Personality*, Supplement II; Problems of Infancy and Childhood, Transactions of Fourth Conference, March, 1950, M.J.E. Senn, ed. New York: Josiah Macy, Jr. Foundation.

自我アイデンティティの問題

数々の論文の中で（Erikson, 1946, 1950a, 1950b, 1951a）、私は、自我アイデンティティ ego identity という言葉を使用することによって、個人が、青年期の終わりの時点で、成人期の課題に備えるために、成人期以前の経験すべてを通して獲得すべきある種の包括的な成果を意味してきた。この用語法には、一人の精神分析医のジレンマが反映されている。すなわち、理論的考察を突き詰めた結果ではなく、むしろ臨床的な関心が他領域（社会人類学や比較教育学）に広がってゆくなかで、さらにそうした広がりが今度は逆に臨床的な仕事に益をもたらす期待を通してこの新しい概念に導かれてきた私のジレンマである。最近の臨床的観察を見る限り、この期待は裏づけられつつあると、私には感じられる。そこでアイデンティティ問題を再び取り上げて検討するように与えられた二つの機会[1]を、ありがたくお受けすることにした。本論文は、その二つの発表を組み合わせたものである。私たちが直面している課題は、アイデンティティという概念が〈本質的に心理・社会的なもの〉なのか、それとも〈自我に関する精神分析理論の正当な一部と見做されるもの〉なのか、という点である。

まず「アイデンティティ」という用語について。私の知る限り、フロイトがこの言葉を使ったのはただ一回きりであったが、しかしそれは決して偶発的なものではなく、そこに心理・社会的な含みを持たせていた。彼が「内的アイデンティティ」について言及したのは、彼自身とユダヤ人との結びつきを明確にしようと試みた時である。「内的アイデンティティ[2]」は、人種や宗教に基づくものというよりも、ともに少数派として生きようとする心構えや、知性の働きを狭める偏見からともに自由であることに基づいている。この場合、「アイデンティティ」という用語は、〈一人の人間〉と〈特有の歴史の中でそこに住む人々によって育まれる特定の価値〉との結びつきを指している。他方で、この言葉は、その個人特有の発達の礎石も意味する。なぜなら、「職業的な孤立という犠牲の上に成り立つ清廉潔白な観察」というテーマの重要性こそ、フロイトの人生において中心的な役割を演じているからである（Erikson, 1954）。こうした、〈個人の核にある何か〉と〈集団の内的一貫性の本質的な側面〉とのアイデンティティが、考察の課題である。というのは、若者は、自らが誰かのために最も意味を持つ場所においてこそ、最も自分自身であることを学ばねばならないが、この誰かとは、間違いなく、この若者にとって最も重要な意味を持つようになった他者のことである。「アイデンティティ」という言葉は、〈自分自身の中で永続する斉一性《セイムネス》（自己斉一性）〉という意味と、〈ある種の本質的な特性《キャラクター》を他者と永続的に共有する〉という両方の意味を含んでおり、その相互関係を表しているのである。

アイデンティティの問題をより明確にするためには、伝記・病理誌《パトグラフィー》・理論といった、多様な角度からアプローチする以外に、方法はない。そして、その多様な暗示的意味のなかから、「アイデンティティ」という言葉が、おのずから、姿を現すのを待つのである。そうすると、ある時は、**個人のアイデンティティ**の意識的**感覚**に関する言及として姿を現し、ある時には、個人の**特性《キャラクター》の 連続性《コンティニュイティ》**を求める無意識的な努力という形で、また別の時には、**自我統合**の隠れた働きの判断基準として、あるいは集団の理想やアイデンティティとの内的な**結びつき**の維持という形で現れることもある。ある視点から見れば、この言葉は日常会話に登場する素朴な言葉と見えるだろうし、別の視点から見れば、精神分析学や社会学における既存の概念と漠然と関連しているように見えるだろう。たとえそうした関連を解明する試みが終わった後にも、この用語そのものに何らかの曖昧さが残ってしまうとしても、それでもせめて重要な問題、不可欠な観点を描き出す助けになることを私は期待している。

そこで、ある傑出した人物の伝記に体現された、この問題の極端な側面から始めることにする。この人は、文学の傑作を創造することと同じほど、世界的規模の**公的アイデンティティ**を生み出すことに、心血を注いだ人物である。

Ⅲ・1　伝記的研究

G・B・S（七十歳）が語るジョージ・バーナード・ショウ（二十歳）

すでに有名になっていたジョージ・バーナード・ショウが七十歳を迎えた時、自らが二十代前半に書いた失敗作を批評し、序文を書くことを求められた。それは二巻にわたる小説で、それ以前には一度も出版されていなかったものである。案の定、ショウは青年期のこの作品を軽くあしらっているのだが、読者としては、これを読むと若き日のショウを詳細に分析せずにはいられなくなる。ショウ自身は自らの若き日々について非常に機知に富んだ文章を書いているので、騙されてしまうが、もしこうした書き方でなかったらこの観察は、おそらく重要な心理学上の業績とみなされていただろう。ところが、見かけは表面的なことを語ったかと思うと、突然深みを与え、読者を安心させたり、からかったりするのがショウのアイデンティティの特徴である。読者が飽きることなくショウの説明を一つずつ順に辿れるように、敢えてその目的にかなう部分だけを抜粋してみることにする（Shaw, 1952）。

G・B・S（この呼び名は、彼の傑作の一つともいえる公的なアイデンティティである）は、若き日のショウを評して、「極めて不愉快で好ましくない」青年であり、「悪魔のように厭らしい意見をはばかることなく口にし」、その一方で心の内では「くだらない臆病に……苦しみながら……それをひどく恥じていた」と語った後に、次のように締めくくっている。「真実はといえば、人は誰でも、自分の可能性を実現し、それを隣人に押し付けるまでは、社会において偽りの地位を占めている。彼らは次から次に出てくる自分の中の欠点に悩まされているが、にもかかわらず、とどまることを知らない傲慢さによって、他人をいら立たせる。この不一致は、成功であれ失敗であれ、認められることによってしか解決できない。人は誰でも、自分の生まれよりも上であろうが下であろうが、彼にとって自然な場所を見つけるまでは、不安で落ち着かない思いをするものなのである」。しかしショウは、ここで自分がうっかり述べてしまった普遍的な法則から、常に自分自身を除外せずにはいられない。それゆえ次のように言い添えている。「この居場所を見つけることは、平凡な社会には並外れた人間のための居場所がないという事実によって、非常に困難になることがある」。

続いてショウは二十歳の時に体験した危機（これから**アイデンティティの危機**と呼ぼうとしているような危機）について述べている。注目に値するのは、この危機が、成功の欠如や決められた役割の不足によって引き起こされたのではなく、その両方が過剰であったために生じた点である。「その気はなかったのに、私は成功してしまった。そして、仕事が私を役立たずのペテン師として放り出すかわりに、むしろしっかり捕らえて離さないことに気づき、すっかり落胆してしまった。考えてもみてほしい、私は二十歳そこそこで、正気の人間が逃れられないものを忌み嫌うのと同じくらい、心の底から嫌で仕方がなかった仕事の職業訓練を受けていたのである。一八七六年三月、私は脱出した」。ショウの言う脱出とは、家族や友人を捨て、仕事や故郷のアイルランドを捨てることを意味した。さらに、アイデンティティなき成功、「私が無意識のうちに抱いていた野望の巨大さ」に釣り合わない「小さな」成功という危険を避けることも意味していた。ショウは自ら、青年期と成人期を隔てる期間の延長を選んだ。そうした延期を、私たちは心理・社会的モラトリアムと呼ぶ。彼はこう書く。「生まれ育った街を去るにあたって、私はこの時期を置き去りにし、もはや同年代の若者とは付き合わなかった。八年ほどこのように孤独のうちに過ごした後、私は一八八〇年代初頭におこった社会主義の復興運動に引き込まれた。この運動は、全世界に広がりつつあった非常にリアルで非常に根本的な悪に対して深刻に向き合い、憤りに燃えていたイギリス人の間に起こった動きである」。その期間、ショウは「社会主義が私の望むものをもたらすことはないという確信の背後に、むしろ、それらは私の望まざるものをもたらすのではないかという、口には出さない恐れが潜んでいた」と感じており、チャンスを避けているようだった。この**職業上の**モラトリアムは、**知的な**意味でのモラトリアムによって強化された。「私は興味を持てない限り何も学ぶことができない。なんでもかんでも分け隔てなく記憶できるわけでもない。私の記憶は物事を拒否し、選択する。そしてそれが選ぶのは、学術的なものではない……これについては、自分を褒めてやりたい。なぜなら、脳の自然に反する活動はすべて、あらゆる身体の自然に反する活動と同じように有害だと強く確信しているからだ……文明というものは常に、支配階級にいわゆる中等教育を与えることによって、破壊されてしまうものだ……」。

ショウは腰を据えて、思いのままに勉強し、そして書いた。そしてまさにこの時、並外れたパーソナリティによる並外れた働きぶりが前面に現われてきた。ショウはそれまでやっていた仕事の**習慣**を手放すことなく、それまでやっていたような**種類の**仕事を捨てることに成功した。「事務的な仕事の訓練をしていたせいで、怠惰とは区別しうる勤勉という基本的な状態として、毎日規則正しく何かをするという習慣が残った。これをしない限り一歩も前進できないとわかっていたし、他のやり方では一冊の本すら生み出せないこともわかっていた。私はデマイ判［444.5mm × 571.5mm］の白い紙を、一度に六ペンス分買い、それを四つ折にした。そして、雨の日も晴れの日も、やる気があろうがなかろうが、一日にその紙の五ページ分を埋めることを自分に課した。私はまだ多分に学生か事務員のようなところがあったので、その五ページ目が一つの文章の途中で終わっても、翌日まで仕上げなかった。一方、一日でも書けない日があれば、その翌日に二倍の量をこなして埋め合わせをした。この計画に沿って、五年間で五つの小説を創作した。これが私の職業上の徒弟期間だった……」。この最初の五つの小説はそれから五十年間出版されなかったことを言い添えておくが、ショウは働きながら書くことを学び、書きながら待つことを学んだのである。このように初めに**仕事生活を儀式化すること**が若き日のショウの内的な防衛にとってどれほど重要であったかという点は、以下のさりげない（実際、挿入句の）発言に見ることができるだろう。ここでこの偉大な才人は、ほとんど恥ずかしそうに、自らの心理的な洞察を認めている。「私はただ、自然の成り行きで世に浮かび上がった。身に付いた習慣のために勤勉すぎて、仕事を止められなかったのだ（**私は、私の父が酒を飲むように、働いた**）」[3]。このようにショウは**中毒性**と**強迫性**の合体を指摘しているが、これは私たちが、青年期後期に多く見られる病理の基礎、あるいは成人期前期のある種の達成の基礎と、見做すものである。

ショウは父親の「飲酒神経症」について詳細に語っており、それが自分の痛烈なユーモアの源泉の一つであると見ている。「それは家族の悲劇か笑い話か、そのどちらかにしかなりえなかった」。なぜなら父親は「陽気なたちではなく、喧嘩好きでもなく、大口をたたくわけでもなかった。むしろみすぼらしく、恥と自責の念に苦しんでいた」。ところがこの父親には「アンチクライマックスのユーモア［修辞学でいう漸降法。まじめな言葉の直後に滑稽なことを述べる］があって、私はこれを受け継ぎ、喜劇作家になってから活用して大いに効果をあげた。父親のアンチクライマックスの効果は（その題材に関する）私たちの神聖さの感覚に左右された……私が、宗教の中のあらゆる人工的で偽りの要素を、最も不敬な馬鹿げたものへと還元することによって、宗教の本質に迫ったのは、摂理であったように思われる」。

より無意識的な水準に潜むショウのエディプス的悲劇は、父親の性的無能を伝える隠蔽記憶のように見えるものの中に、夢のような象徴体系を通して、表われている。「自分の《おやじ》が、**片腕にだらしなく包まれたガチョウを抱え、もう片方の腕に同じ状態のハムを抱えて**（いずれも、一体どんなお祭り騒ぎの幻想のもとで買ったのか、誰も知らない）、**門を押し開ける**つもりが庭の塀に**頭からぶつかっていき**、その途中で**シルクハットをコンサーティナ**［六角形または八角形のアコーディオンに似た小型楽器］**に変形させて**いるのを見た少年が、その光景を目の前にして、恥ずかしさと不安に圧倒されてしまうことなく、**笑いすぎて動けなくなって**（母方のおじと一緒になって大騒ぎし）、哀れな帽子を助け出しその帽子をかぶっている人を安全に導くために駆けつけることができなかったとすれば、明らかにその少年は、つまらぬことを悲劇に仕立て上げるのではなく、**悲劇をつまらぬことに仕立て上げる**少年になるだろう。もし家族の骸骨［表に出せない家族の秘密］を処分できないなら、それを躍らせるという手もある」。ショウのアイデンティティの心理・性的要素を分析すれば、明らかに、この記憶の内に確固たる投錨ポイントを見出すことができるだろう。

ショウは父親の失墜を、当時の社会経済的状況を見事に分析しながら説明している。というのは、ショウの父親は「準男爵のまたいとこであり、母親は、金に困ると何でも抵当に入れてしまう地方の地主《カントリー ジェントルマン》の娘だった。私の貧困とは、この程度である」。父親は「下の息子の下の息子の下の息子」であり、「没落者であり没落者の息子」だった。とはいえ、ショウはこう結んでいる。「父が私に大学教育を受けさせる余裕がなかったと言うのは、彼が酒を飲む余裕がなかったと言ったり、私には作家になる余裕がなかったと言ったりするのに似ている。どちらの発言も正しい。しかし、それでもやはり父は酒を飲んだし、私は作家になった」。

ショウの記憶のなかの母親は「一回か二回、私のためにパンにバターを塗ってくれたことがあり、めったにないことで嬉しかった。パンの上でナイフをぬぐうだけではなく、バターをたっぷり塗ってくれた」。しかしショウが意味ありげに語っている通り、大抵、母親は単に「私を自然で日常的な現象として受け入れており、今後もそのように存在しつづけていくことを当然のことと見做していた」。こうした非人格性には、何らかの人を安心させるところがあったに違いない。というのは、「厳密には、彼女は考えうる限り最悪の母親であったというべきだろう。しかし、それは彼女が常にどんな子どもや動物や花に対しても、あるいはどんな人や物に対しても不親切にすることができない、という事実の範囲内のことである」。もしこれを母親の愛情とも教育とも認めないとすれば、ショウはこう説明する。「私の育ちが悪かったのは、あまりに母親の育ちが良かったためである……彼女が子ども時代に苦しんだ束縛や虐待、叱責や脅しや罰……に対する当然の反応として……母親は、その正反対の態度にたどりつき、それ以外のやり方は考えられなかった。そして必然的に行き着くところまで、家庭を無政府状態にした」。結局のところ、ショウの母親は「すっかりうんざりし、幻滅していた……救いようのない期待外れの夫と、大きくなりすぎて母が好きな動物や鳥のようには可愛がることのできない三人の面白みに欠ける子どもたちに苦しめられていた。そして言うまでもなく、父の収入が、屈辱的なまでに不足していたことにも」。

実はショウには親が三人いて、三番目の親はリーという名前の（「流れ星のような「一時的に華々しい」」「せっかちで」「人を引き付けるような」）男だった。彼はショウの母親に歌のレッスンをしていたが、ショウの家族全体にも、バーナードの理想にも、革新をもたらしたと言えなくもなかった。「彼は父に取って代わって家庭内で支配的な存在になり、母の活動と興味のすべてをほしいままにしていたが、彼はあまりにも音楽に没頭していたので、二人の男の間にはいささかの摩擦もなく、親密な個人的接触もほとんどなかった。当然、不和も生じなかった。はじめのうち、彼の考えは私たちを驚かせた。寝る時には窓を開けておくべきだなどと言った。私はその豪胆ぶりに興味をそそられ、以来、それを実行している。また、彼は白いパンではなく黒パンを食べていた。実に驚くべき奇癖だ」。

こうした混乱した状況の結果として生じたアイデンティティ形成の要素のうち、三つの要因のみを選び出してみる。いずれも私が選択し、単純化し、この機会に名を付けたものである。

Ⅲ・1・1　俗物

「似たようなイギリス人の一家と比べて、我が家には、嘲笑的に演劇化してしまう力があり、それが一層、ショウ家に眠る骸骨たちの骨をガタガタいわせていた」。ショウ自身はこの傾向を「家族の俗物根性が、家族のユーモア感覚によって和らげられている」と認識していた。その一方、「母は自分が俗物だという自覚を持っていなかったが、当時のアイルランド婦人の行動に垣根を作って守っていた神性《ディヴィニティ》は、イギリスの郊外に住む一様に俗物な（音楽の個人教授の顧客として母親の手の届く範囲にいた）両親たちに受け入れられることはなかった」。ショウは「自分の家族の俗物根性をかなり軽蔑していた」が、自分の先祖の一人がファイフ伯爵であることを知って考えを変えた。「これは、シェークスピアの末裔なのと同じくらい喜ばしいことだった。ちなみに私は揺りかごの中にいた頃から、生まれ変わったらシェークスピアになろうと無意識のうちに決めていた」。

Ⅲ・1・2　騒音を出す人

ショウは子ども時代を通して、音楽演奏の津波にさらされていたかのようだった。家族はトロンボーン、オフィクレイド［十九世紀初頭から製作されていた金管低音楽器。現代ではチューバで代用することが多い］、チェロ、ハープ、タンバリンなどの楽器を演奏した。そして、とりわけ（あるいは最もタチが悪いことにと言うべきか）彼らは歌を歌った。しかし、やがてショウもピアノを独習し、それはドラマチックな騒音を生み出した。「この教育の過程で、バンバン打ちつけ、ヒューヒュー吹きちらし、ワーワーわめき、ガンガン鳴らし、あらゆる音を出して神経質な隣人に迷惑をかけていたことを振り返ってみると、無益ではあるが後悔の念に駆られる……私はワーグナーの『ニーベルングの指環』からお気に入りを選んで演奏していたが、それが（母を）気も狂わんばかりに追い詰めていたものだった。この選曲が、彼女が思うに「叙唱的《レチタティーヴォ》なものばかり」であり、しかも私の演奏はひどく調子はずれだったというのだ。当時、母は一度も文句を言ったことはなく、私たちが離れて暮らすようになってからこれを打ち明けられた。しかも時にはその場を離れて泣いたこともあったという。もし殺人を犯したとしても、私はそれほど良心の呵責に苛まれるとは思わないが、これは考えるだけでも耐えられない」。実際には、音楽で自分を苦しめた人々に仕返しをするためにショウがピアノを習った可能性について、彼自身が気づいていたかどうかは明らかにされていない。それよりむしろ、ショウは音楽**評論家**、すなわち他人が生み出した騒音について**書く**人になることで、妥協した。評論家として、ショウはコルノ・ディ・バセットという**ペンネーム**を選んだ。これは実は楽器の名前であるが、誰にも知られていないもので、その調子はとても弱弱しく、「たとえ悪魔でもこの楽器をきらめかせる《スパークル》ことはできないだろう」。とはいうものの、バセットは火花を散らす《スパークリング》批評家になった。さらに「バセットが時おり下品であったことは否定できない。しかし、彼があなた方を笑わせるなら、それは問題ではないだろう。下品さは完全な作家に欠かせない資質である。そして時に道化師はサーカスの最も重要な役割を担うこともあるのだ」。

Ⅲ・1・3　悪魔のような人間

間違いなく孤独な幼少期を過ごしたショウが（母親は騒音のような音楽を奏でる人にしか耳を傾けなかった）、いかにその想像力を利用して、偉大なる想像上の仲間と話をするようになったかについては、こう語られている。「子どものころ、私は自分でお祈りの言葉を作り、文学の才能を使ってみた……それらは、全能の神に喜びを与え、和解するための文学的な営みだった」。宗教の問題に関して彼の家族がまるで無関心だったことから、ショウの敬虔心は、信仰のどん底を探し出して、それに頼らざるをえなかった。そしてそれは彼の内部で、早くから「道徳的な情熱の始まりと呼応しあった……知的な誠実さ」と交じり合うものとなった。同時にショウは（はっきりとした形ではないが）悪魔のような子どもであったようだ。いずれにせよショウは、良い子の時には、自分自身であると感じられなかった。「良い子にしている時でも、芝居をしているだけだった。なぜなら、役者たちが言うように、役を演じている自覚があったからである」。そして実際に、彼のアイデンティティ獲得をめぐる奮闘が終わると、すなわち、「一八八〇年あたりに、自然《ネイチャー》が私の顔貌を完成すると（二十四歳になるまで、顔にはやわらかい毛が生えかけているにすぎなかった）、オペラに出てくる悪魔のようなふさふさと伸びた口ひげと眉と、皮肉たっぷりの鼻孔が備わっていることに気がついた。オペラの悪魔といえば、私は子どものころにその旋律（グノー作曲の）を歌い、少年時代にはその振る舞いに影響を受けたものだ。後に、何十年か経って、私は……こう思うようになった。想像力と人生との関係は、スケッチと絵画や、構想と塑像の関係と同じなのだと」。

このようにG・B・Sは、程度の差はあるとしても、明確に自分のルーツを辿っていく。しかし注目に値するのは、彼が最終的に**なった**ものは、前述のシェークスピアの生まれ変わりになろうとした話と同様、彼にとって**生得的な**ものに思えたという点である。ショウいわく、教師が「私に読み方を教えようとするので困惑した。なぜなら、印刷物のページが理解できなかったことなど、思い出せる限り一度もなく、私は生まれつき読み書きができるとしか考えられないからだ」。とはいえ、彼は職業について数多くの選択肢を考えた。「ミケランジェロのような大美術家になるという選択肢の代わりに、バデアリのような歌い手［イタリアのバリトン歌手で、八十歳でも美声を保っていた］になることを夢見ていた（ところで、私は文学には全く何も夢を持たなかった。それは、あひるが泳ぐことを夢見ないのと同じである）」。

また、ショウは自らを「生まれながらの共産主義者」（急いで付け加えておくが、ファビアン社会主義者のこと）と呼び、**その人間がおそらくそのように作られているところのものを受容すること**に伴って得られる平和について語っている。「生まれながらの共産主義者は……自分がどこにいるかをわかっており、自分をこれほどまでに脅かしてきた社会がいまどの位置にあるかをわかっている。彼はMAUVAISE HONTE［仏語。不誠実な意図を持った、本心を隠した遠慮］から回復している」。こうして「完全なる部外者《アウトサイダー》」は次第に彼なりの完全なる内部者《インサイダー》になっていった。「私は社会の外側、政治の外側、娯楽の外側、教会の外側にいた」。しかしこれは「イギリス流のバーバリズムの範囲内で、そうであったにすぎない……音楽、絵画、文学、科学が問題になったとたん、その立場は逆転する。私こそが内部者《インサイダー》だったのだ」。

ショウはこうした特徴のすべてを子ども時代にさかのぼるにつれて、ただ**離れ業**のみがそれらを統合できたはずだったという事実に気づく。「もし私がこの問題についてすべて打ち明けるとすれば、簡単に剥がれる未熟さが、より深刻な異質性によって複雑化され、その異質性のゆえに、私の人生はこの地上の住民ではなく、その一時的な逗留者になってしまったことを、付け加えなくてはならない。生まれつき気が狂っていたのか、少々正気がすぎたのか、いずれにせよ、私の王国はこの世界のものではなかった。自分の想像の王国の中でしか、くつろぐことはできなかったし、偉大なる死者といる時しか安心できなかった。それゆえ、私は役者になって、自力で想像上のパーソナリティを創り出す必要があった。まさに、人と関わるのに適した、作家・ジャーナリスト・演説者・政治家・委員会委員・世慣れた人などとして、私が演じなくてはならない様々な役割に順応できるようなパーソナリティである」。そしてショウは意味ありげにこう締めくくる。「この点において、私は後に成功しすぎるほど成功した」。この発言は、年を重ねた人間が、若い頃に手に入れ、いまもそこから抜け出すことのできないアイデンティティを回顧する時に感じるおぼろげな嫌悪感に、実に明快な説明を与えてくれる。この嫌悪感は、ある人の人生にとっては、致命的な絶望や、心身の困難になることもある。

若き日々の危機の終わりについて、ショウは次のように総括している。「私には知的な習慣があった。批判的能力と文学的手腕が自然に結び合い、あとはわかりやすい理論に照らし合わせた人生への明快な理解だけが必要だった。つまり人生を成功に向かってうまく動かしていくための宗教が必要だったのである」。

ここで年老いた皮肉屋のショウは、どんな人間のアイデンティティ形成も必然的にそうなるであろうものを、簡潔にまとめて説明している。これを翻訳して、自我心理学や心理・社会的な用語を使った議論の助けとなる表現に直してみよう。人が社会の中に自分の位置を得るために獲得する必要があるのは、主要な**能力**の「葛藤のない」習慣的な使用、それを**職業**のなかで念入りに仕上げること。すなわち、この職業の直接的な**修練**から、そこから与えられる**仲間**から、そしてその**伝統**から与えられる限りない**資源**、いわばフィードバック。そして最後に、伝統に衝撃を与えることに熱心だった年老いた不信心者ショウが宗教と呼んだ、人生のプロセスに対するわかりやすい**理論**。彼が頼りにしたファビアン社会主義は、実のところ**イデオロギー**であった。このイデオロギーという言葉の一般的な用法を私たちが支持する理由は、本論文の最後に明らかになるはずである。

Ⅲ・2　発生論的な研究——同一化とアイデンティティ

Ⅲ・2・1　心理†・社会的なモラトリアムと周囲の人々から承認されること

並外れた（並外れて自己洞察に優れた）人々の自伝は、アイデンティティの発達を洞察する上で、示唆に富んだ資料である。しかし、アイデンティティの普遍的な発生を議論するための投錨ポイントを見つけるためには、「普通の」人々のライフ・ヒストリーや重要な意味を持つライフ・エピソードを通して、その発達の跡を辿るのがよい。つまり、その人生が、（ショウのような）専門家の手による自伝でもなく、次章で論じるようなケース・ヒストリーでもない人々である。ここでそうした資料を提示することはできないが、その代わり、日常の生活を通した印象、子どものパーソナリティ発達に関する貴重な「長期的」研究に参加した経験[4]を通して得た印象、そして軽度の障害を抱えた若者たちにアドバイスをする仕事を通して得た印象に頼ることにする。

青年期とは、子ども期の最後の、締めくくりとなる段階である。しかし、青年期の発達過程は、その個人が子ども期の同一化《アイデンティフィケーションズ》を新しい種類の同一化《アイデンティフィケーション》に従属させた時に初めて、最終的に完結する。この新しい同一化は、社会性を身につけ、同じ年代の若者たちと共に、その間で、競争的な徒弟期間を過ごす中で達成される。そこには子ども期の陽気な遊び心や若者特有の実験的な熱意といった特徴は、もはや見られない。それらの同一化は、恐ろしいほどの切迫感を伴って、若い人々に選択や決心を強制する。そしてその選択や決心はますます緊迫感を高め、より決定的な自己定義・撤回できない役割パターン・さらには「人生への」コミットメントに、若者を導く。この場面で、若者やその若者が属する社会が為すべき課題は、恐ろしく大きい。各個人や各社会において、青年期の持続期間・激しさ・儀式化が大きく異なることは当然である。社会は、個人の求めに応じて、子ども期と大人期の間に、ある程度公認された段階、すなわち制度化された**心理・社会的なモラトリアム**を提供し、この期間中に「内的アイデンティティ」の永続するパターンが、相対的に完成するよう予定されている。

思春期に先立つ「潜在期」を仮定することによって、精神分析は、人間の発達にある種の**心理・性的モラトリアム**が存在するという認識を与えた。この猶予期間によって、将来相手を見つけて親となる人間は、まず「学校に行き」（すなわち、その属する社会のテクノロジーのために用意されている学校システムを何であれ経験し）、仕事の場における技術的・社会的な基礎を学ぶことが可能になる。しかし、第二の猶予期間、すなわち青年期について適切に論じようとすると、もはやリビドー理論には収まりきらない。この時期、性的に成熟した個人は、親密さを築くための心理・性的な能力や、親となるための心理・社会的なレディネスを、多かれ少なかれ保留される。この期間を**心理・社会的モラトリアム**と捉えることができ、この期間に個人は、自由な役割実験を通して、社会のある特定の場所に適所《ニッチ》を見つける。適所とは、あらかじめ明確に定められた、しかもその人にとっては自分だけのために作られたような場所である。それを見つけることによって、若者は内的連続《コンティニュイティ》性と社会的斉一《セイムネス》性の確かな感覚を獲得する。そしてその感覚が、〈子ども**だった**時の自分〉と〈これから**なろうとしている**自分〉との間の橋渡しをし、〈**自分について自分が抱いている概念**〉と〈属している共同体がその人をどう認識しているか〉を調和させるのである。

以下、私たちは、若者が周囲の人々から「承認される」ことを必要としているのに対して、共同体の側はいかに反応するか論じることになるが、この「承認された」には、単に達成したことを認めるという理解を超えた意味が含まれている。というのは、若者たちのアイデンティティ形成には、〈応答される〉ということが、大きく関連しているからである。［すなわち］〈その若者の漸進的な成長と変化がその人にとって重要な意味を持ち始めた人々にも重要な意味をもつという仕方で、一人の人間としての機能と地位が与えられる〉ということが、若者たちのアイデンティティ形成にとっては重要なのである。こうした意味における承認が、青年期に特有の課題に取り組んでいる自我にとっては不可欠のサポートとなるという点は、精神分析において十分に認識されていない。青年期に特有の課題とは、［1］猛烈な勢いで強さを増す衝動（いまや成熟した性器装置や力を蓄えた筋肉システムに注がれる衝動）に対して最も重要な自我防衛を維持すること、［2］就労の機会のために最も重要な「葛藤なし」の成果［仕事の業績や学業の成績］を確実に得る方法を学ぶこと、［3］子ども期のすべての同一化をある種の特別な方法で統合し、同時に社会のより広範な領域から与えられる役割に従うことである。なお、この領域には、ごく近隣の地域、志望する職業の場、同好の士の集い、あるいは、おそらく（ショウの場合のように）「偉大なる死者」も含まれる。

Ⅲ・2・2 †アイデンティティは複数の同一化《アイデンティフィケーションズ》の総和ではない

言語学的にも心理学的にも、アイデンティティと同一化《アイデンティフィケーション》は共通の根源を持つ。では、アイデンティティとはそれまでの同一化《アイデンティフィケーションズ》の総和にすぎないのだろうか。あるいは単に追加されてきた同一化《アイデンティフィケーションズ》のセットなのだろうか。

同一化のメカニズムが限られた範囲でしか意味を持たないことは、子ども期の同一化（私たちの患者の場合、病的に作り上げられ、互いに矛盾した形で目立っている）が、ただ単に積み重ねられただけではパーソナリティとして機能しないという事実を考えてみれば、一目瞭然である。確かに一般的には、精神療法の果たすべき仕事は病的で過剰な同一化をより望ましいものに置き換えることと考えられている。しかしあらゆる治療が立証するように、「より望ましい」同一化は、各部分の足し合わせを越えて、新しいただ一つのゲシュタルトに秘かに従属する傾向がある。実際、同一化のメカニズムが有効に機能する範囲は限られている。子どもたちは、それぞれの発達段階に応じて、現実であれ空想であれ、彼ら自身が最も直接的に影響を受ける人々の**部分的特徴**と同一化《アイデンティファイ》する。例えば、両親との同一化は、過大評価され誤解された特定の身体各部や、能力、役割状況などに焦点が当たっている。さらに、これらの部分的特徴は、社会的に受け入れられやすいから好まれるのではなく（むしろ両親の最も適応した部分以外のすべてと同一化する場合も多い）、幼児的空想に従って選ばれる。この幼児的空想は、徐々にしか、社会的現実に対するより現実的な期待に道を譲らない。そこで、青年期の終わりに確立する最終的なアイデンティティは、過去のいかなる人との同一化であれ、それを超えたものになる。アイデンティティはすべての重要な同一化を含むが、しかし、独自で適切なまとまりのある全体となるように、それらの同一化を作りかえる。

大まかに言って、もし、取り込み《イントロジェクション》－投射《プロジェクション》、同一化、アイデンティティ形成を、自我が、子どもの複数のモデルのアイデンティティとのこれまで以上に成熟した相互作用の中で成長する諸段階と考えるとすれば、以下のような心理・社会的予定表《スケジュール》が浮かびあがってくる。

取り込みと投射のメカニズムは、後の同一化の基礎を準備する。そのメカニズムの相対的な統合が成り立つためには、**母親的な世話をする大人**（たち）**とその世話を受ける子ども**との間の充分な相互性《ミューチュアリティ》が必要である（Erikson, 1950a）。唯一こうした相互性の経験のみが自己感情の安全な極を提供し、そこから子どもはもう一方の極に、すなわち最初の愛情の「対象」に向かって、手を伸ばすことが可能になる。

子ども期の同一化の運命は、信頼でき重要な意味をもつ役割のヒエラルヒーとの間に生じる、子どもが充分に満足できる相互作用《インターアクション》に左右される。このヒエラルヒーは、ある種の**家族**の形態の中で、異なる世代が生活を共にすることによって成り立つ。

アイデンティティの形成は、複数の同一化が有効に機能しなくなる時点から始まる。すなわち、子ども期の同一化が選択的に拒絶され相互に同化し、あるいは、それらが新しい形態《コンフィギュレーション》に吸収されることによって発生する。その新しい形態は、**社会**が（しばしば、より小さな単位を通して）**若者を同一化し**《アイデンティファイ》、「すなわち」その若者を、そう成るべくして成った人として、また、その在り方が当然と認められる人として、承認する過程に依存している。共同体は、新しく登場した個人と知り合う「新参の若者を迎え入れる」にあたり、最初は不信感を持たないことの方が稀であるが、驚きと喜びを（ある程度は制度化された形で）表現しながら、「若者を」承認してゆく。というのは、今度は共同体の側が、承認されたいと願う個人「若者」から、「承認された」と感じるからである。しかし同様に、共同体は、そのように「承認されたいと」願っていないようにみえる個人［若者］から、深く、そして復讐心に燃えて、拒絶されたと感じることもある。

Ⅲ・2・3　アイデンティティ[†]の形成は生涯にわたる

このように青年期の終わりは、明らかにアイデンティティ危機の段階である。しかし、アイデンティティの形成は、青年期に始まるのでも終わるのでもない。それは生涯にわたる発達であり、若者も社会も、その大部分は気づかない。その起源は、はるか最初の自己認識にまで遡る。赤ちゃんが最初に笑顔の交換をするその中に、多少なりとも、**相互認識と一体になった自己理解**が含まれている。

子ども期の全体を通して暫定的な結晶化が生じ、それによって人は、自分が何者であるか（最初その問題の最も意識的な側面から）およそわかったと感じ、また信じる。しかし、こうした自己確信は、結局、何度も心理・社会的発達の断絶が繰り返されることによって崩れてしまうと理解することになる（Benedict, 1938）。例えば、ある環境の中で、小さい男の子に向けられる要求と、「大きくなった男の子」に向けられる要求の間には、断絶がある。するとその子は、なぜ、最初のうち小さいことは素晴らしいと信じ込まされ、後になると、努力もせずに与えられていたその地位を「もう大きくなった」者の特別な義務と、無理やり交換させられるのか、理解できない。そうした断絶は、やがて危機に発展し、行動パターンの決定的で戦略的な再構成が要求される。その再構成には**妥協**も必要になるが、そうした妥協は、社会への関わりが増えることによって社会的価値が一貫して増し加わる［周囲から評価される］感覚によってのみ補償される。可愛らしい男の子・凶暴な男の子・小さなお行儀の良い子が、勉強熱心な少年・紳士的な少年・タフな少年に成長していく時、子どもはその二組の価値を組み合わせて、一つの認識できるアイデンティティにすることができなくてはならないし、また、周囲がそれを可能にさせなくてはならない。そうしたアイデンティティによって、子どもは、働く時も遊ぶ時も、公の場でも親しい人との間でも、自分は大きくなった少年**でもあり**、まだ小さな少年**でもある**ことを容認してもらえる（また他人がそうあることを認めることができる）。共同体はそうした発達を支え、それぞれの段階において、その子が完全な**「ライフプラン」**に適応することを許す。この「ライフプラン」は役割の階層的な秩序を伴い、その役割は異なる年齢段階の人々によって代表される。家族・近隣社会・学校は、年少の子どもが年長の子どもに、あるいは若者が年配の大人に、接触し実験的に同一化する機会を提供する。子どもは、連続する暫定的な同一化の多様性の中で、早い段階から、年長になるとはどういうことか、若かったとはどういう感じか、期待を持ち始める。こうした期待は、心理・社会的に「ぴったり適していること fittedness」という決定的な経験が一歩ずつ検証されるにつれて、アイデンティティの一部となっていく。

Ⅲ・2・4　各機能の成熟によって生じる固有の危機†

人生における**危機的局面**について、精神分析は、まずもって本能と防衛の観点から、すなわち「典型的に危険な状況」(Hartmann, 1939) として記述してきた。［しかし］精神分析は、心理・性的危機の心理・社会的（あるいはその他の）機能に対する侵害について論じたものの、各機能の成熟によって引き起こされる固有の危機についてはあまり問題にしてこなかった。例えば、**話す**ことを学んでいる子どもの場合、その子は、個人的な自律の感覚を支える最も重要な機能の一つを獲得しようとしており、また、ギブ・アンド・テイクの範囲を広げるための最も重要な技術の一つを獲得しようとしている。意図的な音＝信号を発する［声を出す］能力の兆しが現れるや、ただちにその子は「何がほしいのか**言う**」ことを義務づけられる。それまで、子どもは、何らか必要があれば単にジェスチャーで示すことによって、それに反応する形で周囲から注目してもらえたのに対して、いまや、適切な言語化によって注意を**得る**ことを強いられる。言葉を話すとは、単に、その子がどのような声か、どのような言語様式《モード》を発達させているかを表すのではない。むしろ、その子は、これまでとは違った発声や注意の向け方によって、周りの人々の呼びかけに応える者として、**定義される**のである。そこで周囲の人々は、今後は説明やジェスチャーが少なくても、その子が理解するだろうと期待する。さらに言えば、口から発せられる言葉はある種の**契約**である。すなわち、他者によって記憶される発言には、取り返しのつかない、約束のような側面がある。しかし子どもは、ある種の約束（大人が子どもに対して行う約束）は前触れもなく変化するのに対して、その逆（子どもが大人に対して行う約束）はそうではないという事実を、早くから学ばねばならないだろう。〈話し言葉〉と〈言葉によって伝達される事実の世界〉の関係だけではなく、〈話し言葉〉と〈語られた約束や口に出された真実の社会的価値〉との本質的な関係は、健全な自我の発達を支持する（あるいは支持し損なう）経験にとって戦略的な意味を持っている。この問題のそうした心理・社会的な側面を、今ではより詳しく知られるようになった心理・性的側面と重ねて理解することを学ばなくてはならない。例えば、話すことに含まれる自己愛的な喜び。性愛的な「接触」として言葉を使うこと。排除的あるいは侵入的な音あるいは話し言葉の使い方としての器官様式《モード》の強調。こうして子どもは、声と言葉を使うことによって、メソメソするか歌を歌うか、判断するか議論するか、といった独特の組み合わせを発達させる。そして、これが未来のアイデンティティの新しい要素の一部になる。つまり「あれこれのやり方で、話をし、また話しかけられる人」という要素の一部になる。そして今度は、この要素が、子どもの発達しつつあるアイデンティティの別の要素（その子は賢い、そして／あるいは、ハンサムである、そして／あるいは、タフである）と関係づけられ、生存している人であれ既に亡くなった人であれ、理想的と判断される人であれ邪悪と判断される人であれ、とにかく他人と比較されるようになる。

自我の機能は、ある発達レベルにおける心理・性的側面と心理・社会的側面を統合する。しかし同時に、新しく加わったアイデンティティ要素と既に存在している要素とを統合するのも、自我の重要な働きである。なぜなら、欲動の質と量が変化し、精神装置が拡大し、新たに生じてきた多くの場合互いに葛藤しあう社会的要求によって、これまでの適応が不十分に感じられ、実際これまでの機会や報酬が疑わしく感じられるようになる時、それ以前に結晶していたアイデンティティは、こうした新たな葛藤の影響を受けやすいからである。とはいえ、こうした発達的・標準的な危機は、押し付けられた・トラウマ的・神経症的な危機とは異なる。なぜなら、人は成長のプロセスにおいて、社会が新しい機会を（人生の局面ごとに支配的な概念と制度化に従って）そのつど提供するたびに、新たなエネルギーを得るからである。発生的な観点から見ると、アイデンティティ形成のプロセスは、**発展しつつある形態《コンフィギュレーション》**として現われる。この形態《コンフィギュレーション》は、継続的な自我の統合と再統合によって、子ども期を通じて徐々に確立され、また、**生得的なもの、特有のリビドー欲求、恵まれた才能、重要な意味をもつ同一化、効果的な防衛、成功した昇華、一貫した役割**を徐々に統合してゆく。

Ⅲ・2・5　青年期[†]の「拡散」は標準的な危機である

子ども期の終わりには、一つに収束しつつあるアイデンティティのすべての要素が最終的に集合し（そして規準から外れたものを放棄する）[(5)]作業がある。これは大仕事である。一体、青年期のような「異常な《アブノーマル》」段階に、こうした重要な課題を成し遂げる保証はあるのだろうか。ここで、あらためて思い出す必要があるのは、青年期の「症状」・発作と、神経症あるいは精神病の症状・発作との間には類似した点があるものの、しかし青年期は病気ではなく、**標準的な危機**であるということ。すなわち、自我の強さが動揺しているように見えるが、しかし大いに成長する可能性を秘めた、葛藤の増大した標準的一段階なのである。神経症や精神病による危機が、ある種の自己永続的な病的傾向、防衛エネルギーの消費の増大、深刻さを増す心理・社会的な孤立によって定義されるのに対して、標準的な危機の場合は、比較的に可逆性があり、場合によっては横切る《トラバース》ことができ、手に入るエネルギーも豊富である。このエネルギーは、確かに眠っていた不安を呼び醒まし、新たな葛藤を引き起こすが、他方で、新たな機会や集まりを探して楽しんで参加する場合には、新たに拡大された自我機能を支援してくれる。偏見をもって検査した時には神経症の発症に見えたものが、実は悪化した危機にすぎず、しかもその危機は、自ら整理をつける作業であり、アイデンティティ形成の過程に貢献していることが判明する場合がしばしばある。

たしかに若者は、アイデンティティ形成の最終段階で、役割の拡散《ディフュージョン》によって、これまでになく〈あるいは今後もないほど〉深く苦しむ傾向がある。そして実際、この拡散《ディフュージョン》のために若者は、それまで潜伏していた悪性の混乱が突然襲ってきた時に、無防備な状態に曝される。その一方で、〈それほど神経症的ではない青年の・拡散し・傷つきやすく・冷淡で・関わりあいを持とうとせず・しかも要求が多く・意固地な・パーソナリティ〉の中には、「お前がやってみろ」とか「思い切って自分でやってみる」といった、半ば意図的な役割実験に必要な要素が多く含まれている。したがって、この見かけ上の拡散《ディフュージョン》の大部分は、**社会的な遊び**であり、子ども期の遊びの発生的な継承物と理解されるべきなのである。同様に、青年期の自我発達は、空想や**内省**の中で、無鉄砲ではあるが遊び心のある実験を要求し容認する。私たち分析家は、若者が危険なエスの内容を（例えばエディプス・コンプレックスを）知覚する際の「意識に近すぎる」危険に対して敏感である。それは主に、精神療法の中で明確になった危険であって、私たちが「意識化させる」という課題を熱心に追い求めるなかで、無意識の断崖絶壁に立ってすでに身を乗り出しすぎている人の背中を押してしまう場合に生じる。若者がいくつもの断崖に身を乗り出すのは、通常、そうすることによって自我のコントロールにより従順になる実験をしてみるためである。しかし、そのためには、そうした経験だけのために作られた風変わりな規則《コード》を通して他の青年と何らかの意思疎通ができるという条件が必要であり、あるいは、勇み足であったり神経症的であったりする大人から、時期尚早であるのに致命的な深刻さで反応されたりしないという条件が必要である。同様に、青年の「防衛の流動性」についても、青年を心配する臨床家たちが眉をひそめる原因となる場合が多いが、しかしそのほとんどは全く病的なものではない。なぜなら、青年期とは、ただ流動的な防衛によってのみ、内的・外的要求の犠牲になっているという感覚を克服できる危機の時期であり、ただ試行錯誤によってのみ、行動や自己表現における最適な道が開かれてゆく危機の時期だからである。

一般的に、青年期の社会的遊びに関する偏見は、かつて子どもの遊びに関して持たれていた偏見に似ており、簡単には克服できないと言われている。私たちは、こうした行動［社会的遊び］を、重要ではない・不必要・非合理的と考え、純粋に退行的で神経症的であると意味づけてしまう。かつては、子どもの一人遊び《プレイ》の研究が盛んだったおかげで、子どもたちの間で自然に生まれる遊び《ゲーム》の研究が等閑《なおざり》にされていたように[6]、今では、個々の青年に関心が集中し過ぎて、青年たちの徒党行動における相互《ミューチュアル》の「結びつき」が十分に評価されることがない。社会に出る前の子どもたちや青年たちは、（大人の世界から発せられる危険も含んだ）内外の危険に対する自由な実験を行うために、承認されたモラトリアムと共同のサポートを、互いに与えあう。ある若者の新しく獲得した能力が幼児的葛藤に引き戻されてしまうかどうかは、そのかなりの部分が、〈仲間集団の中で手に入れることができた機会と報酬の質〉によって、あるいは、〈社会全体が、社会的遊びから労働実験への移行を、または通過儀式から最終的コミットメントへの移行を、誘発する公の方法〉によって左右される。こうしたすべてのことは、個人と社会との間に交わされる暗黙の相互契約に、その基礎を置くべきである。

Ⅲ・2・6　アイデンティティをライフサイクル全体の中で理解する[†]——図表の特殊版

アイデンティティの感覚は意識的か。もちろん、時には、過剰に意識されているように見える。〈命にかかわるほど重要な内なる要求〉と〈容赦ない外からの要求〉という二重の棘に挟まれ、まだ実験途上にある人は、一過性の極度の**アイデンティティ意識**の犠牲になることがある。この**アイデンティティ意識**は、若者に典型的な多様な姿の「自己意識」に共通した核である。アイデンティティ形成が長引くと（創造的な成果の要因にもなるが）、こうした「自己像」へのこだわりに囚われることにもなる。私たちがアイデンティティを最も意識するのは、まさにそれを獲得しようとしている時、あるいは、実はそれを既に知っていたと驚く時（映画でいう「ダブル・テイク」［一回見たり聞いたりした事に驚いてもう一度見直す仕草］）である。あるいは、まさに危機状態が始まり、アイデンティティ拡散《ディフュージョン》によって浸食されていると気づいた時である。まさにここではこの症状について語っている。

他方、アイデンティティ感覚の高まりは、心理・社会的に満足《ウェルビーイング》している感覚として前意識的に経験される。その感覚に付随するものとして最もわかりやすいのは、自分の身体の中で心地よくくつろいだ感じ・「自分がどこに向かうか、わかっている」という感覚・自分が重要と思う人々から期待したとおりに承認してもらえたという内なる確信である。しかし、こうしたアイデンティティの感覚は、一度手に入れたら、その後ずっと手元に置いて維持できるというわけではない。「優れた良心」と同じように、絶えず失われ、そして再び獲得される。しかし青年期の終わりごろになると、それを維持したり回復したりするより永続的でより経済的な方法が発達し強化される。

満足《ウェルビーイング》している状態、さらに言うと自我統合のあらゆる側面と同じく、アイデンティティの感覚は前意識的な側面があり、意識化することが可能である。また、行動として表れる時には、肉眼で観察できる。しかし無意識的な付属物もあり、それは心理テストや精神分析的な手続きを通してしか探ることができない。残念ながら今の時点では、より詳細な証明が待たれる一般的なこととしか語ることができない。そこから先の主張は、アイデンティティ危機に先行したり後続したりする各々の発達段階において特殊な仕上げをされ、相対的な完成に至る、一連の心理・社会的健康の基準全体に関わっている。これについては図3にまとめた。

人間のライフサイクルをより広い枠組みで理解する場合、アイデンティティは、その中の一つの概念にすぎない。この枠組みにおいて、子ども時代とは、**その段階に特有の心理・社会的危機を通してパーソナリティが段階的に開かれていく時期**である。私はかつて別の機会に（1950a, 1950b）この**エピジェネティックな原理** epigenetic principle を説明するために、図表を用いたことがある。その図表には多くの空欄があって、心理・社会的発達を詳述する私たちの試みを、時折チェックしている（こうした図表は、これを理解し**そして**捨て去ることができる人が、真剣な注意を向ける場合にのみ、お薦めできるものである）。この図表（図3）は、まず、右下に向かう対角線上にある囲みの欄（Ⅰ－1、Ⅱ－2、Ⅲ－3、Ⅵ－4、Ⅴ－5、Ⅵ－6、Ⅶ－7、Ⅷ－8）にのみ目を向け、さしあたり他のすべての項目は無視するよう、読者を促す。この**対角線上の欄**は、ひと続きの心理・社会的危機を示している。それぞれの欄は、〈相対的な心理・社会的健康の基準〉と〈それに対応する相対的な心理・社会的不健康の基準〉とを併せ持つ。「正常な」発達においては、前者の基準が後者を持続的に上回る（しかし前者が後者を完全に排除することは決してありえない）。連続する各段階は、心理・社会的パーソナリティを構成する各部分の一連の発達を表している。各部分は、それが「その段階に特有な」ものになる以前から、つまり「その」心理・社会的危機が、個人の準備状態《レディネス》と社会の圧力という二つの力によって促進されるよりも前から、何らかの形で存在している（垂直線上の欄を参照）。しかし各構成要素はやがて優勢になり、「その」段階の終わりに至って、多かれ少なかれ永続的な解決を見出す。した

5	6	7	8
一極性 対 早過ぎる自己分化			
二極化 対 自閉			
遊びによる同一化 対 （エディプス的な）幻想による 複数のアイデンティティ			
労働による同一化 対 アイデンティティの 差し押さえ			
アイデンティティ 対 アイデンティティ拡散	性的アイデンティティ 対 両性的拡散	リーダーシップの 分極化 対 権威の拡散	イデオロギーの両極化 対 理想の拡散
連帯 対 社会的孤立	親　密 対 孤　立		
		ジェネラティヴィティ 対 自己陶酔	
			インテグリティ 対 嫌悪、絶望

	1	2	3	4
I 乳児期	基本的信頼 対 基本的不信			
II 幼児初期		自律 対 恥、疑惑		
III 遊戯期			自主性《イニシアティヴ》 対 罪の意識	
IV 学齢期				勤　勉 対 劣等感
V 青年期	時間的展望 対 時間的拡散	自己確信 対 アイデンティティ意識	役割実験 対 否定的アイデンティティ	達成への期待 対 労働麻痺
VI 若い成人《ヤングアダルト》				
VII 成人期				
VIII 成熟期				

図３

がってその解決は、その他のあらゆる構成要素と**体系的に関連し**、それぞれに適した**時**の、それぞれに適した発達に依存している。その代わり、各個人の性質および社会の本質によって、それぞれの発達の程度、つまりすべての構成要素の比率が決まってくる。そして青年期の終わりになって初めて、アイデンティティがその段階に特有なものとなる（V－5）。すなわち、アイデンティティは、相対的に葛藤のない心理・社会的配置として何らかの統合を見出さなくてはならない。それに失敗すると、アイデンティティは欠陥を残し、葛藤を抱えたままになってしまう。

　見取り図であるこの図表を説明する前に、複雑な問題のうち本論文では扱わ**ない**点について最初に述べておく。第一は、幼児的自我の中にあるアイデンティティの先駆けについて、今のところ非常に暫定的な意味しか与えていないが（5の垂直線上の欄）、これを確実に語ることはできないという点である。むしろここでは非伝統的な方法で、つまり成人期の始まりの時期から遡って子ども期にアプローチするが、それは、以下二つの確信に基づいている。一つは、幼児期の発達を他の時期と比較することなしにそれ自体で理解することはできないという点、もう一つは、前成人期のすべての時期にあてはまる統一的理論なしには、子ども期の最初の段階を説明することはできないという確信である。なぜなら幼児は（不可避的な怒りの混沌を避けることができないのだが）、新たに自分で人生を作り上げることはないし、またできないからである。その点は、子どもが最初期の経験を何度も再構成することからも理解される。どんなに小さい子どもでも、多数のライフサイクルからなる共同体の中で生きており、その共同体の中で、子どもが各ライフサイクルに依存しているのと同様、各ライフサイクルも子どもに依存しており、さらに、子どもの欲動も昇華も、共同体から一貫したフィードバックを与えられ導かれている。この真理については、「環境」への精神分析的なアプローチの議論が必要であり、本論文の最後にもう一度取り上げようと思う。

　意図的に省略した第二は、心理・性的な発達段階に関する点である。『幼児期と社会』（Erikson, 1950a）に示した心理・性的な発達の図表と取り組んで下さった読者にはおわかりいただけるように、私は〈心理・性的なエピジェネシス〉と〈心理・社会的なエピジェネシス〉、すなわち、それに従って各構成要素が発達段階を通して発現し、一連の段階の中で成就する二つの予定表がぴったり接合し合う、詳細な理論の基礎作業を試みた。本論文では、心理・社会的な予定表のみを扱い、しかもその一つの段階にのみ焦点を当てるが、この二つの予定表が本質的に分離しえないことは、本論文のいたるところから暗に伝わることと思う。

では、精神分析の洞察に基づいたいかなる伝統的資料を扱**おうとする**のか。まず病理誌、つまりこの場合は、**アイデンティティ拡散**《コンフュージョン》の臨床的記述である。それによってより見慣れた角度からアイデンティティの問題が明らかになることを期待しつつ、その次に、フロイトの言葉を借りれば「一般心理学に対して利益をもたらすであろうものを、精神病理学から」「引き出す」作業を始めるという、そもそもの目的に戻ろうと思う。

Ⅲ・3 病理誌的《パトグラフィック》な研究——アイデンティティ拡散《コンフュージョン》の臨床像

病理誌は、依然として、精神分析的洞察の伝統的な資料である。以下において若者の混乱状態の症候群を素描する。この若者たちは、自分たちの社会から与えられる制度化されたモラトリアムを利用することができず、（ショウがそうしたように）自分だけの独特なモラトリアムを創り出し維持することもできない。その代わりに、彼らはたとえどんなに居心地の悪い場所であっても、じっと待つことを公に認められる場所を求めて、精神科医、牧師、判事、そして（付け加えておかなくてはならないのが）採用担当者のもとにやってくる。

ここで用いた資料は、十六歳から二十四歳までの間に急性の混乱状態を過ごした後、治療を求めてきた多数の若い患者のケース・ヒストリーである。私自身が診察したのはこの中の少数であり、直接治療にあたった患者はそれよりさらに少ない。多くはストックブリッジのオースティン・リッグズ・センターおよびピッツバーグの西部精神医学研究所でのスーパーヴィジョン面接やセミナーで報告されたものである。数の上で最も多いのは、オースティン・リッグズ・センターのファイルに保管されている過去の患者の記録である。これらのケース・ヒストリーの**複合的なスケッチ**を読まれた方は、青年期の若者一般（Blos, 1953）、とりわけ境界例の若者たちの症例（Knight, 1953）によく見られる診断上あるいは治療技術上の問題を直ちに思い出すだろう。この境界例の若者たちは、通例、前統合失調症 preschizophrenias や、パラノイア的、抑うつ的、精神病質的、その他の傾向を伴う重度の性格障害と診断されてきた。こうした確立された診断基準をここで問題にするつもりはない。しかし、彼らの自我が（一時的に、あるいは最終的に）アイデンティティを確立できなかった結果として、この患者グループ全体に共有される、共通する人生の危機《クライシス》を表わすある種の特徴に目を向けてみたい。なぜなら彼らすべてが**急性のアイデンティティ拡散《コンフュージョン》**に苦しんでいるからである。[7] 確かに「段階＝特徴的」アプローチは患者グループに共有される人生課題を強調し、彼らを分類する診断基準を強調するが、しかしこのアプローチの必要性や妥当性を十分に伝えるためには、極めて詳細な症例報告を行うしかない。さしあたりは、私の複合的なスケッチが、ある種の印象派的説得力を持つことを期待する。私が知っている症例が、バークシャー地方［オースティン・リッグズ・センターのあるストックブリッジはマサチューセッツ州西部バークシャー地方にある自然に恵まれた静かな街］の私立研究所と、産業都市ピッツバーグの公立診療所で観察されたという事実は、少なくともアメリカの社会経済状況の両極（それゆえ両極端のアイデンティティ問題の形）が表れていることを示唆している。この点は、問題の家族が、階級の流動性やアメリカ化の尺度において極端であるために、支配的なアメリカ社会の成功の方法や象徴に参加する（あるいはうまくそれに反抗する）機会へのある種の絶望感を、子どもたちに与えてきた可能性を意味している。[8] しかしここで概説したような混乱状態が、社会経済的地位の中間のあたりに位置する、より心地よい場所にいる人々の特徴でもあるのかどうか、そうだとすればどのような意味の特徴であるのかという問題は、現時点においては課題のままである。

Ⅲ・3・1　破綻する時

急性のアイデンティティ拡散《コンフュージョン》の状態が顕在化するのは、若者自身が、**身体的な親密さ**（必ずしも常に表立った性的なこととは限らない）、決定的な**職業選択**、熾烈な**競争**、**心理・社会的な自己定義**に対して同時に身を賭けることを要求する複数の経験の組み合わせに曝されていることに、気づいた時である。それまで保守的な母親に過保護に育てられてきた一人の若い女子大生がいた。母親はさほど保守的ではない過去を長年かけて忘れてしまおうとしていた。この女子学生は大学に入ると、背景が全く異なる若者と出会い、その中から自分の友達と敵を選び出さなくてはならないことになる。とりわけ性的な関係の中で、かなり異なる社会的慣習と出会い、同調するか否定するかを選ばなくてはならない。もしくは、決定し選択するという仕方で身を賭けることによって、後戻りのできない競争に巻き込まれ、リーダーシップをとる必要もでてくる。あるいは彼女はしばしば、非常に「異なる」若者が、自分のどちらかの両親や祖父母が秘かに郷愁を抱きながらも表向きはそれを軽蔑している価値・態度・象徴を、自然に見せる場面に出くわす。いかなる方向に向かうにせよ、決定し選択し、そして何より成功することによって、葛藤を含む同一化が生じ、同時に、次の暫定的な選択の幅が狭まってしまうのではないかという恐れを起こす。そして、時が決定的になるまさにその瞬間に、あらゆる動きが、心理・社会的な自己定義の中に、拘束力のある先例を作り上げてしまう。すなわち、同じ年齢層の（タイプ化したいと熱心に望んでいるように見える）人々の中で代表的であるような「タイプ」の中に、先例を作り上げてしまう。その一方で、際立った**選択の回避**（すなわち怠慢によるモラトリアム）は、外的**孤立**の感覚と、**内的空虚**さを引き起こす。この内的空虚さは、古くからのリビドー的対象と、これに伴って戸惑いをひきおこす近親相姦的感情へと繋がっている。すなわち、より原始的な形での同一化へと、また、（人によっては）初期の取り込みとの新たな苦闘へと繋がっている。こうした退行的な引力は、私たちのように精神分析に関わる人間の注目を大いに集める。その理由の一部は、幼児的な心理・性愛への退行を読み取りうる兆候《サイン》を見つけると、私たちは馴染みの土俵に立つように感じるからである。しかし、ここで論じている混乱状態を理解するためには、一時的な青年期の退行の特異性を、いわば心理・社会的な権利執行を延期し回避しようとする試みとして洞察することが必要である。これに引き続いて麻痺の状態が起こるが、このメカニズムは、まだ選択権を持っているという内的確信を最大限に保ちながら、実際の選択とコミットメントを最小限にとどめる状態を維持するために工夫されたものと考えられる。こうした複雑な病理のうち、ここではいくつかの側面だけを取り上げてみる。

Ⅲ・3・2　親密さの問題

前節で示した図表は「親密　対　孤立」を、「アイデンティティ　対　アイデンティティ拡散《ディフュージョン》」に続くコアとなる葛藤として示している。私たちの患者たちの多くが、青年期直後というよりも前青年期とみなすほうが適当な年代において発病する。その理由は、親密な仲間関係や競争、あるいは性的な親密さに関わることを試みただけで、潜在的なアイデンティティの脆さが完全に露見してしまうという事実によって説明される。

他人との真の「関わりあい engagement」は、確固たる自己の確立の結果であり、同時に試金石でもある。これが欠けていると若者は、友情や競争を通して・性的な戯れや愛情を通して・議論や噂話を通して、暫定的で遊戯的な親密さを探すにあたって、特殊な緊張を経験する。あたかもこうした暫定的な関わりあいが、やがてはアイデンティティの喪失をもたらし、それゆえに内的抑制を必要としコミットメントしすぎないよう注意すべき対人的な融合に変化するかのようである。こうした緊張を解消できないと、若者は自分自身を孤立させ、せいぜいステレオタイプ化された形式的な対人関係に入っていく。さもなければ、忙《せわ》しなく試みを繰り返し、あるいは何度も失敗して落ち込みながら、親密になるのが最も困難な相手と親密になろうとしてしまう。なぜなら、確実なアイデンティティの感覚が欠けていると、友情や恋愛関係さえも、互いを自己愛的に鏡に映しあうことによって、［各自の］アイデンティティの曖昧な輪郭を明確にしようとする必死の試みになってしまうからである。そこで、恋に落ちることは、多くの場合、鏡に映った自分の姿に惚れることであり、やがて自分自身を傷つけ、鏡も壊してしまう。性的関係や性的空想の中では、**性的アイデンティティ**がぼやけてしまうことに脅かされる。すなわち、性的興奮を自分自身が経験しているのか、相手が経験しているのか、それすら不明瞭になる。それは異性愛においても同性愛においても同じである。こうして自我は、他者との融合において、性的・恋愛的な感情の高まりに身をゆだねる柔軟性を失ってしまう。たとえその他者が、感情の高まりを共有するパートナーであると同時に一貫したアイデンティティの保証人であるとしても同じであって、結局、他者との融合はアイデンティティの喪失を意味することになる。相互性を維持するあらゆる能力が突然崩壊する恐怖に曝され、すべてを初めからやり直したくなる絶望的な望みが湧きおこる。この望みは、ごく幼い子どもだけが知っている基本的混乱と怒りの段階への、（うわべは意図的な）退行を伴っている。

親密さと対をなすのが**孤立**であったことを忘れてはならない。孤立とは、ある力や人の本質が自分自身の本質にとって危険であると感じた時、それを拒絶し無視し破壊しようとする心構えである。ある人々や思想と親密になるためには、その他の人々や思想を効果的に拒絶しなくては、本当の親密にならない。それゆえ、拒絶が弱すぎたり過剰すぎたりするということは、アイデンティティが未完成であるために、親密さを手に入れる能力が内在的に欠けていることを意味する。自分の「ものの見方」に確信が持てない人は、適切な分別を持った拒絶ができないものである。

若者はしばしば、かなり痛ましい仕方で、「指導者」と一体化すること以外に救済される道はないという感情を示す。「指導者」とは、［若者が］実験的に身を捧げることのできる安全な対象として、あるいは、親密な相互性と正当な拒絶に向かう最初のステップを再学習する際の案内役として、我が身を提供するのみならず、喜んでそうする大人のことである。こうした人間の下で、青年期後期の若者は、徒弟や弟子に、追従者に、性的パートナーや患者になりたがる。しかしこの願いはあまりに強烈で絶対的でありすぎるため、失敗に終わることが多いのだが、失敗すると若者は、熱心な内省や自己吟味の状態に退却してしまう。そしてこの状態は、特に悪化させる状況や、過去に比較的強い自閉的傾向があった場合、若者を、麻痺を伴う境界状態に追い込む危険がある。症状としては、この状態には以下の特徴が見られる。苦痛に満ちた孤独感の高まり。内的な連続性《コンティニュイティ》と斉一性《セイムネス》の感覚の崩壊。全般的な恥の感覚。いかなる活動からも達成感を引き出すことができない状態。人生は自主的に生きるというより、人間にたまたま起こるものであるという感覚。時間的展望の過激な短縮化。最後に、基本的不信。これは、患者自身が心理・社会的な意味において確かに存在していること、すなわち、自分自身になることへと招かれていると当てにする証明を、世界に・社会に・実際には精神医学に、委ねてしまうことを意味する。

Ⅲ・3・3　時間的展望の拡散《ディフュージョン》

　青年期が極端に遅延し長期に及ぶ場合には、**時間経験**に極端な形での混乱状態が現われるが、軽いものならば、ごく普通の青年の精神病理に属するものである。この混乱状態は、日々の暮らしにおける非常に強い切迫感と、それとは逆の、時間への配慮の喪失から成り立っている。若者は自分が非常に若いと感じ、赤ちゃんのように感じると同時に、もはや若返る余地がないほど年老いたようにも感じる。失われた偉大さに対する抗議、有用な潜在力をあまりに早く致命的に喪失することに対する抗議が、こうした抗議をロマンチックとみなす文化圏の青年たちに広がっているのと同様、私たちの患者たちにも共通している。しかし、この抗議には、時間によって変化してしまうことに対する決定的な不信や、さらには、時間とともに変化してしまうことへの激しい恐怖といった病的傾向が含まれている。この矛盾は、多くの場合、すべてにおいて物事が緩慢化するという形で表れ、そのために患者は、決まりきった日常生活の中で（そして普段の治療の中でも）、あたかも蜜の中をもがくような緩慢な振る舞いになってしまう。ベッドに入り眠ろうとすることも難しいし、起き上がって目覚めた状態に相応しい状態に復帰するのも難しい。時間が経つのも難しいし、そこから離れることも難しい。「わからない」「もう諦めた」「辞める」といった不満は、決して軽度の抑うつ状態を反映した単なる習慣的な訴えではない。むしろこれらは、多くの場合、最近エドワード・ビブリング（1953）が、自我の側の「そのまま死なせてしまいたい」願望と論じたような、ある種の絶望の表われなのである。青年期の終わりとともに（あるいは暫定的に決めた「有効期限」がきたら）人生が本当に終わるという考えは、常に歓迎されないというわけではない。事実、それを唯一の希望の礎とし、そこから新たに開始するということもありうる。それどころか、患者の中には、もし治療が（成功した場合）人生を継続することに価値があると証明できないとしたら、治療者は自分たち［患者たち］に人生を継続させるつもりがないと見做してしまう者さえいる。こうした確信がないと、本当のモラトリアムにはならない。他方、「死にたいという望み」が本物の自殺願望であることはめったにない。本物の自殺願望の場合は「自殺者になる」ということそれ自体が不可避的なアイデンティティ選択になる。ここで私の念頭にあるのは、ある美しい少女のことである。その少女は、娘が何人もいる工場労働者の長女だった。彼女の母親は、娘たちが売春婦になるのを見るくらいなら、死んだ姿を見るほうがましと、繰り返し口にしていた。同時に母親は、娘たちが少年たちと交際するいかなる行動も「売春」ではないかと疑った。娘たちはついに、ある種の秘密女子クラブを結成せざるをえなくなった。それは明らかに、母親の目を逃れるためであり、両義的状況を実験的に体験してみるためであり、しかも男性から自分たちを守るために作られたものであった。しかし最終的に彼女たちは窮地に陥ってしまった。当局者もまた、当然のことながら、彼女たちが売春を意図していると見做し、娘たちを様々な施設に送ってしまったのである。施設において彼女たちは、社会が彼女たちに関してあらかじめ持っていた「認識」を、強制的に思い知らされることになった。どんな訴えも母親の耳に届くことはなく、娘たちは母親がもはやいかなる選択の余地も残していないと感じた。様々な事情から、ソーシャルワーカーたちの大きな善意と理解も伝わらなかった。少なくとも長女にとっては（これにはいくつもの理由が重なっているのだが）、別の世界で別のチャンスを試す以外には、いかなる未来も残されていなかった。そして彼女は首をつって死んだ。彼女は美しく着飾り、手紙を書き残していた。その手紙は謎めいた言葉で締めくくられていた。「なぜ私は名誉を捨てることによってしか、名誉を守れないのでしょう……」

こうした「否定的アイデンティティ」については後で取り上げ、これほど劇的ではないとしても、勝るとも劣らないほどに悪化した例を紹介しながら、その起源を探ってみることにする。

Ⅲ・3・4　勤勉さの拡　散《ディフュージョン》

重症のアイデンティティ拡　散《ディフュージョン》に陥った症例では、通常、急性の勤労感覚の混乱にも苦しむ。それは、命じられ提案された課題に集中できないという形をとるか、何かしら偏った活動、例えば過剰な読書などに自己破壊的に没入する形をとる。時には、こうした患者が治療を受けている最中に、一度失ってしまった勤労感覚を再び取り戻すことのできる活動を発見する場合があるが、このテーマだけでも一章を割く必要があるほど重要な問題である。しかしここでは、思春期と青年期に先行する発達段階、すなわち小学校時代のことを思い浮かべておくのがよい。子どもはこの時期に、自分が属する文化の特定のテクノロジーに参加するために、必須事項を学び、勤労と勤労参加の感覚を発達させる機会や人生の課題を与えられる。学校に通う時期がエディプス期の次の段階である点も重要である。社会の経済的な仕組みの中に現実的に（遊びとして加わるだけではなく）足を踏み入れると、子どもは、性的な存在あるいは家族という存在としての両親にではなく、むしろ労働や伝統の担い手としての両親に、再び同一化することができるようになる。すると、両親のようになるうえで、少なくとも一つの具体的な、そしてより「中立的」な可能性が育まれる。初歩的な「小学校における」実践は、同じ年ごろの仲間と共有され、教育指導の場（スウェットハウス、教会、釣り堀、工場、台所、校舎）において行われるが、その場所は、家から・母親から・幼児期の記憶から、地理的に離れている。そしてここでは男女の扱われ方に大きな違いがある。勤労の目標は、決して、幼児期の本能的な目的をただ抑圧し、それを利用するだけではない。勤労は、自我の機能を高める。共同体の現実の中で、実際の道具や材料を用いることによって建設的な活動を提供するものである。ここにおいて、自我の持つ受動性を能動性に転換する傾向は、新たな領域を獲得するが、それは、幼児的な空想や遊びの中で受動的なものを能動的に単に転換していたことと比べると、多くの点で優れている。なぜなら、活動・実践・仕事をやり遂げようと願う内的欲求は、いまやそれに呼応する社会的現実からの要求や機会と出会う準備が整っているからである（Hendrick, 1943; Ginsburg, 1954）。

労働アイデンティティの開始直前がエディプス期であるために、若い患者のアイデンティティ拡散《ディフュージョン》は、彼らのギアをバックにいれ、エディプス的な競争と兄弟への対抗意識にまで後退させる。それゆえ、アイデンティティ拡散《ディフュージョン》は、集中力の欠如を伴うだけではなく、競争することに対する過剰な意識と同時に嫌悪感を伴う。問題の患者は、ふつう知的で有能であり、それまでは事務的な仕事や学業やスポーツなどにおいて成功を収めていた場合も多いが、いまや仕事・課題・社交性などの能力を失ってしまい、その結果、社会的な遊びという最も重要な機会を失い、漠然とした幻想や不安からの最も重要な逃げ場を失っている。その代わり、幼児的な目標や幻想は、成熟した性的装置やますます強まる攻撃的な力から発散されるエネルギーを与えられて、危険な状態になる。そして、片方の親が再び目標となり、他方の親が再び障害となる。しかし、この再燃したエディプス的葛藤は、そのすべてが性的なものではないし、性的なものが主であるわけでもないし、またそのように解釈すべきではない。それは、最初期の起源に向かう方向転換であり、初期の取り入れの拡散《ディフュージョン》を解消し不安定な子ども期の同一化を再び築き上げる試みである。言い換えると、もう一度生まれ変わりたいという願望であり、現実と相互性《ミューチュアリティ》に向かうためのまさに最初の一歩から学び直したいという願望であり、交際・活動・競争といった機能を再び発達させるための新たな許可を得たいという願望である。

ある若い患者の場合、大学で行き詰ったと感じていたが、私立病院における治療を開始した当初、失明の危険があるほど本を大量に読んでいた。これは明らかに、ともに大学教授であった父親と治療者に対する、自己破壊的な過剰同一化である。機知に富んだ「病院に駐在している画家」の導きにより、彼は、自分に絵を書く独創的で力強い才能があるという事実に気がついた。この絵を描くという活動だけは、治療が進んだために、自己破壊的な活動過剰にならずにすんだ。絵を描くことが患者自身のアイデンティティ感覚を次第に獲得する助けとなることが理解された頃のある夜、彼は夢を見た。以前には常にパニックを起こして目覚めていた夢の、違う結末。夢の中で彼は火と迫害に追われて、自分でスケッチした森の中に逃げ込んだ。するとその瞬間、木炭画は生き生きとした森林に変わり、見渡す限りに広がったのである。

Ⅲ・3・5　否定的アイデンティティの選択

アイデンティティ感覚の喪失は、家族や身近な共同体から適切で望ましいものとして提供されている役割に対する、軽蔑しお高くとまった敵意として表れることが多い。この役割は、部分的であれ全体であれ、男性らしさであれ女性らしさであれ、国籍であれ特定の階級の一員であれ、若者の辛らつな軽蔑の的になる。自分のバックグラウンドを過剰に軽蔑するこうした傾向は、最も古く移住したアングロ・サクソン系にも、最も新しく移住してきたラテン系やユダヤ系の家族にも見られる。そしてこの傾向は、アメリカ的なものすべてに対する全般的嫌悪や、外国のものすべてに対する非合理的過大評価へと、容易につながる。生命や強さは、自分がいない場所にだけ存在し、たまたま自分がいる場所は、すべて衰退と危険に脅かされているように思える。以下に示す典型的症例の断片は、ある若者の不安定なアイデンティティを超自我が見下し勝ち誇った様子を表している。

＊＊

「彼をけなし続ける内なる声は、この頃、強まりつつあった。やがて彼がなすことすべてに侵入するまでになった。彼はこう語っている。《煙草を吸おうとする時、女の子に好きだと言おうとする時、何かの身振りをする時、音楽を聴こうとする時、本を読もうとする時、この第三の声がいつでも僕を責めるのです。下心があるだろう、お前はペテン師だ、と》。昨年は、彼をけなす声がかなり酷かった。ある日、家から大学に向かう途中、乗っていた電車がニューヨークに入り、ニュージャージーの沼地帯や貧しい地区を通り過ぎた。彼は、キャンパスで出会う人々や家族よりも、そこに住んでいる人たちに親近感を覚えた。そしてこうした場所にこそ本物の生活があると感じ、大学のキャンパスは保護された柔弱な場所だと感じた」。

この例において、内なる声としてあまりにはっきり聞こえてくる傲慢な超自我だけではなく、社会の一断片に投影された急性のアイデンティティ拡散《ディフュージョン》を認識することが重要である。類似の例として、かなり繁栄した鉱山都市出身のフランス系アメリカ人の少女の例がある。この少女は、男の子と二人きりになると、麻痺を起こすほどのパニック状態に陥った。彼女は、どんな男の子も通俗的に「フランス式」とされる性的行為に彼女が従うことを期待する権利があると強迫的に思いこんでおり、その考えの中で、超自我からの数々の禁止命令やアイデンティティ葛藤が、いわば短絡的に結びついているかのようだった。

こうした国籍および民族的な出自に対する離反が、**パーソナル・アイデンティティ**を完全に否定する場合はごく稀である（Piers and Singer, 1953）。しかし特定の名前やニックネームで呼ばれることに固執する例は、新しい名前のレッテルの中に拡散《ディフュージョン》からの避難所を見つけようとする若者において珍しくない。さらに自分の出自を作話によって再構築する例もある。中部ヨーロッパ出身の祖先をもつ女子高校生が、秘かにスコットランド移民と親交を結び、彼らの方言や社会的慣習を注意深く研究し、容易に習得した。歴史の本や旅行案内本を頼りに、彼女は自力でスコットランドに本当に存在するある街のある場所で過ごした子ども期を再構築したが、それはスコットランド出身者でも信じてしまうほどのものだった。私との話し合いの中で自分の将来について話すよう促され、彼女は（アメリカ生まれの）両親について「私をここに連れてきた人たち」と言い、「むこう」での子ども時代について驚くほど詳細に語った。私は、その話が現実というよりも内面の真実を物語っているのではないかと感じながら、話に耳を傾けた。この話に含まれていたわずかな現実とは、推測するに、この少女が幼い頃、近所に住んでいたイギリス諸島出身の女性に対して愛着を持っていたという点である。ほとんど妄想に近い「真実」の裏に働いている力は、両親に対する強烈な死の願望（重症のアイデンティティ危機では常に潜在している）が、パラノイアの形をとったものである。妄想が半ば故意に作られたものであることが示されたのは、私が少女に対して、なぜスコットランドでの生活をあらゆる詳細にわたってこれほどまで整理できたのかと尋ねた時だった。彼女は嘆願するように、スコットランド訛りでこう答えた。「だって、先生、私には過去が必要だったのですから」。

しかし全体的にみると、患者の葛藤は、パーソナル・アイデンティティを捨て去るというよりも、より一層捉えにくいやり方で表れている。彼らはむしろ**否定的アイデンティティ**を選ぶのである。否定的アイデンティティとは、発達の危機的段階において、最も望まれない・危険な・しかし最もリアルなものとしてその人に示された、あらゆる同一化や役割にひねくれた基礎を持つアイデンティティである。［1］例えば、ある母親は、最初の子どもを亡くし（複雑な罪の意識のために）、生き延びた下の子どもたちに対して、亡くなった子どもの思い出に捧げる信仰心と同じだけの愛情を、注ぐことができなくなってしまった。そうした場合、息子の中に、健康で動き回るよりも病気になるか死んだほうが母親から確実に「認めてもらえる」という確信を持つ者が現われることは、大いにありうる。［2］また、ある母親が、アルコール依存症に陥ってしまった自分の兄弟に対して、無意識のうちにアンビバレントな感情を抱え込んでいると、その兄弟の運命を繰り返すように見える息子の傾向性に対して、何度となく選択的に反応することになるだろう。その場合、この「否定的な」アイデンティティは、この息子にとって、良い人間になろうとするいかなる自然な試みよりも、より一層現実的に働くことになる。息子は大酒飲みになろうと懸命に努力するかもしれないが、そのために必要な要因を欠いているので、選択を目の前に頑なな麻痺状態に陥ってしまうことになる。［3］別の例において、否定的アイデンティティは、病的なまでに野心的な両親によって要求されるか、実在する年上の人間によってすでに実現されているように見える過剰な理想像に対抗するために、自分自身の最適な居場所を探し防衛する必要性から、必然的に決定される。どの場合でも、両親の弱さや隠された願望は、子どもに悲惨なほどはっきりと認識されてしまう。ある成功した興行主の娘が、大学から逃げ出し、南部のある都市の黒人居住区で、売春容疑で逮捕された。一方、影響力のある南部の黒人牧師の娘が、シカゴで麻薬中毒者に囲まれているところを発見された。こうした場合、彼らの役割演技の中にある、冷笑的で復讐的な見せかけの演技性に気がつくことが何より重要である。なぜなら、この白人の少女は実際には売春をしていなかったし、黒人の少女は、とりあえず今のところ、実際には麻薬中毒になっていなかったからである。しかし言うまでもなく、二人とも社会の底辺に身をおき、そのような行動に対していかなる烙印が押されることになるのか、決定する権利を司法当局や精神医学の機関に委ねてしまった。［4］似たような例として、ある小さい街の「村の同性愛者」として、精神科の医院を受診した少年がいる。診察してみると、かなり幼い頃に年上の少年たちからレイプされた経験を除いて、実際には一度も同性愛的な行為を行うことなく、この名声を勝ち取ることに成功したようだった。

このように復讐的に否定的アイデンティティを選び取ることは、当然、手に入りうる肯定的なアイデンティティの各要素が互いに打ち消し合う状況において、支配感覚をいくらかでも取り戻すための必死の試みの表れである。こうした選択の歴史をひもといてみると、ある一連の状況が明らかになる。それは、患者の内的手段では達成が不可能な容認された好ましい役割の中で現実感覚を得ようと努力するよりも、**最も**支持されることのない存在と**全体的に**《トータル》同一化することの中からアイデンティティ感覚を引き出すほうが容易であるような、一連の状況である。ある青年は「わずかにしか安定していないなら、いっそのこと完全に不安定なほうがいい」と語り、ある若い女性は「少なくとも貧民街では、私は天才なの」と語った。そうした言葉が語るのは、否定的アイデンティティを全面的に選んだ後にやってくる安心感である。むろん、こうした安心感は、しばしば同性愛者・麻薬中毒者・社会にすねた若者たちの徒党やギャングの中で、集団的に求められている。

これと関連して、俗物主義《スノビズム》の分析という課題がある。上流階級であれば、自分で獲得したものではない何か、つまり両親の財産・バックグラウンド・名声などに頼ることによって、自分のアイデンティティ拡散《ディフュージョン》を否認することが可能になる。しかし「下層の下層」の俗物主義というのもあり、これは何物でもない《ナッシングネス》という見せかけを創り出そうとする自尊心を基礎にしている。いずれにせよ、青年期後期の若者の多くは、拡散《ディフュージョン》の状態が長く続くと、**人より抜きん出た人間になれないならば、全く何者にもならないか、完全に悪者になるか、もしくは死んだほうがまし**と考える。しかもこれを、**自由な選択によって**、選び取りたいと願う。この「全く［徹底的に・全面的に］total」という言葉は、この文脈の中で気まぐれに持ち出したものではない。というのは、私はかつて別の文脈において（Erikson, 1953）、人間には、発達の危機的な段階において、相対的な「全体［異質なものを共存させるしなやかな全体］wholeness」への再統合が不可能に思えた時、「完璧主義的・全体主義的 totalistic」な方向に翻る性向があることを、描き出そうと試みたことがある。[9] この問題については、本稿の最終節で再び検討する。

Ⅲ・3・6　転移と抵抗

こうした患者たちとの出会いの中で生じる治療上の問題に関して、これから述べることは、〈アイデンティティと拡散《ディフュージョン》の概念〉を〈境界例の症例の領域を扱ってきた研究者たちによって詳説された治療上のテクニック〉と関連づける試みに限られる。[10]

治療に直面すると、ここで論じている患者の中には、ある時期、特有の悪化を見せる者がいる。退行の深さと行動化の危険性が、診断上の決断の手がかりとなることは当然であるが、そうした悪化に転じる際にみられるメカニズムを、初めから認識しておくことは重要である。私はこれを「どん底の態度 rock-bottom attitude」と呼びたい。このメカニズムは、退行の引力に屈服する様子を患者の側が疑似的に熟慮し、どん底を根源的に探索する試み、すなわち、どん底を、退行の究極的な限界であると共に、新たな再進展にとっての唯一の確固たる基盤として探究することから成り立っている。[11] こうした「基本方針」の意図的探索という仮説は、エルンスト・クリスの「自我のための退行」を極端な形に突き詰めたものである。患者の回復が、隠れていた芸術的才能の発見と同時に起こるという事実は、この点に関するさらなる研究の必要を示唆している（Kris, 1952）。

ここで「本物」の退行に付け加えられた熟慮という要因は、しばしば、すべてに対する嘲《あざけ》りの中に表現され、こうした患者たちの治療開始時期に特徴的にみられる。またこの熟慮は、サド・マゾヒスティックな満足の異常な雰囲気によっても表現される。しかしこの雰囲気によって、しばしば、彼らの自己蔑視や「自我を減してしまう」意志が実は破滅的な誠実さを内に秘めているという事実を、気づきにくく、また信じにくくさせてしまう。ある患者がこう話している。「どうすれば成功するかを知らないのは確かに悪いことだ。でも、最悪なのは、どうすれば失敗するかを知らないことだ。俺はうまく失敗しようと決めた」。このほとんど「死に向かう＝致命的《デッドリー》な」誠実さは、**不信以外の何物をも信用しない**という患者の決意のうちに見られる。しかし彼らは同時に、暗い心の片隅では（そして実際に片方の目の片隅で探るように見ながら）、信頼に満ちた相互性の中で最も基本的な経験をやり直す機会を与えてくれる、シンプルで率直な新しい経験を待ち望んでいるのである。治療者は、シニカルで反抗的な若者と向き合っていても、実際には、赤ちゃんに人生は信頼に足ると教える母親の役割を引き継がねばならない。治療の中心になるのは、自分自身の輪郭を再び明確にしたいという患者の要求《ニード》であり、それによって患者のアイデンティティの基礎を再び築くことである。

＊＊

治療開始の時期にこれらの輪郭が急激に変化し、同時に、私たちの目前で患者の自我境界の経験が激しく変化することがある。患者の動きが「緊張病性の」症状のために突発的に減速する場合もある。圧倒的な眠気によって注意力が失われ、血管運動神経のシステムが過剰反応を起こし気絶しそうになる場合もある。現実感覚が離人症的な感覚に支配されてしまう場合もある。あるいは、身体的存在の感覚が病的に消失する中で、自己への確信の名残が消えてしまう場合もある。注意深い着実な診察を通して、複数の矛盾する衝動がこの「発作」に先立って起こっている可能性が明らかになるだろう。最初、治療者を徹底的に破壊しようとする激しい衝動がいきなり起こるが、そこには治療者の本質とアイデンティティをむさぼり食おうとする「人食い《カーニバリスティック》」願望が隠れているように見える。同時に、あるいは、これと交互に入れ替わるように、自分がむさぼり食われるかもしれないという恐怖と願望、つまり治療者の本質に吸収されることによってアイデンティティを獲得することへの恐怖と願望が生じる。もちろんどちらの傾向も、多くの場合は長期間にわたって偽り隠され、身体化され、診療時間が終わってから初めて外に現われる（秘密にされる場合も多い）。これらは性的満足や、自ら参加している感覚がないまま行動に移される性的乱交への衝動的な逃避として現われることもある。マスターベーションや食物摂取といった儀式的行為に過剰にのめりこみ、酒の飲みすぎや乱暴な運転、あるいは、食べも飲みもせず読書や音楽に長時間没頭する自己破壊的な行動として現われることもある。

アイデンティティ抵抗と呼ばれるもののうち、ここでは最も極端な形を扱っている。ちなみにこれは決して、ここで記述した患者に限った話ではない。むしろ抵抗の普遍的な形であり、分析の過程で日常的に経験されながら、気づかれないことも多い。アイデンティティ抵抗とは、より穏やかでより一般的な形で現われる時、分析医《アナリスト》がその特有のパーソナリティ・バックグラウンド・哲学のために、不注意によって、あるいは悪意を持って、意図的に患者のアイデンティティの弱い核を破壊してしまい、その代わりに自分の「分析医の」アイデンティティを押し付けてくるのではないかと考える、患者の側の恐怖である。敢えて述べておくなら、盛んに議論されている、患者の、あるいは訓練中の分析医候補生に生じる未解決の転移神経症の一部は、アイデンティティ抵抗が、多くの場合、せいぜい極めて非体系的にしか分析されていないことの直接的な結果である。こうした場合、被分析者は、分析期間を通して、他のあらゆる点においては屈服しても、分析医のアイデンティティに侵入されるあらゆる可能性に対しては抵抗する。そうしなければ、自分自身の力で統制できる範囲を超えて、分析医のアイデンティティを吸収してしまう。あるいは、分析医から提供されるべき何か本質的なものを提供されなかったという、生涯にわたって続く不全感を抱いたまま、分析治療を離れることになるかもしれない。

急性のアイデンティティ拡散《ディフュージョン》の症例では、このアイデンティティ抵抗が治療における出会いの核心的問題になる。精神分析技法は多様であるとしても、主要な抵抗を技法の主な手引きとして受け入れ、解釈はそれを利用する患者の能力に合わせるべきである点においては共通している。ここで患者は、基本的な問題を(互いに矛盾することもあるが)整理し終えるまで、コミュニケーションを妨害《サボタージュ》する。そして患者は、治療者が自分の否定的アイデンティティを本物で必要な(事実そうであり過去にもそうであった)ものとして受け入れ、しかしこの否定的なアイデンティティが「彼のすべてである」と結論づけたりしないよう主張する。もし治療者がこの二つの要求を満たすことができるなら、治療者は、多くの厳しい危機を乗り越えながら、患者をむさぼり食うことも自らをトーテムの餌食として提供することもなく、患者に対して理解と愛情を注ぎ続けることができると、忍耐強く証明しなくてはならない。それができた時、初めて、たとえ不本意であるとしても、より知られている形の転移が現われてくるのである。

これらは、アイデンティティ拡散《コンフュージョン》の現象学に関するいくつかのヒント、しかも、最も顕著で直接的な転移や抵抗に映し出された形でしかない。しかし個々の治療は、ここで論じられる症例に見られた心理療法の一側面にすぎない。これらの患者の転移は、拡散《ディフューズ》したままであり、彼らが行動に出ることが常に危険を伴う事実に変わりはない。したがって患者の中には、病院環境の中で治療を行う必要がある人もいる。病院内ならば、彼らが治療的関係から逸脱してしまった時に観察ができ、それを制限することもできる。そして病院環境では、新たに獲得された治療者に対する両極的な関係を**超えた**第一歩が踏み出されるが、その第一歩は、十分に選択の幅のある活動を通して、受容的な看護士たち・協力的な仲間の患者たち・有能な指導者たちの、直接的なサポートを受けることになる。

Ⅲ・3・7　家族や子ども期における特殊な要因

共通した病因傾向を持った患者たちについて議論する時、私たち臨床家は、その患者の両親たちの共通点を探ろうとする。私たちのケース・ヒストリーに登場する母親たちの多くにはいくつかの顕著な特徴が共通していると言ってもよいかもしれない。第一に、より高い地位にのぼりつめ、そのように装い、様々な形の「しがみつこうとする」著しいステイタス意識である。彼女たちは大抵、誠実な感情や知的判断の問題よりも、うわべだけの富や礼儀や「幸せ」を大切にする。実際、彼女たちは感受性の強い子どもたちに対して、「自然」で「まともである」という社交性を強制的に演じさせようとする。また、彼女たちは、すべてに浸透しどこにでも存在するという特殊な性質を備えている。彼女の声そのものも、か細いすすり泣きも、鋭く・悲しみに満ち・怒りが込められており、遠くに離れても逃れることは極めて困難である。ある患者は、子どもの頃ずっと、はさみがカシャカシャと音を立てながら部屋を飛び回る夢を、何度も繰り返し見た。このハサミは切りつけ、断ち切る母親の声を象徴していることがわかった。(12) こうした母親にも愛情はある。しかし、恐る恐る・哀願するように・侵入的に、愛するのである。彼女たち自身が是認され認められることに強烈に飢えているので、込み入った不満、とりわけ父親に対する不満を、子どもたちに背負わせてしまう。あるいは、子どもに、彼らの存在によって母親である自分の存在を正当化してほしいと嘆願する。さらに非常に嫉妬深く、他人の嫉妬にも非常に敏感である。ここで特に重要なのは、子どもが父親に主に同一化している兆候、あるいはさらに悪いことに、子どもがアイデンティティそのものの基礎を父親のアイデンティティに置こうとする兆候があると、それがいかなるものであれ母親は激しく嫉妬するという点である。付け加えておくべきなのは、いかなる母親であれ、患者にはことさら嫉妬深くなる点である。ここから必然的に導かれる結論は、これらの患者は、母親に対して尻込みすることによって既に始めから母親を深く傷つけているということ、そしてこれは、極端な気質上の違いに耐える力が全く不足しているために起こるということである。しかしこれらの違いは、本質的な類似性が極端な形で現われているにすぎない。つまり、患者の引きこもる（あるいは衝動的に行動しようとする）過剰な傾向と、母親の過剰な社会的侵入性は、実は双方とも、極度の社会的《ソーシャル》な傷つきやすさ《ヴァルネラビリティ》という点で共通しているという意味である。母親は、父親が自分から女性を引き出せなかったと執拗に訴えるが、その背後には、患者が自分から母親を引き出せなかったという不満があり、実は母親も子どももそのことに無意識のうちに気がついている。

父親は、大抵の場合、成功しており、特定の分野において際立っている場合も多いが、家庭において妻に逆らうことはない。父親が妻たちに過剰に母親依存しているためである。その結果として父親も子どもに対して根深い嫉妬を抱いている。父親たちが自主性《イニシアティヴ》や誠実さを持っていたとしても、妻の侵入性の前に降伏するか、罪の意識を持ちつつも妻を避けようとする。その結果、患者の母親は、子どもたち全員あるいは一部の子どもたちに対する要求を一層強め、ますます哀れっぽくなり、「犠牲的に」振る舞うようになる。

患者たちと兄弟姉妹との関係について指摘できることは、通常の兄弟関係よりも共生的にみえるという点だけである。幼児期にアイデンティティに飢えているために、患者たちは、双子の振る舞いに似たやり方で、兄弟や姉妹の一人に愛着を向けがちである（Burlingham, 1952）。しかし私たちの患者であった双子のように、双子の相手でない人物までもあたかも双子の相手であるかのように扱う場合は、この話とは別である。彼らは少なくとも一人の兄弟姉妹との完全《トータル》な同一化に、自分自身を明け渡してしまうようにみえる。それはアンナ・フロイト（1936）のいう「同一化による利他主義」を遙かに超えるやり方である。それは、あたかもある種の合併行為を通してより大きく・より優れたものを獲得し直すことを願って、兄弟や姉妹のアイデンティティのために自分のアイデンティティを放棄するようなものである。しばらくの間、その試みは成功するが、この人工的な双子状態が崩壊すると、必然的に失望が生まれ、心的外傷《トラウマ》だけが後に残る。アイデンティティは一人分しかなく、それを相手が奪い去ってしまったらしいと突然気づくと、その後は怒りと麻痺に襲われる。

全体としてみると、患者の幼少期の生活史は非常に平凡である。ある種の小児自閉症が早期に観察されることも多いが、大抵は両親がこれを合理化してしまう。とはいえ、全般的な印象としては、青年期後期の急性アイデンティティ拡散《コンフュージョン》がどの程度悪化するかは、この早期の自閉症の程度に左右され、それによって退行の深さが決まり、新しいアイデンティティの部分と古い取り込み［対象］との間の出会いの激しさが決まる。子ども期や青年期の特殊な心的外傷《トラウマ》に関していえば、頻繁に問題になるのは、エディプス期か思春期初期における深刻な身体的外傷であり、それと関連して家庭から引き離されることである。この心的外傷《トラウマ》は、手術や診断されるのが遅れた身体的欠陥から生じる場合もあれば、事故や深刻な性的心的外傷《トラウマ》の可能性もある。それ以外の場合は、幼児期の病理は、主流の精神医学的診断が典型的とみなす病理と一致している。

Ⅲ・3・8　治療デザイン

本稿は様々な要素を含むスケッチを約束し、そして一つのスケッチを示し終えた。繰り返しになるが、幾つかの症例を詳細に取り上げることによって初めて、一方で〈自我の弱さ〉と〈生まれもった気質〉との関係を、他方では〈自我の弱さ〉と〈家族や階級の中での教育上の欠陥〉との関係を説明することが可能になる。ところで、自我とそれをとりまく「環境」との関係を最も直接的に解明するには、若い患者が病院環境において回復してゆく過程の研究が最適である。つまりそれは、（ある若い女性患者の言葉を使えば）断固として「一人であること“oneliness”」に関する研究であり、病院環境を利用し刺激する傾向に関する研究であり、病院環境を次第に活用できるようになる能力に関する研究であり、このように制度化されたモラトリアムを離れて社会のそれまでいた場所、あるいは新しい場所に戻る能力に関する研究である。病院コミュニティは、臨床研究を行う者に参与観察者となる可能性を提供する。それは一人ひとりの患者の個人的治療に限らず、ある人生の課題、すなわちここではアイデンティティ拡散《ディフュージョン》を共有する患者たちの、理に適った要求を満たす「治療デザイン」にも関わることができる。当然、病院コミュニティが特定の年齢集団を治療する際の必要を研究してゆくと、ある一つの典型的な問題が解明されることになる。この場合、病院は計画的に制度化された複数の世界に囲まれた世界となり、若者たちに最も生き生きとした（これまでに構築したが放棄してしまった）自我機能を再構築するための支援を与える。一人ひとりの治療者との関係は、新しく真正な相互性を築く土台となり、その機能が患者たちに対して、暗がりの中でまだほとんど見えない未来に、患者たちが必死に否定しようとする未来に顔を向けさせる。とはいえ、患者たちが新たな社会的実験の第一歩を踏み出すのは、まさしく病院コミュニティという場所の中である。こうしたコミュニティの特権と義務は、患者に対して共同のデザインに服従し加入することを即座に要求するが、逆にこの共同のデザインは、患者と仲間の患者たちの欲求に、ついでに言えば、そこで働くスタッフの欲求にも応えようと努力する。なぜなら、自明のことではあるが、病院のような共有環境は、たまたま患者になった人々のアイデンティティ欲求《ニーズ》だけではなく、自分たちの兄弟（あるいは姉妹）の守り手となることを選んだ人々のアイデンティティ欲求によっても特徴づけられるからである。職業的な階層は、こうした守り手であることに機能・報酬・地位を配分する（病院を家庭の複製品にしてしまうような様々な逆転移や「交叉転移 cross-transferences」に扉を開く）が、その方法についての議論を始めると、病院のモラールを主題とした文献に立ち入ることになる（例えば、Bateman and Dunham, 1948; Schwartz and Will, 1953 など）。本論の観点からいえば、こうした研究も、患者が次第に結晶化しつつあるアイデンティティの基礎として、まさに患者という役割そのものを選んでしまう危険性を指摘している。なぜなら、この役割が、これまでに経験したいかなる潜在的なアイデンティティよりも有意義である、と理解されても何ら不思議はないからである（K.T. Erikson, 1957 参照）。

Ⅲ・3・9　もう一度、図表について［136－137頁、図3参照］

図表にはそれ自体、無言の強制力がある。とりわけ完成していないが捨てられもしない図表の場合、概念の亡霊になる。そして気づかずにそれと会話を交わしてしまう。治療の仕事に携わる者は、あたかも図表が時おり後ろから肩越しに監視してあれこれ指示するという厄介な事実を無視しようとする。また患者たちも、そのような情緒的な研究を終了した後に、初めて図表上にアイデンティティ拡散《ディフュージョン》のいくつかの主な特徴に関するこの印象主義的な雰囲気の干渉を好まない。アイデンティティ拡散を「位置づける」ことができるように思われる。すなわち、こうしたアイデンティティ拡散の特徴が、図表上のそれまで曖昧だった部分を明らかにし、独特の形で理論を拡大することになる。原則として亡霊は使い捨てられるべきであるという主張の下に、この図表が教えてくれることを簡単に要約してみようと思う。

最初、この図表には対角線上の欄しか存在しなかった。つまり相対的な心理・社会的健康を構成する主な要素が、達成されたかどうか（あるいは失敗したか）を連続したつながりとして示すものだった。ところが以下の説明が付されていた。「対角線上の欄の上には、それぞれの解決の先駆となるもの the precursors をいずれ詳しく論じるための空欄がある。そのすべては出発点から始まる。対角線上の欄の下には、成熟しつつあるパーソナリティにおけるこれらの解決の派生物の意味 the designation of the derivatives を書き込むための空欄がある」。

＊　＊　＊

すべての**垂直方向の欄**が「出発点から始まる」ので、一番上の欄には仮の用語でさえも書き入れることが躊躇される。しかし、境界例の症例（青年、少年、幼児の症例）の治療が教えるのは、患者たちが退行してゆく先である幼児期の最前線［退行が最も極まった姿］は、**自己境界**に対する基本的不信の最前線であり、**相互**的な関係が成り立つことに対する基本的疑念の最前線ということである。図表は、暫定的に、幼児期の最早期の心理・社会的最前線（すなわち、**信頼－不信**の最前線）における葛藤が成功に導かれた場合は、もし好ましい母性的環境に導かれていれば、**一極性** Unipolarity が優位となる感覚に導かれると仮定する（Ⅰ－５）。この一極性とは、個として存在することを良いことと認める感覚が優勢であることを意味する。私の考えでは、この感覚は、この年齢に特徴的にみられるとされるナルシシズム的な全能感《オムニポテンス》とは区別されるべきである。まだ非常に傷つきやすく、直接的・持続的・一貫した母性のサポートに依存しているにもかかわらず、「良い」パワーに満ちた現実のアクチュアルな感覚が、自分の外側からも内側からも、生まれてくるはずとする「信じることのできる」世界である。それに対して、これとは逆の、負の対応物は、取り入れ対象《イントロジェクツ》が互いに矛盾し拡散《ディフューズ》し、復讐する全能の力を持った敵意に満ちた現実を押し付けてくる幻想の優勢を意味する。しかし、一度獲得されると、この一極性の心理・社会的基盤は、やがて**二極化** Bipolarization（Ⅱ－５）を可能にする。あるいは、エスの用語に従えば、対象への備給と呼ばれることを可能にする。そしてこれが、一貫して現実性を保ち続ける、力強くも愛情に満ちた人物との積極的な実験を可能にする。それは、たとえ彼らがこちらに来る前に去ってしまうにせよ、与える前に拒絶するにせよ、再び思いやりを見せる前に無関心に見えるにせよ、変わることはない。自閉症の子どもの場合、それが一時的なものであれ永続的なものであれ、こうした二極化を避けているか、絶望しているように見えるが、その一方で、幻想の中の安全な「一体であることoneliness」を探し求めている。

この時期に引き続く、強い力を持った大人や年長・年少の子どもたちとの**遊びや労働による同一化**（Ⅲ－5～Ⅳ－5）については、これ以上の議論を必要としない。就学前あるいは学齢期について記した文献を読めば、これまでよりも心理・社会的な時期であるこの時期の進歩と失敗について、詳細な説明を得ることができる。

＊＊＊

水平方向の欄（Ⅴ）には、それ**以前の相対的な達成から派生したもの**であり、**今やアイデンティティを求める奮闘の要となっているもの**が含まれている。以下の原則について強調しておく必要がある（また簡単に説明することが可能である）。その原則に従うと、それ以前の相対的な達成（対角線欄）が後の段階で考察される時には（対角線欄より下にある水平欄）、まさにその後の段階の観点から再検討され名称を変更されなくてはならない。例えば、基本的**信頼**は、それを持つことが望ましく最も不可欠なものであるが、自我がより広い範囲の装置を有するようになり、まして社会が自我の広がりを刺激し導くと、その「基本的信頼の」心理・社会的な質《クオリティ》は一層分化してくる。

＊＊＊

まず先ほど述べた病理から始めよう。**時間の拡散**《ディフュージョン》（Ⅴ－1）、あるいは展望と見込みを維持する自我機能の喪失は、**人生の最初期の危機**（Ⅰ－1）と関係がある。というのは、時間的サイクルや時間の質の概念は、欲求緊張の高まり・満足の遅れ・満足を与えてくれる「対象」との最終的な一体化、といった最初の経験に根ざし、そこから発展するためである。緊張が高まると「幻覚のような」イメージの中で、それが将来充足されることが期待される。その充足が遅れると無力な怒りが沸き起こり、期待（と同時に将来）が消し去られる。近づきつつある潜在的な満足を認知すると、再び、時間は激しい望みと恐れられる失望の濃縮された質《クオリティ》を帯びる。これらすべてが基本的信頼の形成にとっての時間要素となる。すなわち、十分な満足とは（結局）、十分に待ったり「働いたり」するに値するという見通しを持つことであるという内的確信となる。本来の時間的質《クオリティ》がいかなる項目から成り立っていたにせよ、最も悪い状態に退行した若い患者の大部分は、明らかに時間への不信を示す一般的な態度に捕らわれる。すなわち、あらゆる遅延は偽りに思われ、あらゆる待機は無能感を味わう経験に思われ、あらゆる望みが危険なものに感じられ、あらゆる計画が破滅的状況に陥るように感じられ、あらゆる潜在的な提供者も裏切り者に思われる。それゆえ時間は静止しなくてはならない。必要であれば、全くの不動状態を作り出す魔術的な方法によって、あるいは、死によって。こうした状況は極端な例であり、ごくわずかしか顕在化せず、アイデンティティ拡散《ディフュージョン》の症例の多くの場合は潜伏している。しかしどんな青年でも、少なくとも、時間そのものと相容れない存在の移りゆく瞬間を知っているであろうと私は信じている。こうした新しい種類の不信は、正常で一過性のものであれば、短期間のうちに、あるいは徐々に、未来に対する、もしくは数々の起こりうる未来に対する真剣な投資を可能にし、要求するような見通しに明け渡されていく。もしこうしたことが、多くの場合、私たち大人にとって「ユートピア的」なものと思えたとしても（周知の歴史的変動の法則に変更を求めるような期待に基づいていたとしても）、当面はいかなる価値判断も控えるべきである。若者は、あるいは一部の若者たちは、いかなる代償を払おうとも、エネルギーを投資する価値のある展望を持った見通しを、必要としている。こうした見通しが実際に実現されるかどうかは、その後の学習や適応の問題であり、また多くの場合は歴史的な幸運に恵まれるかどうかの問題である。

以下において、図表上の各段階をたどりながら、前述ではわずかしか言及できなかったいくつかの示唆に富む**社会的考察**を得たいと思う。未来を心に思い描くために、若者は、ショウが「宗教」と「わかりやすい理論に照らし合わせた人生への明晰な理解」と呼んだ何かを必要とする場合もある。冒頭で述べたように、この理論と宗教の間にある何かを**イデオロギー**と呼びたいと思うが、この言葉は非常に誤解を招きやすい。現時点では、イデオロギーと呼ばれうる世界観の、**時間的な**要素だけを強調しておく。世界観は、新しく発展しつつあるアイデンティティの可能性に沿った形で、**歴史的展望のユートピア的単純化**（救済、征服、改革、幸福、合理性、テクノロジーの支配感覚）の周りに集まって形を作る。イデオロギーをそれ以外の仕方で理解するにせよ（Mannheim, 1949; Schilder, 1930-1940）、あるいは、それがどれほど一時的あるいは永続的な社会的形態をとるにせよ、まずは次のように概観し後に議論することにしよう。すなわち、イデオロギーとは、**成長しつつある自我にとって必要なもの**であり、世代の継承に関わり、青年期においては過去と未来を新たに統合する働きをする。この場合の統合とは、アイデンティティと同じように、過去を包括すると同時に超越するものでなくてはならない。

＊　＊　＊

次に、**アイデンティティ意識**（V－2）に話を進める。その先駆は**疑惑**と**恥**（II－2）である。疑惑と恥は、自律の感覚を妨げ、複雑にする。この自律の感覚とは、これ以後は一個の人間として、文字通りにも比喩的にも、自分の足で立たねばならないという心理・社会的事実を受け入れることである。ここで、私自身が書いた文章を引用することをお許しいただきたい（1950a）。「恥という感情は、まだ十分に研究されていない。[13]なぜなら私たちの文化において、恥は非常に早い時期に容易に罪悪感という感情に吸収されてしまうからである。恥は、自分が完全にさらしものにされており、また見られていると意識していること、つまり一言で言うと自己意識を意味する。人は見られる存在であり、また見られる準備のできていない存在である。それゆえ、恥の夢は、不完全な衣服を着た状態で見られているという状況として表れる。恥は、幼い時期に、顔を覆い隠したい衝動、あるいはその時その場に土の中に沈んでしまいたい衝動として表現される。しかしこれは、思うに、本質的には自己に向けられた怒りである。恥ずかしさを感じている人は、何とか世間の人々が自分を見ないようにしたいと思い、自分がさらされていることに気づかれないことを願う。また世間の目をつぶしてしまいたいとさえ思う。しかしその代わりに、自分の姿が見えなくなることを願うしかない。……中略……疑惑は恥の兄弟である。恥がまっすぐに立ってさらされているという意識に左右される一方、疑惑は、前部と背部、そしてとりわけ《尻》があるという意識と大いに関係があるだろうと、私は臨床的観察を通して信じるようになった。……中略……この基本的な疑惑の意識は、どのような形で残るとしても、後のより言語的な形をとった強迫的疑惑の土台となる。それが大人に表れる場合、姿の見えない迫害者やひそかな迫害に、背後や尻の内部から脅かされるというパラノイア的な恐怖として表れる（p.223）」。したがって、アイデンティティ意識とは、その元来の**疑惑**の新たな改訂版であり、しつけを行う側の大人が信頼に足るかどうか、また子どもが自分自身を信頼できるかどうかに関わる。しかし青年期においては、こうした自己意識的な疑惑が、今となっては背後に残してきてしまった子ども期という時期全体の信頼性と和解の可能性に関わってくる。この時点において若者にとって義務となるのは、明確なアイデンティティの達成だけでなく、自分独自のアイデンティティを達成することであるが、それによって苦痛をともなう全体的な**恥ずかしさ**が生じることがある。これは、どういうわけか、何もかも知っている大人たちに全方位から見られていることへの原初的な恥（と怒り）と類似している。こうした潜在的な恥は、今や、**同年の仲間たち**や**指導者**の視線にさらされる**公的な歴史**をもった存在としてのアイデンティティと結びついている。これらはすべて、順当な経過をたどった場合、**自己確信**によって克服される。この自己確信は、それ以前の段階の危機が終結するたびに蓄積され続けたアイデンティティから生じた感覚に由来する。そして、いまや子ども時代の同一化の基盤であった家族から独立している、という感覚によって特徴づけられるのである。

この第二の葛藤に対応する社会現象として、ある種の**画一性**（時には特殊な制服や独特の服装）に向かう普遍的傾向が見られる。この画一性によって、当面、不完全な自己確信を集団の確実性の中に隠しておくことができる。集団の確実性は、記章《バッジ》を与えられたり、何かの授与・堅信式・加入式という形で犠牲を払ったりすることを通して提供される。他の人間とは徹底的に違っていたいと思う人でさえ、違っているという点においてある種の画一性を考案する必要がある（例えば、紳士気取り《スノッブ》の俗物やズート・スーツを着る若者たち）。これに加えて、これほど明瞭ではない画一性が、仲間たちの間で納得し合った仕方で**恥をかかせる**制度の中にある。例えば、相互の裁判や、自由な団結であるが、それらは「全責任を取ることになる」少数者だけを（たとえ時には創造的であるとしても）苦痛な孤立に追いやることになる。

＊　＊　＊

否定的アイデンティティの選択（V－3）という問題が、自由な**役割実験**の対になっている点は、すでに述べたとおりである。これらの用語が図表上に占める位置は、これらが〈自由な（現実、空想、遊びの中での）**自主性**《イニシアティヴ》〉と〈エディプス的な罪の意識〉との対立という、それ以前の葛藤（Ⅲ－3）と明らかに関係していることを意味している。アイデンティティ危機が、エディプス危機まで到達し、それをさらに超えて信頼の危機にまで達してしまう時、〈否定的アイデンティティを選択すること〉が自主性《イニシアティヴ》を保つ唯一の形となり、〈罪の意識を完全に否定したり野心を完全に否定したりすること〉が罪の意識を支配する唯一可能な方法となる。しかし他方で、この段階において罪の意識から多少なりとも解放された自主性《イニシアティヴ》が正常な形で表現されると、ある種の統制のとれた役割実験として表れ、その役割実験は青年の下位社会に存在する不文律に従う。

こうした自主性《イニシアティヴ》を励ましながら導き、罪の意識を和らげて償いを提供するための社会制度として、ここでは再び**入会式**《イニシエーション》と**堅信式**《コンファメーション》を挙げる。それらは、神秘的な超時間性《タイムレスネス》の雰囲気の中で、〈ある種の形式の犠牲や服従〉と〈承認された制限された行動の仕方に向かって精力的に導くこと〉を結びつけるために奮闘する。この結びつきは、新参者の発達に、最大限の仲間意識と最大限の自由な選択を伴う、最適な服従を保証する。この問題における自我の側面（つまり、儀式的な統制の結果として、［自ら］選択したという感覚を得るに至ること）は今後の研究課題であり、これまで比較的多く研究されてきた、公式あるいは自然発生的な入会式の儀式やそれに関係する儀礼の性的な側面と統合することが期待されている。当然、軍隊ではこうした潜在的可能性が利用されている。

＊＊＊

図表の中央部分に目を向けると、そこで使われている用語については、すでに詳細な議論をしていることに気づく。極端な**労働麻痺**（V‐4）は、自分の全般的な資質についての深刻な不適切感（基本的不信の感覚まで退行している）の論理的な帰結である。もちろんこうした不適切感は、通常の場合、実際に潜在的能力が欠けていることを反映しているわけではない。むしろ、全知全能しか許容しようとしない自我理想から生じる非現実的な要求を示していることがある。また、直接関わっている社会的環境にその人の本当の才能を受け入れる場所がない、という事実を表していることもある。あるいは、早期の学校生活が、その人のアイデンティティ発達を早くから際立たせる特殊な早熟に誘い込んでしまうという、逆説的な事実を反映していることもある。本来ならば遊びや仕事における実験的な競争を通して、**その人なりの**達成や労働アイデンティティを見つけ、主張する術を学ぶものであるが、上述のような理由によって、そうした実験的な競争から除外されてしまう可能性がある。

社会的な制度は、まだ学習と実験の途上にある人々に、ある種の**モラトリアムの身分**を提供することによって、労働アイデンティティの強さと独自性を支援している。モラトリアムの身分とは、明確な義務・承認された競争・特別な自由によって特徴づけられるが、しかしそれらは、潜在的には、期待可能な仕事やキャリア、カーストや階級、ギルドや組合といったヒエラルヒーに統合されてしまう徒弟や弟子の身分を意味している。

＊＊＊

V－5の欄で再び対角線上の欄に行き当たる。これが本論文で総合的な焦点となっている部分である。さらに横の欄に進むと、未来の心理・社会的危機の（派生物ではなく）先駆となる心理・社会的要素の領域に入っていく。そうした要素のうち最初のもの（V－6）は、**〈性的アイデンティティ〉対〈両性的拡散《ディフュージョン》〉**であって、これは**親密性対孤立**の最も直接的な先駆である。ここにおいては、それぞれの文化や階級における性的習俗《モーレス》が、男性らしさ・女性らしさの心理・社会的な差別化（M. Mead, 1949）や、性器的活動の年齢、種類、偏在性に、非常に大きな差異を生み出している。これらの差異は、前述した普遍的事実、すなわち、社会心理的な親密さの発達は確固としたアイデンティティの感覚なしには起こりえないという事実を不明瞭にするおそれがある。両性的拡散《ディフュージョン》は、若者を二つの偽りの発達に導く可能性がある。まず特殊な習俗《モーレス》に導かれたり誘惑されたりして、若者たちは、親密さを伴わない性器的活動に早くから夢中になってしまい、自分たちのアイデンティティ発達を妨げてしまうことがある。またそれとは逆に、性器的要素を低く見做す社会的・知的な身分価値に夢中になるあまり、その結果として、異性との性器的分極化に永続的な弱さを抱えてしまう場合もある。異なる習俗《モーレス》は（Kinsey, Pomeroy, and Martin, 1948）、ある者には性器的活動を後回しにする能力を求め、またある者にはそれを生活の「自然な」一部とする能力を求める。どちらの場合も、若者の本物の異性愛的親密さを損なうという特殊な問題を引き起こすことになる。

社会制度はこの場面で、**心理・社会的モラトリアムの延長**に対して、イデオロギー的な根拠を提供する。それらは完全な禁欲、社会的コミットメントなしの性器的活動、性器的な交渉を行わない性的遊戯（愛撫《ペッティング》）

といった形をとる。集団あるいは個人の「リビドー経済」が何を支持するか［何に向けられるか］は、ある程度、こうした望ましいとされる性的行動から生じるアイデンティティの成果《ゲイン》に左右されるのである。

＊　＊　＊

ところで、図表上の水平方向の欄を調べてゆくと、アイデンティティ拡散《ディフュージョン》やアイデンティティ形成について記述された要素には、ある種の系統的な一貫性が明らかになる。挿話的に指摘してきたように、これらの一貫性はある種の社会制度と対応しており、その社会制度はアイデンティティという用語の下に包摂されるような自我欲求や自我機能を支援《サポート》している（その方法は今後の解明が待たれる）。事実、水平方向の欄Vにある残りの二つの欄［V－7、V－8］については（本論におけるこの臨床的な記述にとっては周縁的なものに留まってしまうが）、社会制度に関する議論を抜きにアプローチすることは不可能である。ここで明確な説明が必要とされる最も重要な制度は、様々な社会が**イデオロギー**という形で明示的・暗示的に若者に提示する、理想のシステムという制度である。さしあたりのまとめとして、イデオロギーとは以下のものを若者に提供する機能であるといえるだろう。㈠非常に明確な将来への見通し。あらゆる予見可能な時間を含み、それゆえ個人の「時間拡散《ディフュージョン》」に対抗する。㈡外見や行動のある種の画一性を披露する機会。個人のアイデンティティ意識に対抗する。㈢集団的な役割と労働の実験の要因。禁止の感覚や個人的な罪の意識に対抗しうる。㈣「ビッグ・ブラザーズ」として、親子関係のアンビバレンスに絡め取られることのない指導者たちへの服従。㈤広く普及しているテクノロジーのエートスへの導き、およびそれに従って行われる承認され統制された競争への導き。㈥一方には理想や悪の内的世界があり、他方には現実の空間・時間の内部におけるオーガナイズされた目標や危険があるが、この二つを見かけ上は一致させること。すなわち若者の芽生えかけたアイデンティティのための地理的・歴史的な枠組み。

病理誌的スケッチの締めくくりにあたって、私は社会科学の領域にある現象にまで踏み込んで「スケッチ」

していることに気づいている。これは次のような仮定によってのみ正当化できると思う。すなわち臨床的な仕事は、何らかの有効な普遍性に到達するために個人の病理の膨大な多様性を切り捨てながら進むうちに、歴史的・経済的なアプローチがやむなく見過ごしてきた制度的問題のある側面に至ったのではないかという仮定である。とはいえ、ここではまず、私たち自身の領域の用語に、ある程度の秩序をもたらすことができるよう努めなくてはならない。この点は社会科学と重なる領域において特に重要である。

Ⅲ・4　社会的広がり《ソサイエタル》——自我と環境

Ⅲ・4・1　†自我の側面と自己の側面

既にお気づきの通り、「アイデンティティ」という用語は、これまで様々な研究者たちが「自己」the selfと呼んだものと重なるところが多い。例えば、自己概念 a self-concept（George H. Mead, 1934）、自己組織 a self-system（Harry S. Sullivan, 1946-1947）。あるいは、シルダー（Schilder, 1934）やフェダーン（Federn, 1927-1949）を始めとする人々(14)によって記述された、不安定な自己経験 fluctuating self-experiences。精神分析的自我心理学の分野では、誰よりもハルトマンが、この一般的な領域を明確に記述した。＊＊ハルトマンは、いわゆる**ナルシシズムにおける自我へのリビドー備給**について論じながら、その場面で「リビドーが」備給される対象は、自我ではなく、むしろ自己である、という結論に至った。また彼は、「**自己表象** self-representation」という用語を提案し、それを「客体表象 object representation」とは区別した（Hartmann, 1950）。この自己表象については、あまり体系化された形ではなかったが、すでにフロイトによって予期されていた。フロイトは時折、自我の「自己に対する態度」について言及し、あるいは「自己評価」が不安定な状態ではこの自己に対する［リビドーの］備給も変動する点について言及している（Freud, 1914）。本論文は、こうした自己表象の**発生的連続性**《コンティニュイティ》を問題にするが、そうした一貫性は、最終的には、自我の働きによってのみ可能になる。自我以外のいかなる内的機関によっても、子ども時代を通して身につけた複数の同一化の中から重要なものを選び取り、一つのアイデンティティに向けて複数の自己イメージを徐々に統合してゆくことなどできない。こうした理由から、私は最初アイデンティティを、自我アイデンティティ ego identity と名づけた。しかし、「自我理想 ego ideal」と類似する名称を性急に選んでしまったために、この二つの概念はいかなる関係にあるのかという問いに曝されることになった。

フロイトは、文化的影響が**内面化されて永続化したもの**を「超自我、あるいは、自我理想」の機能と規定し、それは、環境やその伝統から生じる命令や禁止を意味していた。これに関連する二つのフロイトの叙述を比較してみよう。

＊＊「……子どもの超自我は、実際には両親を模範として構築されるのではなく、両親の超自我を模範として構築される。それは同じ内容を引き継ぎ、伝統の担い手となり、このようにして世代から世代へと伝えられてきたあらゆる古くからの価値の担い手となる。人間の社会的行動を理解する上で、超自我を認識することがどれほど大きな助けとなるか、すぐにおわかりいただけるだろう。例えば、非行の問題を把握するにしても、あるいは、おそらく教育に関する実践的なヒントを与えてくれるという意味においても……。人間は、現在においてのみ生きているのではない。**超自我のイデオロギー**(15)は、過去を保持し、種族や民族の伝統を保持し続け、現在の影響や新しい発展はゆっくりしか受け入れない。こうした伝統は、超自我を通して働く限りにおいて、人間の生活に重要な役割を果たすのである」（Freud, 1932, pp.95-96）。

＊＊ここで重要なのは、フロイトが「超自我のイデオロギー」について語り、それによって、超自我に、観念的な内容を与える点である。しかし同時に彼は、超自我を「伝達手段 vehicle」、すなわち、それを通して観

念が働く心《サイキック》のシステムの一部であるとも語っている。超自我のイデオロギーという表現によって、フロイトが意味したのは、イデオロギーの有する内的強制力［威圧］という点で、超自我は特有の、太古的で魔術的な働きをするという点であったように思われる。

第二の叙述の中でフロイトは、自我理想の社会的側面を認めている。「自我理想は、集団心理を理解するための重要な手段を提供する。この自我理想は、個人的な側面に加えて、社会的な側面を持っている。これは、家族、階級、あるいは国家が共有する理想でもある」(Freud, 1914, p.101)。

「超自我」と「理想自我」という二つの用語は、系統発生的な歴史と個体発生的な歴史に対するそれぞれの関係が異なっているという点で区別されると思われる。超自我は、道徳性の進化の原則、すなわち、原始的で絶対的な良心の発達に向かう人間に備わった**生まれつきの傾向性**が、より太古的な仕方で徹底的に内面化されたものであると見做されている。超自我は、(個体発生的に) 早期に取り込んだもの［対象］と結びつき、かたくなに復讐的で懲罰的な「盲目的」道徳として内的に働く。それに対して自我理想は、より柔軟に、ある特定の**歴史的時期**の理想と結びついており、それゆえ、むしろ現実を吟味する自我機能に近い。

自我アイデンティティは (もしこの用語とこの議論の位相にこだわるならば)、［超自我や自我理想に比べて］**社会的現実**とより密接に関わっている。その社会的現実の中で、自我アイデンティティは、自我のサブシステムとして、子ども期の心理・社会的危機がもたらす自己表象を吟味・選択・統合する。その特徴は、社会的現実における自己の現実感覚であるが、多かれ少なかれ、**実際に獲得されるがしかし永久に修正し続けられる**感覚ということになる。それに対して、自我理想のイメージは、**手に入れるために奮闘するが、永久に到達できない**一組の自己のための目標を表しているということになる。

しかし、自己という言葉を、ハルトマンの自己表象の意味で用いるならば、ここから根本的な見直しを迫る議論が開始される。自我が自己を［自分自身を］知覚し制御するという問題において、「自我」［という言葉を］

主体 the subject に割り当て、「自己」［という言葉を］客体 the object に割り当てることが妥当であると考えられる。そうすると、自我は、中枢にあって組織する［自分をまとめる］機関として、生涯にわたり変化し続ける自己に直面するが、他方、その自己は、すでに放棄されたり将来予測されたりする自己まで含めて、統合されることを要求する。この点は、**身体自我** the body ego についても当てはまると思われる。身体自我は、生体の属性として用意された自己の一部であると考えてよいが、それゆえに、むしろ**身体自己** the body self と呼ぶほうが適切であると考えられる。またこの点は、観念・イメージ・形態《コンフィギュレーション》などの代表［表象］としての自我理想にも当てはまり、自我理想は、**理想的な自己** an ideal self と比べられ続ける。さらにこの点は、私が**自我アイデンティティ**と呼ぶものについても当てはまる。結果的に自己アイデンティティ the self-identity と呼ばれるものが現われるのは、次のような経験の中から、すなわち、一時的な自己拡散《ディフュージョン》状態が新しいより一層現実的な自己定義と社会的な承認のうちに上手に包まれるという経験の中からである。**したがって、アイデンティティ形成には、自己の側面と、自我の側面があるということができる**。アイデンティティ形成が自我［の働き］の一部であるのは、それが、数多くの境界［フロンティア］の一つの場面において、自我の統合機能を意味するためである。この境界とは、一連の子ども期の危機を通して子どもに伝えられる、環境の実際的な社会構造や、現実のイメージのことである（その他の境界を挙げるならば、まずエス、あるいは私たちの生物学的な歴史や構造によって自我に課せられる欲求。そして超自我、および私たちのより原始的な道徳的傾向による要求。さらに理想化された両親のイメージを伴う自我理想である）。

こうした関連の中で、アイデンティティは、思春期以後のエスを抑える課題において、あるいは、再び現われてきた要求水準の高い自我理想とバランスを取る課題においてと同様、新たに目覚めてきた超自我とバランスを取る課題において、青年の自我に対する最も重要な支えとして承認されることを主張する。

自我と自己をめぐる問題が十分に定義され、二つの用語の術語上の区別が明らかになるまでは、単なる［何の規定もない」「アイデンティティ」という用語を、自我の社会的機能を意味するためにのみ、すなわち、青年期において、若者に課せられた課題にとって必要不可欠な、心理・社会的に比較的均衡のとれた状態をもたらすための、自我の社会的機能を意味するためにのみ用いることにする。

Ⅲ・4・2　人間の環境[†]──「外界」ということ

これまで「心理・社会的」という言葉は、〈精神分析のいわゆる「生物学的な」定式〉と〈文化的な環境を体系的に考慮したより新しい定式〉との間の、応急的な架け橋として用いられてきた。

精神分析が基本的に有していた、いわゆる**生物学的**方向性は、次第にある種の習慣的な**擬似生物学**に成り下がってしまった。この点は、とりわけ人間の「環境」を概念化する（あるいは概念化が欠けている）点において顕著である。精神分析の文献において「外界 outer world」あるいは「環境」という用語は、単に内側に存在し損ねたという理由で外側にあるといわれる未踏の領域を指すために使われる。その内側とは、身体の皮膚の内側であったり、精神システムの内側であったり、最も広い意味での自己の内側であったりする。こうした曖昧な、しかしどこにでも存在する「外界性 outerness」は、当然、数々のイデオロギー的意味合いを帯び、実際には、数々の世界像 world images という特徴を帯びることになる。時に「外の世界」は、幼児的な願望世界に敵対する現実の陰謀として認識され、あるいは他人が存在するという事実として（この事実に興味を持たない場合や、迷惑に思う場合もある）、あるいは再び（少なくとも部分的には慈愛に満ちた）母性的世話の存在として認識されることもある。さらに、近年「母子関係」の重要性が認められるようになったとしても、母子の単位をその文化的な環境から多少切り離された「生物学的」存在として取り扱う根深い傾向が存在する。そのように扱われてしまう限り、「環境」は再び、漠然としたサポートや目に見えない圧力を与えるものとなり、あるいは、単なる「慣習」として片づけられてしまう。このように、一歩進むごとに私たちの行く手を阻んでいるのは、かつては必要であり十分に実り多かった並列の名残〔後続の文章が語るような多様な外界の理解〕である。すなわち〔かつては〕、道徳的で偽善的な社会的要求が大人を押しつぶし・子どもを搾取しがちであるという事実を立証することが重要であり、あるいは、個人のエネルギーと社会のエネルギーとの間に内在するある種の対立関係を概念化することが重要であったからである。しかし、そうした議論のうちに暗示されていた結論、すなわち、個々の自我は人間に特有の「環境」つまり社会組織に逆らって存在できる、あるいはそれらと無関係に存在できるとする結論には、意味がない。そうした理解は、「生物学的」な考察を深めるどころか、ますます精神分析を、現代生物学における動物行動学や生態学の豊かな研究成果から切り離してしまう恐れがある。

ここでも再びハルトマン(1939)が、新しい考察への端緒を開いた。ハルトマンは、人間の乳児が「平均的に期待可能な環境 average expectable environment」に予め適応した状態で生まれると述べた。ここには、より本物の生物学に近い内容とともに、必然的に社会的な定式が含まれている。というのは、どれほど理想的な母子関係であっても、それだけでは、乳児を生き延びさせるのみならずその子の成長と独自性の潜在性を発達させる微妙で複雑な「社会環境 milieu」を説明することはできないからである。人間の生態《エコロジー》は、その特徴として、自然・歴史・テクノロジーに対する絶え間ない再適応を含んでいる。つまり、絶え間ない社会的な新陳代謝と、恒常的な(たとえごく小さな変化であれ)伝統の再構築こそが、新たな世代の乳児たちにとって、環境の「平均的な期待可能性」を可能にしてくれる保証なのである。今日、急激なテクノロジーの変化が主流となった時代にあって、科学的手段により、しかも柔軟な形を保ちながら、子育てと子どもの教育に「平均的に期待可能な」連続性を作り上げる課題は、実際、人間の生死を賭けた問題になりつつある。

人間の乳児が、特有の前適応状態 preadaptedness にある(すなわち、制度化された心理・社会的危機を通して予め定められた段階に沿って成長してゆく準備状態にある）とは、単にある一つの基礎的な環境を必要とするという意味ではなく、こうした連続する環境の連鎖全体を必要とするという意味である。子どもはある段階に「適応」すると、すぐに、その到達した段階における次の「平均的に期待可能な環境」を要求する。言い換えると、人間の環境は、一連の、多かれ少なかれ不連続であるとしても、文化的・心理学的に一貫した段階を（それぞれの段階が人生課題の広がりに従ってさらに広がっていくような段階を）許容し保証しなくてはならない。こうしたことすべてが、〈人間のいわゆる生物学的な適応［の問題］〉を、〈自らが属する共同体の変化しつつある歴史の中で発達するライフサイクルの問題〉にする。その結果として、精神分析的な社会学は、以下の課題に直面する。すなわち、人間の環境を、より年長でより成熟した複数の自我が、若い複数の自我に対して、一連のまとまりをもった平均的に期待可能な環境を提供しようとする組織的な努力に、そのつど加わってゆく絶え間ない試みとして概念化する課題である。

Ⅲ・4・3　精神分析それ自身のイデオロギー的背景[†]

最近の論文で、ハルトマン、クリス、レーベンシュタイン（1951）は、文化とパーソナリティの関係に関する研究について、思慮深いがしかし幾分大雑把に概説している。彼らによると、「文化的諸条件を問題にする場合、以下の点も念頭において観察することが可能であるし、またそうすべきである。すなわち、文化的諸条件は、葛藤から自由な領域における自我機能のために、いかなる種類の機会を提供し、あるいは禁止するのか」。しかしこの著者たちは、こうした「文化的諸条件」が個人の精神分析［治療］に与える影響に関しては、その研究の可能性をあまり積極的に認めているわけではないように思われる。

彼ら[**]はこう述べている。「分析医も、文化的諸条件に起因する行動の差異を自覚している。確かに彼らは、こうした差異を常に強調する常識を知らないわけではない。しかし、それらが精神分析的な観察者に与える影響は、治療が進むにつれて、そして手に入るデータが周縁から中心に移動するにつれて、つまり、一見してわかる行動から精神分析による探求のみが接近できるようなデータに移動するにつれて、減少する傾向にある」。＊＊

この論文によって著者たちが示唆しているのは次の点である。実際に「分析的探究によってのみ接近可能」になる自我発達の中心問題は、文化的差異に関する精神分析医の意識が「常識」に縛られてはならないことを要求する。しかし、この三人の著者たち（いずれも際立ったコスモポリタンである）は、他の諸領域においては、より「分析された」常識《コモンセンス》〔常識に囚われないコモンセンス〕を大胆に勧めているにもかかわらず、この特別な観察領域〔治療における観察が文化的影響を受けているという問題〕に限っては、常識で足りると考えているように思われるのである。

この問題の全体に、精神分析的にアプローチしてゆくためには、個々の精神分析医が自らに問い掛ける必要があるだろう。すなわち、〔自らの〕欲動・防衛・能力・機会のいかなる特殊な形態《コンフィギュレーション》が、この拡大し続ける領域〔精神分析の道〕を選択させたのか。このように問うことによって、精神分析は何**であり**、何**ではない**かという問いに対する、最も熱い断固とした解答のいくつかが、実は、別の切迫した〔精神分析家自身の当事者としての〕問いに由来しているという事実が明らかになる。すなわち、その特定の人間〔自分自身〕にとって、精神分析が何で**あらねばならない**か（いかなるものとしてあり**続けなくてはならない**か、いかなるものに**ならねばならない**のか）という問いである。というのも、特別な精神分析的「アイデンティティ」〔精神分析医であるというアイデンティティ〕が、その人にとっては、人間として・職業人として・市民としての存在の礎石となっているはずだからである。急激に拡大し予想をはるかに超えた人気を獲得した精神分析という領域において、そのインスピレーションの源泉と特有の道徳性の基礎を定義する必要がない、というわけではない。しかし精神分析は、そのまだ短い歴史の中でも、様々なアイデンティティに同一化する豊かな機会を提供してきた。自然哲学やタルムードの論議、医学的伝統や伝道教育、文献的な実証や理論の構築、社会改革や金儲けなど、多様な試みに対して、新しい機能と視野を与えてきた。一つの運動としての精神分析は、様々な国において、その歴史の様々な段階から発生した、多種多様な世界像やユートピアを包み込んでいる。そしてそれは、人間が、他の人間と効果的に相互交流するために、時々、現在到達している**部分的な知識の段階から全体的な方向づけ**を得なくてはならない、というシンプルな事実の結果なのである。

＊＊こうして、フロイトの弟子たちは、自分たちのアイデンティティが、フロイトの初期のテーゼと正確に合致していることを発見した。すなわち、特有の精神分析的アイデンティティ感覚を約束し、それと共に魅力的なイデオロギーを約束している、幾つかのテーゼである。同様に、フロイトの暫定的で一時的なテーゼに対して向けられたアンチテーゼのいくつかは、この分野における他の研究者たちの職業的・科学的アイデンティティ感覚となった。そして、こうしたアイデンティティが、議論や変化を許すことのないイデオロギー的科学や非可逆的な体系づけの中で洗練されてゆくことは、しばしば見られる通りである。

人の身近な欲求を直接扱う分野において、科学的証明や科学的進歩について論じる場合、その方法論的・実践的・倫理的な要因について説明するのみならず、その科学が向かう方向性のイデオロギー的な擬似統合に裏打ちされた職業的アイデンティティの必要性についても説明する必要がある。ということは、遅かれ早かれ、訓練分析は、訓練候補者の多様な職業的アイデンティティ形成を視野に収めなければならず、他方、理論教育は、こうした発展しつつある領域の様々な段階において、最も実践的・最も真実・最も正当であると感じられるものの主要な相違の背後に潜むイデオロギーにも光を当てなくてはならない。

Ⅲ・4・4　成人期[†]――イデオロギーの分極化

「職業的アイデンティティ」をめぐる議論は、当然、アイデンティティ形成それ自体を超えて、後の、本格的な成人段階におけるその派生物に私たちを導くことになる。そこで成人期についてもう一歩、論を進めようと思う。その後に、結論の部分で、青年の自我発達の必要性に応える社会プロセスの一面として、イデオロギーの二極化 polarization に話を戻すことにする。

本論はすでに、ハルトマン、クリス、レーベンシュタインの仮説(1951)を超える仮説の可能性について示唆した。彼らによれば「文化的諸条件を問題にする場合、以下の点も[16]念頭において観察することが可能であるし、またそうすべきである。すなわち、文化的諸条件は、葛藤から自由な領域における自我機能のために、いかなる種類の機会を提供し、あるいは禁止するのか」[177頁参照]。

一方に、各社会の組織化された価値および制度化された努力があり、他方には、自我統合のメカニズムがあり、おそらく、両者の関係はより一層システマティックなのである。すなわち、基本的な社会的文化的プロセスは、ともかく心理・社会的な観点から見ると、成熟した自我の共同の努力と**しか**捉えることができない。正確には、その努力とは、共同の組織を通して、相互補助的な心理・社会的均衡の中で、葛藤から自由なエネルギーの最大値を[心の内側の葛藤に悩まされることのない自我のエネルギーが互いに最大限発揮されるように]発展させ維持することを目指した努力である。こうした組織体のみが、若い自我に対して、その発達のすべての段階を通して、一貫した援助を与えることができるのである。

これまで、成人の自我発達の心理・社会的な進歩について、**親密さ**、**ジェネラティヴィティ**、**インテグリティ**(図表のⅥ-6、Ⅶ-7、Ⅷ-8)といった用語を用いて、それぞれの特徴を明らかにした。それらは、青年期以降の発達における、**親密なかかわりあい**へのリビドー備給、親になるための生涯全体から生み出される価値へのリビドー備給[17]、そして最後に、最も**統合的な経験**とその生涯全体から生み出される価値へのリビドー備給、その他の**形で何かを「生み出すこと」**へのリビドー備給を示している。これらの発達のすべてに、自我の側面と社会的な側面がある。事実、それらに対立する項目、すなわち**孤立**（Ⅵ－6）、**自己陶酔**（Ⅶ－7）、**絶望**（Ⅷ－8）に陥らないためには、「葛藤から自由な諸領域にある自我の諸機能のために機会を提供する」社会的努力の中に、個々人が適応し参加することとしかない。それゆえ、年長の世代は年少の世代を必要とする。それは年少の世代が年長の世代に依存しているのと同じである。そしておそらく、年長と年少の世代が発達していく際のこうした相互性の中でこそ、例えば愛・信頼・真実・正義・秩序・労働その他のような、ある種の基礎的で普遍的な価値が、防衛的な強さ・補償する力・独立した創造性のすべての中でなされる個人の自我発達と社会的プロセスの重要な共同作業の成果となり、維持される。事実、私たちの臨床の歴史は、こうした価値が、成長しつつある世代の自我発達に必要不可欠なサポートを提供していること、そしてそれは、両親の行為に特殊な、個人を超えた一貫性を与えることを通して行われていることを、明らかにし始めている。（この一貫性は、**何らかの形で**一貫しているという意味であり、一貫性がないという意味で一貫している場合も含む。また価値体系やパーソナリティのタイプによって多様である）。

社会的価値を伝達し保持し続ける**言語的慣習**や**形式的制度**につきまとう、内在的な複雑さや特異な社会的病理は、環境の「平均的な予測可能性」を再現する特別な社会的プロセスを、儀式的な再献身や系統的な再定式化を通して、周期的に必要とする。いずれの場合も、選ばれた指導者たちやエリートたちは、説得力のある「カリスマ」的な種類の一般化されたジェネラティヴィティを証明してみせることが求められていると感じる。一般化されたジェネラティヴィティとは、すなわち制度を維持し、若返りによって活性化させることに向けての個人的な利害を越えた関心である。歴史の記録には、一部のこうした指導者が「偉人」として記載されている。彼らは、最も深い個人的な葛藤の中からエネルギーを引き出すことができ、それによって、広く浸透した世界像の再統合を求める、その時代に特有な必要性を満たすことができるようである。いずれにせよ、絶えず再献身し続けることを通して初めて、制度は、若いメンバーから活発でやる気に満ちた新しいエネルギーの投資を得る。より理論的に述べるなら、社会は、〈制度化された価値の内部で、自我発達の主要な危機と意味のある対応〉を維持することによって初めて、〈その社会に固有の集団アイデンティティのために自由に使うことができる、大多数の若いメンバーの子ども期の危機から生じる、葛藤から自由なエネルギーの最大値〉を得ることができる。[18]

この一般的な仮定をそのままイデオロギーにあてはめてみる前に、読者の皆様に、再度図表［136－137頁］を見直していただくことをお願いしたい。（V－6）、（V－7）、（V－8）の欄をご覧いただくならば、後に**親密・ジェネラティヴィティ・インテグリティ**へと展開するものの、青年期における先駆的な姿について、何らかの示唆を読み取ることができるに違いない。

まず、（V－6）において、**性的アイデンティティ**を求める奮闘、すなわち、自分はいかなる男性あるいは女性であるかという問いに没頭し、（VI－6）において、**親密**を求める選択的な探求を通して、将来共に親になる人を選ぶという問題に近づく。

次に、（V－7）において、より確固たるアイデンティティの形成を通して、（誰かの）**追従者**であるか（他の人々の）**指導者**となるかという、その人自身の［社会的］地位が明確になると、年下の仲間に向けられる責任感が育ち始める。それ自体既に重要な社会的現象であるが、それは、次世代への責任の感覚（**ジェネラティヴィティ**）、すなわち（VII－7）の、先駆的な姿である。

最後に、（V－8）において、ある種の**イデオロギーの分極化**が起こる。すなわち、価値の多様性［の容認］がなくなり、コミットメントを強制する少数の［閉鎖的な］価値へと変化する。これは、役割が徐々に逆転してゆくことの本質的な部分を意味しており、この逆転を通して「アイデンティティを確立した」個人が若者の同一化の対象となる。こうした分極化が、やがて、(Ⅷ-8)の**インテグリティ**の問題にとって、決定的に重大な要素になる。その点はショウが語った言葉(1952)に見ることができる。ショウは公的なアイデンティティである「G・B・S」を、「あまりにもうまく」生きてしまった。すなわち、〈人生という舞台で俳優のように演じる彼の傾向〉と〈社会的現実の中で改革者のようにふるまう傾向〉との二極化に成功しすぎてしまったというのである。

Ⅲ・4・5 イデオロギー†の社会的機能

もちろんショウは、自分からわざわざ見世物になることを選んだ人間である。しかし今引用した、いかにもショウらしい発言を拡大解釈すると、道化は重要な舞台の最も重要な役割を担うのみならず、その中の最も真剣な役割を担うことになる。それゆえ、ショウの「回心」の物語を特徴づけるために、この時点で、ショウ自身が選んだ言葉を振り返ってみる。

＊＊「私は一八八〇年代初頭におこった社会主義の**復興運動**に**引き込まれた**。この運動は、**全世界**に広がりつつあった非常に**リアル**で非常に**根本的な悪**に対して**深刻に向き合い、憤りに燃えて**いたイギリス人の間に起こった動きである」。

＊＊ここで太字にした言葉は、次のような意味合いを持っていると考えられる。「引き込まれた」＝イデオロギーは強制力を持っている。「復興運動」＝それは若返りつつある伝統の力から構成されている。「深刻に向き合い」＝それはどんな皮肉屋にさえも誠実に向き合うことを可能にさせる。「憤りに燃えていた」＝それは拒絶への欲求に正当性を承認する。「リアルで」＝明確な形を持たない内なる悪を、現実にある特定の形

を持つ憎悪に投影する。「根本的な」＝社会を土台から再構築する努力への参加を約束する。「全世界に」＝全体として定義された世界像に形を与える。

＊＊

こうした要素が語るのは、集団アイデンティティが、イデオロギーに役立つように若者たちの攻撃的で差別的なエネルギーを利用し、それが〔集団的アイデンティティが〕完成した時、個人のアイデンティティを取り込んでしまうという出来事である。したがってアイデンティティとイデオロギーは同じプロセスの二つの側面である。どちらも個人のさらなる成熟を促し、それと共により高い次元の同一化、すなわち団結によって結ばれた共有のアイデンティティを確立するための、必要条件を整える。なぜなら若者たちは時に、理不尽な自己嫌悪と理不尽な拒絶を結びつけたいという欲求に駆られて、ひどく強迫的になり保守的になるからである。それは彼らが最も無秩序でラディカルにみえる時や所においても同じである。そうした同じ欲求に駆られるという点において、若者たちは潜在的に「イデオロギー的」である。どれほど明確な形で表れるかについては個人差があるとしても、若者は誰でも、ショウが「わかりやすい理論に照らし合わせた人生への明晰な理解」と呼んだものによって一つにまとめられた世界像を、探しているのである。

ファビアン社会主義に関していえば、ショウがイデオロギーという言葉を、際立った知性の輝きと特徴づけたのは、理にかなっていると思われる。より一般的に言えば、イデオロギー的なシステムとは、イメージ・考え・理想を共有する首尾一貫した統一体であり、（公式化されたドグマ・暗黙の**世界観**・緻密な構造をもつ世界像・政治的信条・「生き方」など、そのいずれに基礎を置くものであっても）そこに参加する者に対して、もしシステマティックに単純化されていれば、空間と時間の、あるいは目的と手段の、首尾一貫した全体的方向づけを与えるものである。

「イデオロギー」という言葉そのものは、あまり評判が良くない。その本質において、イデオロギーは、他のイデオロギーと互いに矛盾し、互いに「筋が通らない」とか、偽善的であると非難しあう。そして、イデオロギーを包括的に評論する立場から見れば、イデオロギーは、集団的な偽善がシステム化された形として、そのすべてにおいて単純化を行っていることになる（Mannheim, 1949）。なぜなら、平均的な大人は、そして実際には平均的な共同体も、急激なある種のイデオロギーの分極化に関わることがない限り、イデオロギーを、自分たちの生活の中の堅く区切られた小部屋に閉じ込めておく傾向を持つからである。そしてその小部屋に閉じ込められている限り、イデオロギーは、周期的な儀式や合理化の役に立ち、決して身近な他の仕事に不適切な害を加えることはしない。しかしながら、イデオロギーが来るべき何かを単純に概念化したものであるという事実は（それゆえ時が経ってから、既に起きてしまったことを合理化するのに役に立つのだが）、個人のある発達段階と歴史のある時期において、〈イデオロギーの分極化・葛藤・コミットメント〉が〈やむにやまれぬ内的欲求〉と一致する、という可能性を排除するわけではない。若者は、イデオロギーの二者択一を迫られ、拒否するか受容するかを決めなくてはならない。そして、その二者択一は、アイデンティティ形成のための二者択一と密接に結びついている。

イデオロギーは、集団の理想の最も古いものと最も新しいものとの間に、有意義な結びつきを作るようにみえる。そして、若者の力のこもった真剣さ・誠実な禁欲主義・熱意に満ちた怒りの矛先を変え、保守主義と改革主義の葛藤が最も活発である社会のフロンティアに向かわせる。そのフロンティアでは、狂信的なイデオロギストが忙しく動き回り、精神病的な指導者たちはその汚れた仕事をしている。しかしそこはまた本物の指導者たちが、大切な連帯を創りあげる場所でもある。あらゆるイデオロギーは、未来を所有したことを約束する賞として「未来を保証する代わりに」、ある特定の価値の絶対的なヒエラルヒーやある種の厳密な行動原理に対する一切の妥協を許さないコミットメントを要求する。もしその未来が祖先を絶対不変とするならば、その原理は、伝統に対する全面的な服従になる。もしその未来が今とは全く別の世界であるとしたら、その原理は、伝統の全面的な放棄になる。もしその未来が武装した超人の名誉のために予約されているならば、その原理は、全面的な軍事規律になる。もしその未来が地上の楽園の発展版として理解されているならば、その原理は、全面的な内面の改革である。（私たちの時代のイデオロギー的要素に一つだけ言及すると）、もし休みない生産が現在と未来を結びつける糸であると見做されるならば、その原理は、生産の過程と人間同士のチームワークに、自らをプラグマティックに完全に委ねることになる。ある種のイデオロギーの全体主義と排他主義の中にこそ、超自我がアイデンティティから、その縄張りを奪い返す余地がある。なぜなら、確立されたアイデンティティが使い古され、あるいは、未完成のアイデンティティが不完全なままに放置される恐れが生じると、特殊な危機が人々を駆り立て、自分たちの不安定なイデオロギー基盤を疑い脅かすように見える人々に対して、最も残酷な手段を使って、聖戦を挑むことになるからである。

私たちは改めて次の事実の前でしばらく立ち止まるべきだろう。今日のテクノロジーの発展や経済的発展は、例えば農民的・封建的・貴族的・商業的なイデオロギーの中で発展してきた、あらゆる伝統的集団アイデンティティや集団の連帯の内部に侵入しつつある。多くの著者が指摘しているように、こうした全面的な発展は、結果的に、宇宙的な全体性の感覚も、神の摂理に基づく計画も、生産（と破壊）の手段に対する天の制裁も、すべて奪ってしまうように思われる。その結果として、この世界の大部分の人々は、全体主義的な世界観に、すなわち、ミレニアムや社会の大変動を予言し、神の死を唱道するような世界観に、魅了される用意をしてしまっているのではないか。今日におけるテクノロジーの集中化は、こうした狂信的なイデオロギー信奉者たちの小集団に、全体主義的な機械となるための具体的な力を与えてしまう可能性がある（Erikson, 1953）。

精神分析は、こうした展開を理解する上で、とりわけ、人間の子ども期に共通する事実と結びついた普遍的不安・内的依存性・脆弱さを反映している場合に限っていえば、ある程度は貢献してきたと言ってよいだろう。また精神分析は、文明化した存在［人々］でさえ、超自我の家父長的＝原始的な単純さによって、この世の政治的常識を越えた指導者への非理性的な信頼を要求してしまうという事実を、そしてまた、以前の世界像を取り囲んでいた神聖な規律がもはや何ら信頼に値する確実さを持たないという事実を、理解する助けにもなりうる。しかしながら、精神分析的な道具を以下のような問いに応用する場合、すなわち、人間は自分の環境を広げてゆくにつれて、深層部分でいかに変化するのか、あるいは、テクノロジーやイデオロギーの変化によって誰が（どのように、どのような深さで）影響を受けるのか（Erikson, 1953）という問いに応用する場合、自我と労働技術との関係、自我とテクノロジー「環境」との関係、自我と広く普及した分業との関係についてのより詳しい解明を待たねばならない。

Ⅲ・4・6　イスラエルの事例[†]——アイデンティティとイデオロギー

最近、エルサレムで開かれたセミナー[19]において、イスラエルの学者や臨床家たちと「イスラエル」のアイデンティティとは何かという問いをめぐって議論を交わす機会があり、現代のイデオロギーが向かう様々な方向のひとつの極端な例について考えるきっかけとなった。イスラエルという国は、友と敵の双方を魅了している。幾多のイデオロギーの破片が、ヨーロッパの歴史を流れ出て、この小国の意識にたどり着いた。そしてイスラエルは、アメリカがこの一世紀半の間悩んできたアイデンティティ問題の多くに、わずか数年間で直面している。新しい国家が、遠く離れた沿岸に（そこは誰にも「属して」いないようにみえる）、様々な土地からやってきた虐げられた少数派の手で設立され、新しいアイデンティティが、自由主義的・清教徒的・救世主的といった複数の輸入された理想を基礎としながら作られている。イスラエルの多種多様で最も差し迫った問題を論じようとすると、いかなる議論も遅かれ早かれ同じ場所に到達する。つまりあらゆる議論は、キブツ運動として知られているものを作り上げた先駆的なシオニストの移住者たち（今はごく少数派）

が達成した並外れた偉業と、彼らが提起している類まれなイデオロギー上の問題に行き当たるのである。こうしたヨーロッパのイデオロギストたちは、最初はオスマン帝国の中で、次にイギリスの統治領において、パレスチナが置かれていた奇妙な国際的・国内的な地位によって生み出された、いわば**歴史的なモラトリアム**を与えられており、シオニズムのイデオロギーのために重要な意味を持つ**ユートピアの躍進の拠点**《ブリッジヘッド》を築き補強することができた。彼らの「母なる地」で、まさに自国の土地を耕しながら、その成果として「収穫された」ユダヤ人は、永遠の放浪・商業取引・知性化（Erikson, 1950a）の結果として生じた邪悪なアイデンティティを克服しようとし、心身ともに、そして国を挙げて、再び**全体として一つ**になろうとした。キブツ運動によって、たくましく・信頼でき・やる気に満ちたタイプの人間が生み出されたという事実は、誰も否定できないだろう。しかし教育システムの詳細について、ある部分は（例えば、子育ては非常に幼い時期から子どもの家で行われること、高校生活を通して男女同室で暮らすことなど）イスラエル国内でも外国でも、厳しく見直されている。しかしながら、周囲がすべて「異民族・異教徒に」曝された境界上にイスラエルというユートピアが建設されたことは、モルモン教徒が直面していた状況を連想させる。この歴史的事実こそ、その結果として起こった生き方に関する原理的説明、およびその合理化を判断する唯一の枠組みである。なぜなら、間違いなくこれらの先駆者たちは（彼らは我が国の移住者たちと比較されうる。アメリカの移住者は空白の大陸を発見したことによって生じた歴史的モラトリアムを利用して、新しい「生き方」を作り上げた）、一夜のうちに現われた新しい国家に、歴史的な理想を提供したからである。しかし、我が国の歴史家にとっても無関係とはいえない当然問われるべき問題がある。すなわち、〈革命を起こしたエリートたち〉と〈革命の後に占領された土地や獲得物の中に押し込まれ繁栄してきた人々〉との関係についてである。[20] イスラエルでは、〈今ではいくらか排他的なキブツのエリートたち〉が、〈イデオロギー的にはほとんど消化不能といった状態に混ざり合った圧倒的に大多数の人々〉と向き合っている。後者は、アフリカ系や東洋系の移民集団、強力な労働組合のメンバー、大都市に住む人々、宗教的正統主義者、新しい国家官僚機構、そしてもちろん、「古き良き」商人階級の仲買人たちである。さらに、キブツ運動の非妥協的な部分は二つの世界の間に挟まれたままであり、その二つの世界のどちらとも、シオニズムは強い歴史的な結びつきを保っている。一方は、アメリカ系やイギリス系のユダヤ人たち（彼らがキブツの土地の大部分をアラブの不在地主から買い取った）、他方は、ソビエト共産主義。このソビエト共産主義に対して、（言ってみれば）共産主義的なキブツ運動[21]はイデオロギー的に近いものを感じているが、「逆に」ソ連側からは党の路線からの逸脱であるとして結局否定されている。

このように、キブツ運動は現代イデオロギー上のユートピアの一例であり、自分たちを一つの「国民《ピープル》」と考える若者たちの未知のエネルギーを解放し、（多かれ少なかれ明確な）集団の理想に普遍的な意義を持たせることに成功した。こうしたことは、産業的世界においては、起こり得ないことである。しかしイスラエルが、これまでに存在した国々の中で最もイデオロギーを意識した国の一つであることは間違いない。「農民たち」や職人が、日常生活の中でなされる決定がいかなる影響を及ぼすかについて、これほど熱心に議論を交わしたことはかつてなかった。アイデンティティ形成においてイデオロギーが果たす微妙な意味合いは、おそらく〈非常に高度に言語化されたイデオロギー〉と〈いかなる社会にも存在する回心《コンヴァージョン》と反感《アヴァージョン》の移ろいやすいシステム〉を比較することを通して、最も明解に理解されるのではないだろうか。というのは、子どもと成人の間にある、多かれ少なかれ嘲りをこめて青年期と呼ばれる中間地帯 no-man’s land は、若者や若者グループの生活にとって最も意味のある場所として存在している一方で、その場所を周囲の大人が知ることもなく、さらには関心を持つこともないからである。おそらく、若者たちが盛んに議論しあう趣味・意見・スローガンの自然な二極化「意見の対立など」の大部分は、また、破壊的な行動に加わろうとする突発的な衝動の大部分は、アイデンティティ形成の未解決の部分であって、何らかのイデオロギーによって一つに結ばれることを待っていると考えてよいだろう。

Ⅲ・4・7　現代アメリカの若者たちのイデオロギー†

この論文の病理誌的研究について扱った部分で、若者が否定的アイデンティティを**全面的《トータル》に選択**するという点を指摘した。若者たちがこのように逃避するのは、自閉的あるいは退行的な傾向による。たとえ不安定であっても才能あふれる若者たちが、個人的なユートピア、またはある患者の言葉を借りると「一人きりの大多数《マジョリティ》」へ逃避していくのであるが、もし「彼らが自分は」従うことができないと感じる一般的発展が存在しなかったならば、すなわち、私たちの個人主義的な文明の現段階を特徴づける標準化・均一化・画一化への要求が高まっていなかったら、こうした逃避は必要なかったかもしれない。アメリカでは、大規模な画一性が、あからさまな全体主義的イデオロギーには発展していない。教会の全体主義的なドグマや、ビジネスライクな振る舞いのステレオタイプ化とは結びついているが、全体としてみると、政治的イデオロギーを遠ざけようとしている。研究を進めるにつれて、私たちは、アメリカの若者が次のような手段によって、すなわち、素朴な信頼関係の構築・遊び心に満ちた不協和音・高度な技術の熟達・「他人指向の」連帯（Riesman, 1950）・わかりやすいイデオロギーへの嫌悪感によって、産業デモクラシーのアイデンティティ拡散に対処する能力を有していることを認めるようになった。アメリカの若者（世界一テクノロジー化された若者たち）の隠されたイデオロギーとは何かという問いは、極めて重要であって、本論文などが軽率に論じるべき課題ではない。ついでに言えば、このイデオロギーの内部で、あるいはそのイデオロギーが暗示するものの中で起こっている変化、すなわち、この国の若者にとって軍隊「軍国主義的」アイデンティティを必要なものとした世界的闘争の結果として生じた変化についても、ここでついでに評価することは差し控えたいと思う。

それよりも、**否定的な集団アイデンティティ**へ向かう悪性の傾向を描写するほうが容易である。そうした傾向は、特に我が国の大都市に住む若者の一部に広がっており、そこでは、経済的・民族的・宗教的な周縁部にいると、肯定的なアイデンティティを築くための基礎がほとんど与えられていない。この場合、否定的な集団アイデンティティは自然発生する徒党形成の中に探し求められ、その形態は、近隣ギャング・ジャズ群集・麻薬組織・同性愛者のサークル・犯罪組織など様々である。〔精神分析〕臨床の経験が、この問題に重要な貢献を果たせるのではないかと期待されている。[22] しかし、こうした公の問題に対して臨床の用語・態度・方法を無批判に転じることは自戒したいと思う。むしろ、本論の初めに指摘した通り、若者を相手にする教師・判事・精神科医は、「承認」（社会がその若いメンバーを「同一化」し、彼らのアイデンティティの発達に貢献する行為）というあの戦略的な行為における重要な代表者となる。もし、そうした職にある大人たちが、話を単純にするために、あるいは、法律や精神医学の内部に生じた習慣に適応するために、個人的あるいは社会的な周縁部に生まれたという理由によって否定的アイデンティティを選択しようとする若者たちを、次のように診断し治療するならば、すなわち、犯罪者・生まれつきの不適格者・養育環境のために落伍者に追い込まれた者・まさに混乱した患者として扱うならば、おそらくその若者はすべてのエネルギーを注ぎ込んで、無慈悲で恐ろしい共同体がこの若者に期待する、まさにそのものになろうとし、それを徹底的にやってのけるであろう。

長期的に、アイデンティティの理論がこの問題に対して警鐘を鳴らすだけではなく、さらなる貢献ができるようになることを期待している。

Ⅲ・4・8　要約

アイデンティティの問題を描き出そうとするこの試みにおいて、私は「全体を見渡して」きた。このままこの問題を放り出すつもりはない。可能な限り、選ばれたメディア（ライフ・ヒストリー、ケース・ヒストリー、夢、イデオロギー）について、特有の力動的な性質を考慮に入れた研究を続けてゆこうと思う（Erikson, 1958a）。さしあたり、要点だけ述べておくならば、［1］アイデンティティは、子ども期の終わりに、幼児的な超自我の潜在的に悪性の支配を上回ることによって、各々の人間が過剰な自己否認と拡散した他者への否認を捨て去ることを可能にする。［2］こうした自由が、成熟したセクシュアリティ・円熟した諸能力・大人としてのコミットメントを統合する自我の力に、必要な条件をもたらす。［3］若い患者たちの病歴は、悪化したアイデンティティ危機が特別な発生的要因、あるいは、特殊な力動的条件の結果として起こる、その様子を説明する。［4］こうした研究が、今度は、多かれ少なかれ制度化された儀式や儀礼・団体・運動に、新しい光を当てる。社会や下位社会は、それらの組織を通して、若者に子ども期と大人期の間の世界を与える。［5］すなわち、心理・社会的モラトリアムであり、この期間に、［若者たちの］**主観的経験**の極端な形・**イデオロギー的選択**の選択肢・**現実的なコミットメント**の潜在的な可能性が、社会的な遊びや共同の操作可能能感《マステリー》の主題となる。

※本論文の初出は、*The Journal of the American Psychoanalytic Association*, 4:56-121, 1956.　本論文の基礎となった研究は、リッグズ・センターがフィールド財団から研究助成を受けて行われたものである。

付録　ワークシート

次頁のワークシートは、本論文において取り上げた発達の領域と段階を、図表の形式で要約したものである。これはワークシートなので、これまでも変更され拡大されてきたし、これからもそのように扱われるだろう。また、図表であるので、観察を行った結果、重複しているとわかったものは、分類や列から厳密に除いている。とはいえ、垂直方向と水平方向は両方とも、ある種の概要を表しており、その概要は、今後行われるであろう（当然行われるべき）研究と議論によって何であれ具体性を持った描写を加えていく上で欠かせないものであることを意味している。そういった研究は、各々の垂直方向の欄を、他の縦列と関係づける前に、対角線上に沿って並べ（図3のエピジェネティック・チャートのように）、その内的一貫性を調べることで、さらに優れたものになるであろう。その際に、とくに決まった順序があるわけではない。どの列からでも、豊富なデータが揃った列から始め、次に見込みのありそうな列に移っていくといった方法でかまわない。

D 心理社会的モダリティ	E 心理性的段階
得ること お返しとして与えること	口唇＝呼吸器的、 知覚＝運動感覚的 （取り入れ様式）
保持する（持ち続ける） 手放す（そのまま手離す）	肛門＝尿道的、 筋肉的 （保持＝排除的）
作る（＝追い求める） 「まねをする」こと（＝遊び）	幼児＝性器的、 移動的 （侵入的、包含的）
物を作る（＝完成させる） 誰かと一緒に物を作る	「潜在期」
自分自身になる（または、 ならない） 自分自身であることを 他者と分かち合う	思春期
他者の中に自分を喪失し、 見出す	性器性欲
何かを存在させる 世話をする	
これまで生きてきた存在の 仕方を通して存在する 存在しなくなるという事実 に直面する	

	A 心理社会的危機	B 重要な関係を結ぶ範囲	C 社会的秩序に関係する要素
I	信頼 対 不信	母親的な人物	宇宙的秩序
II	自律 対 恥、疑惑	両親的な人物	「法と秩序」
III	自主性 対 罪の意識	基礎家族	理想的なプロトタイプ
IV	勤勉 対 劣等感	「近隣」、学校	テクノロジー的な要素
V	アイデンティティと拒絶 対 アイデンティティ拡散	同年代の集団 および 他者集団、リーダーシップのモデル	イデオロギー的なパースペクティヴ
VI	親密と連帯 対 孤立	友情関係、セックス、競争、協働のパートナーたち	協働と競争のパターン
VII	ジェネラティヴィティ 対 自己陶酔	労働における分業と家庭内における分担	教育と伝統の動向
VIII	インテグリティ 対 絶望	「人類（マンカインド）」 「私の（マイ）種族（カインド）」	英知

付録　ワークシート

訳者解説

本書はErik H. Erikson, *Identity and the Life Cycle*（旧書名『自我同一性――アイデンティティとライフ・サイクル』）の全訳である。原著初版の刊行は一九五九年。エリクソンの著作としては『幼児期と社会』『青年ルター』に続く第三作に当たるが、実質的に執筆されたのは前二冊と同じ時期である。（「第一論文」が一九四六年［エリクソン四四歳］。「第二論文」は『幼児期と社会［初版］』と同年一九五〇年。「第三論文」が一九五六年、『青年ルター』出版の二年前である）。

邦訳は、一九七三年、小此木啓吾・小川捷之・岩男寿美子の三先生によって『自我同一性』という題名で出版された。「アイデンティティとライフサイクル」という原題を『自我同一性』という書名に圧縮するなど、当時米国で話題の思想を一刻も早く日本の読者に紹介しようと急いだ節が見られる。もっとも、この本に限らず、エリクソンの思想の我が国への紹介は常に困難を伴っていた。その原文は難解で知られ、訳語もなかなか定まらなかった。

しかし本当の悲劇は、その思想の一端が、あまりに広く知られてしまった点にある。「アイデンティティ」という言葉は（定義もはっきりしないまま）人口に膾炙し、「八段階発達図表」は高等学校の教科書にも登場した。いわば時代の思想として持て囃されたことになる。その代わり、忘れ去られるのも早かった。いくつかの言葉を除けば、今やエリクソンに関心を持つ人は少ない。ましてその思想を本格的に検討しようとする人は稀である。しかしそうなった今こそ本格的な研究が可能な時ではないか。一時の流行などとは無縁なところで、この思想がどれほど深い洞察を秘めていたのか（あるいは、いなかったのか）。共感的理解と批判的検討を併せ持った目をもって、丁寧に読み直す必要があるのだと思う。

そうした時、この本は、文字通り「アイデンティティ」と「ライフサイクル」というエリクソン初発の論点が凝縮した形で語られたテクストとして手頃である。わかりやすいわけではないのだが、とりあえずエリクソンの「ものの見方」の基本旋律をご覧いただくには便利である。とは言え、エリクソンの話は、しばしば錯綜し流れが見えにくくなるから、論文ごとに、簡単な見取り図を付けておくことにする。

第一論文 Ego Development and Historical Change の焦点は、「自我と社会」の関係である。以下、三組の〈内〉と〈外〉とのワンセットを見てゆくことになるのだが、その前に、エリクソンに一貫した「ものの見方」の特徴を確認しておくことにする。

①エリクソンは歴史を強調した。時代が変わり価値観が転換するという歴史的変化（historical change）の視点を強調したのである。ということは、問題は正確には「個人と社会」ではなかったことになる。個人も変化し、社会も変化する。その二つの変化系の相対的な関連が問題なのである。「発達してゆく自我」と「変化してゆく歴史」との関連。エリクソンが語ろうとしたのは、固定した社会構造に個人の自我が組み込まれてゆくメカニズムではなかった。変化する歴史の中で子どもの自我が発達してゆく。その相対的な関連を「精神分析と社会科学の協力」によって解き明かそうとしたのである（正確には、「自我心理学と歴史学」の協力であり、後の「サイコヒストリー」につながってゆくことになる）。

②エリクソンは、社会と自我を対立関係において見るのと同じだけ、その協力関係を見ようとした。社会は子どもを抑圧するのと同じだけ、子どもを歓迎する。社会は（超自我を通して）子どもの欲動を規制する

だけではない。子どもという新たなメンバーを共同体の一員に育て上げてゆく。他方、子どもにとっても、そうした社会からの承認が必要である。共同体の中で意味があると認められること（共同体の一員として受け入れられていること）が、自我の発達には必要である。そしてそうした仕方で、共同体の一員としての自覚を持った新たなメンバーが加わることによって、逆に、社会の側も新たな活力を得る。つまりエリクソンは、「変化する社会」と「発達する自我」の相互協力関係に光を当てたことになる。相互の敵対関係と同じだけ、協力関係を見ようとしたのである。

さて、第一の「〈外〉と〈内〉」は、「集団アイデンティティ Group Identity」と「自我アイデンティティ Ego Identity」のワンセットである。同じ共同体に住む人々は「集団アイデンティティ」を共有している。その中に子どもが生まれてくると、共同体は、この「集団アイデンティティ」を子どもに共有させる（教え込む）という仕方で、新たなメンバーを「共同体の一員」へと育ててゆく。子どもの自我は、自らの内的要求にのみ従って成長するのではない。その共同体の一員として認められようと成長し、認められることによって成長してゆく（4頁）。

例えば、子どもが「歩けるようになった」喜びは、単にその子の内的満足ではなくて、「歩くこと」がその共同体の中で意味をもつことによって可能になる（6頁）。子どもの自尊感情は、社会に共有される価値観と一致する場合に成り立つ。共同体の中で意味あることと認められる（認められていると感じることができる）感覚が重要になる。つまり、〈自分の内的満足〉と〈周囲から認められること〉との二重性。〈内〉と〈外〉との噛み合わせ。エリクソンはその噛み合わせ（二つのベクトルを繋ぎとめ、折り合いをつけようとすること）を「アイデンティティ」感覚の根底に見ている（この点は、第三論文「二、発生論的視点」で再論される）。

正確には、〈自分自身の内側に感じられる「斉一性《セイムネス》と連続性《コンティニュイティ》」〉と〈他者がその「斉一性《セイムネス》と連続性《コンティニュイティ》」を認めてくれること〉との噛み合わせ。そこで、「アイデンティティ」の定義には、常にこの二つの項目が含まれることになる。「一方は、自分自身《セルフ》の斉一《セイムネス》性と時間の流れの中での連続《コンティニュイティ》性を直接的に知覚すること。他方は、それと同時に、自分の斉一《セイムネス》性と連続《コンティニュイティ》性を他者が認めてくれているという事実を知覚すること」（7頁）。

第二の「〈内〉と〈外〉」は、「自我の病理学 Ego Pathology」と「歴史的変化 Historical Change」のワンセットである。病理（症例）が歴史（時代の転換）といかに密接であるか。正確には、いかに屈折した仕方で関連を持つか。例えば、共同体に共有される「善い人イメージ」（「理想的プロトタイプ」）と「悪い人イメージ」（「邪悪なプロトタイプ」）の問題。患者の多くは、無意識的に、その邪悪なイメージを自ら引き受けてしまう。「無意識のうちに、支配者たちによって自分たちがその代表とされてしまった邪悪なイメージを受け取り、［しかも、］それを正当なものと信じてしまう」という悲しい事実が確認される（18頁）。

当然、具体的な事情は、個々の地域によって異なる。エリクソンは米国の四つの地域を例にして、特徴的な事例を紹介する。例えば、開拓期の西部の男を祖父に、定住生活の軟弱な男性を父に持つ少年の症例。あるいは、南部連合軍の退役軍人を祖父に持つ中西部の（リベラルな）知的女性の症例。患者たちは子どもの頃、「国家・地域・階級のアイデンティティ」の急激な変化を体験し、そして治療の中で（「転移や抵抗の中で」）、子ども時代に体験したアイデンティティの混乱を統合しようと試みる。「自我の病理」は、個人の「内的ダイナミズム」を見ているだけでは理解されない。子ども時代を過ごした地域の特殊性を考慮に入れ、その歴史的背景を理解することによって、初めて手掛かりが見いだされるというのである（この点を、第三論文「四」は、「自我にとっての環境」という言葉で強調する）。

第三の「〈内〉と〈外〉」は、「自我の強さ Ego Strength」と「社会の病理 Social Pathology」である。例えば、戦争という「社会の病理」は自我にいかなる影響を与えるのか。あるいは逆に、「強くて正常な自我アイデンティティ」はいかにして形成されるのか。

概してエリクソンの論文は節と節の関連が見えにくいのだが、この章はその典型であり、三つの論点が独立に並列している感がある。①フロイトに立ち返り「自尊感情の源」を検討する課題。フロイトが「幼児的ナルシシズム」を語った時、「個人的で退行的 individual and regressive な側面」ばかりが強調され、「共同的＝支持的 collective-supportive な側面」は蔑《ないがし》ろにされてしまった。エリクソンは、幼児的ナルシシズムが愛情によって育まれることによって、成熟した自尊感情へと成長してゆく側面に光を当てようとする。

②歴史的相対性の視点。第二次大戦中、軍隊における神経症発生と子ども時代の環境との関連が研究されたが「歴史的な観点が欠如していたために」、失敗に終わってしまった。重要なのは、その子ども時代がいかなる歴史的状況であったのか、あるいは、その親世代・祖父母世代がいかなる歴史的変化を生きてきたのかという視点である。つまり、時代が変化し価値観が入れ替わる中で、いかなる混乱を経験したのか（こうした「環境」の変化を、第三論文は「イデオロギー」の変化と呼ぶ）。なお、この章では戦争体験への言及が何度か繰り返され、「数十万の人々が今回の戦争で自我アイデンティティを失い」、「数千人の人々が急性の自我アイデンティティ喪失であるにもかかわらず、精神病と誤って診断され、治療を受けている」ともいう（35頁）。

③精神分析の「概念」それ自体も歴史的相対性を免れない。「現実」とか「自我」という基本概念すら歴史的相対性を免れることはできない。フロイトの時代と現代とでは時代が違うのであれば、その変化と相関して、「概念」それ自体も変化して当然である。つまりエリクソンは自らの「ものの見方」が歴史的相対性を免れ得ないことを確認しているのである（この点は第三論文「四、社会の視点」後半部分でも再論される）。自らの拠って立つ土台の相対性を反省的 reflective に自覚することは、エリクソンのものの見方の根幹であり、エリクソンがフロイトの理論の真髄として受け取った点である（より正確には、自らを反省的に対象化する視点を持ちつつ同時に他者とかかわる方法、あるいは、自分自身を相対的＝関係的 (relative) に見ながら実践する方法であって、後の『ガンディーの真理』においては、フロイトの精神分析とガンディーの非

暴力とが「方法において対応し人間観において一致する」と語られることになる）。

第二論文 Growth and Crises of the Healthy Personality は「健康なパーソナリティ」に関する考察である。その「成長と危機」のプロセスが、ライフサイクル図表（エピジェネティック・チャート）に即して解き明かされる。このテーマは、周知の通り、『幼児期と社会（初版）』以来、様々に語り直され、後年の『ライフサイクル、その完結』（一九八二年）や『老年期』（一九八六年）においては、老年期から逆に遡る仕方で語り直されることになる。各段階の用語については「用語解説」を参照していただくことにして、ここではその基本的論点について確認しておく。

①エピジェネティック・チャートは「葛藤」の連続として描かれる。エリクソンの用語では「危機 crisis」。人生の分岐点を意味するという。臨床家エリクソンの目から見る時、人生は危機の連続である。にもかかわらず、すべての人が発病するわけではない。葛藤があるとしても症状を招くとは限らない。ということは、エリクソンは〈葛藤や危機を内に含んだ健康なパーソナリティ〉を考えているのである。あるいは、エリクソンによれば、困難な症状に沈んだクライエントの姿もたくさん見てきたが、そこから「回復」して元気になってゆく姿もたくさん見てきた。では、人が「回復」してゆく時、いかなる「強さ」を獲得するのか。そうした「強さ（しなやかさ）」を「健康なパーソナリティ」の問題として考えようとしたのである。もちろんエリクソンは病理研究を尊重する。しかし病理のみが人間の本質を照らし出すとは考えない。病理と同じだけ健康な姿も重要である。〈葛藤や危機を内に含んだしなやかな健康〉を、その成長と危機の相において、描き出そうとしたのである（「レジリエンス resilience」との関連は課題である）。

②「エピジェネティック原則」、とりわけ、パーソナリティの成長にとって重要な「適切な比率と順序」という視点。人生は葛藤の連続であるとしても、健康な子どもは、「適切な量の指導が与えられれば、発達

の内的法則に従う」。その「内的法則」の表われ方は時代により文化によって異なるとしても、しかし「パーソナリティの成長を司る適切な比率と適切な順序の範囲内に留まる必要がある」(48頁)。

エリクソンが語ろうとしたのは、この「適切な範囲」の幅である。健康な自我発達を可能にする適切な「範囲」。むろん健康な発達を保証する「よい家族・よい環境」を規定することなどできないのだが、しかし多くの症例を重ねてみる時、ある「範囲」が見えてくる。その「範囲内」に留まっている場合、深刻な事態に陥らずにすむ。では最低限必要な「範囲」とはどこか。

ここで、H・ハルトマンの概念「平均的に期待可能な環境 average expectable environment」が重要な意味を持つ(この言葉自体は第三論文に登場する。176頁)。人間の新生児は完璧な母親を想定して生まれてくるわけではない。ある程度の困難に適応する準備を備えている。しかしいかなる状況にも適応可能というわけではない。やはり「平均的に期待してよいと思われる」範囲内のことである。しかもその「環境」は歴史の中で変化するのであれば、そのつど再適応してゆく柔軟性が求められる。エリクソンはその原則を、新生児に限らずライフサイクル全体に拡大して考えたことになる。

しかし、この論文の時点では「成人期の三つの段階」はごく短い断片的な考察に留まっている。「エピジェネティック・チャート」自体が一時にすべて開花したわけではなく、文字通り「それぞれの部分が特別に優勢になる時」を持ちつつ、徐々に展開してきたことになる。

③各ステージは、それぞれひとまとまりの「形態《コンフィギュレーション》」をなしている。例えば、「自律 vs. 恥」を主要な危機とする第二段階において、幼児は筋肉、とりわけ排泄をコントロールする括約筋の成長によって、徐々に排泄の時を自分で調節するようになる。何度も失敗しながら、それでもコントロールできるようになる時、幼児は「自律」の感覚を得る。逆にコントロールに失敗し、もしくは親から過剰にコントロールされてしまう時、「疑惑や恥」の感覚が芽生える。

話はトイレットトレーニングに限らない。エリクソンによれば、排泄をめぐる幼児のこうした体験は、「保持する」と「手放す（排除する）」という、他者や世界に対する総体的な関わり方の一場面である（エリクソンは「社会的モダリティ」と呼ぶ）（69頁）。「保持する（手元に留める）」とは、自律した筋肉操作によって保っておくこと（やさしい保護にもなれば、逆に、敵意に満ちた独占にもなる）。他方、「手放す」という「モダリティ」は、筋肉操作によって手放すこと（敵意をこめて放り投げることにもなれば、逆に、やさしく譲り渡すことにもなる）。排泄のコントロールは、そうした総体的な「社会的モダリティ」の象徴的な場面である。むろんこの段階のみの問題ではないのだが、とりわけこの段階において、この危機が（分岐点が）、最も重要な意味を持つというのである。

なお、「vs.（versus）」は、八つの段階すべてに用いられるが、ステージによって微妙にニュアンスが異なる。ある時は、対立的なニュアンスの中で「否定的」ベクトルの危険が強調され、ある時は、むしろ「否定的」ベクトルの必要性が強調され、相反する二つのベクトル共に必要であると強調される（この点に限らず、図表は話を単純化したものであるから、エリクソンの「語り」と往復する仕方で理解されなければならない。また、vs.をめぐる「肯定的 positive」と「否定的 negative」については、第二論文の原注〔4〕を参照）。

④青年期の欄に「アイデンティティ vs. アイデンティティ拡散」が登場する。人は青年期に至って初めて、自らの帰属すべき共同体を選ぶ。人は自らがその一員として生きてゆく「社会（国家・民族・職業集団・言語共同体…）」を必要とする。一人では生きてゆくことができない。何らかの共同体の中に自らを位置づけ、共同体から位置づけてもらうことによって、初めて「自分」となる。ということは、人は自分一人では「自分」になることができない。自己完結的な自己は成立しないということを、エリクソンは語ったのである。もし「同一性」という言葉が「自分で自分を規定する・独立した・他者を必要としない」自己完結的な自己を連想させるならば、エリクソンの「アイデンティティ」は「同一性」ではない。

そう理解した上で、「位置づけられる（社会の側から規定される）」側面を強調するのか、それとも「自ら選ぶ」側面を強調するのかによって、「アイデンティティ」理解が分かれる。むろんその両側面の嚙み合わせ（『ガンディーの真理』の言葉を借りれば「二つのアイデンティティのアイデンティティ」）が重要には違いないのだが、しかし、例えば、「オートノミー」「イニシアティヴ」「インダストリー」と積み重なる、積極的に自分から動く進取の気性（エリクソンの文章にはしばしばenterpriseという言葉が見られる）の延長上に「アイデンティティ」を理解するのか、あるいは、むしろ「インティマシー」や「ジェネラティヴィティ」といった他者との関係性を重視する態度の出発点として「アイデンティティ」を理解するのかによって、そのニュアンスは微妙に異なってくることになる。

なお、この関連で、「第三論文」に登場する「図3」は注目に値する（136－137頁）。この図表は、エピジェネティック・チャートの特殊版であり、青年期のアイデンティティ問題に焦点を当てた応用編であって、ライフサイクル全体の中で「アイデンティティ」を理解しようと試みている（しかしこの図表が登場するのはこの論文のみ。後の著作で再論されることはなかった）。

第三論文 The Problem of Ego Identity「アイデンティティの問題」は、まさにそうしたアイデンティティを多様な角度から検討したものである。エリクソンの文章にしては珍しく明確に区切られた四つの視点が設定されている。一、特別な人の伝記の事例、二、普通の青年の「標準的な危機」としてのアイデンティティ問題、三、病理的な「急性のアイデンティティ拡散」、四、理論的な考察。

①伝記研究の視点。エリクソンは「この問題の極端な側面」から話を始める。アイルランド生まれの劇作家ジョージ・バーナード・ショウの回想録。七十歳の年老いた皮肉屋ショウが、二十歳の頃のショウを、「極めて不愉快で好ましくない」青年であり、他方では「くだらない臆病に……苦しみながら……それをひどく

恥じていた」と回想する記録である。

そうした二十歳のショウが、「その気はなかったのに私は成功してしまった」と語る姿を、エリクソンは「アイデンティティのない成功」と呼び、その姿を「アイデンティティの危機」として描き出す。あるいは、職業が自分の自由を奪うことに耐えられず、仕事からも故郷アイルランドからも脱出する姿について、「ショウは自ら、青年期と成人期を隔てる期間の延長を選んだ。そうした延長を、私たちは心理・社会的モラトリアムと呼ぶ」と解き明かす（114頁）。さらには、若きショウの規則正しい（強迫的な）仕事ぶりについては、こんな回想を紹介している。「私はただ、（中略）身に付いた習慣のために勤勉すぎて、仕事を止められなかったのだ（私は、私の父が酒を飲むように、働いた）」（116頁）。こうした「中毒性と強迫性の合体」を、エリクソンは、「青年期後期に多く見られる病理の基礎、あるいは成人期前期のある種の達成の基礎」と理解すると同時に、「私は、父が酒を飲むように、働いた」という年老いた皮肉屋バーナード・ショウの語りに、若き日から一貫するその人特有のものの見方を見ている。

エリクソンにとって、こうした回想録（自伝的資料）は、臨床場面におけるクライエントの「語り」と同じ意味を持っていた。こうした特別な人（「並はずれて自己洞察に優れた人」）の回想は、多くのクライエントの「語り」では暗示的に留まっていた問題を、極端な仕方でしかも適切な言葉によって表現している点において典型的な事例である。『青年ルター』がルターの回想録を「臨床家の立場から」読み解くと語る時、それはまさにこうした仕方で「語り」に耳を傾けることを意味した。

②発生論的な視点。次は「普通の人々“ordinary” individuals」の話である。バーナード・ショウのような特別な人ではなく、あるいは、何らか病的な困難を抱えた患者たちでもなく、ごく普通の若者たちのアイデンティティの問題。その子ども期から青年期への変化を、エリクソンは、子どもの「同一化（identifications・複数形）」から青年の「アイデンティティ（identity・単数形）」に向かう変化として整理する。アイデンティティ

は様々な実験的同一化のまとめ直しである。「青年期の終わりに確立する最終的なアイデンティティは、過去のいかなる人との同一化であれ、それを超えたものになる。アイデンティティはすべての重要な同一化を含むが、しかし、独自で適切なまとまりのある全体となるように、それらの同一化を作りかえる」（126－127頁）。

ここでは二つの点に注意が必要である。ひとつは「承認される recognized」という点。若者は周囲の人々（社会や共同体）から「承認される」ことを必要とする。高く評価されるという意味ではない。「応答してもらう be responded to」。しかし誰からでもよいわけではない。自分にとって重要な意味を持つ人から、「重要な意味を持つ者」として、応答してもらうこと。それが「承認」である。若者たちのアイデンティティ形成には、そうした意味における他者が（重要な意味を持つ人からの承認が）必要である。

もう一点、アイデンティティは青年期だけの問題ではない。「（アイデンティティの形成は、）生涯にわたる発達であり、（中略）その起源は、はるか最初の自己認識にまで遡る」（128頁）。つまり、ライフサイクル全体に広がる問題であることを確認した上で、では、とりわけ青年期にはいかなる特徴的な困難があるのか。「子ども期の終わりには、一つに収束しつつあるアイデンティティのすべての要素が最終的に集合し（そして規準から外れたものを放棄する）作業がある」（131頁）。そこで多くの混乱が生じる。しかしその混乱は病気ではない。「標準的な危機」である。若者たちが見せる混乱と、神経症や精神病の症状とは区別されなければならない。「偏見をもって検査した時には神経症の発症に見えたものが、実は悪化した危機にすぎず、しかもその危機は、自ら整理をつける作業であり、アイデンティティ形成の過程に貢献していることが判明する場合がしばしばある」という（132頁）。

③病理的視点。「アイデンティティを確立できなかった」患者たちの話である。「境界例の若者たちの症例」を資料に、アイデンティティを確立できなかった結果として体験される人生の危機の諸相が、「急性のアイデンティティ拡散」として描かれる。確固とした理論枠組みに個々の症例を当て嵌めるというよりは、まず

個々の印象が鮮明に存在しており、その特徴を際立たせるために理論的な枠を跡づけしてゆくような語り方である。

例えば、「アイデンティティの感覚が欠けていると、友情や恋愛関係さえも、互いを自己愛的に鏡に映し合うことによって、各自のアイデンティティの曖昧な輪郭を明確にしようとする必死の試みになってしまう」という洞察。そこからアイデンティティが拡散した若者たちの「親密さ」の困難が描かれる。あるいは、そうした若者たちが、自分を幼児のように感じ、逆に年老いたように感じるという観察から、「時間的展望」の拡散が語られる。さらに、「最も望まれない・危険な・しかし最もリアルな」アイデンティティを自ら進んで選びとってゆく「否定的アイデンティティ」の問題が、例えば、復讐的にそれを選び取るプロセスとして、あるいは「否定的アイデンティティを全面的に選んだ後にやってくる安心感」として語られる。いずれにせよ、エリクソンが、いかなる感覚を「アイデンティティ」と捉えたのか、正確には、いかなる出来事を「アイデンティティの感覚が欠けている」という言葉によって捉えようとしたのか。臨床家エリクソンの原風景と見てよい。

そうしたスケッチ風の記述の最後に、「もう一度、図表について」という節が設けられ、先に触れた「図表の特殊版」が解きほぐされる（161頁）。青年期という横一列のひとまとまり《コンフィギュレーション》（V欄の横一列）が強調され、例えば、「V-1」の欄は、ひとまとまり《コンフィギュレーション》（八つの構成要素）の内のひとつの要素として、具体的には、将来という時間感覚の喪失の問題として語られる。「急性のアイデンティティ拡散」の若者たちが抱える複雑な混乱を、八つの側面（危機の姿）に区別し、そのそれぞれを、ライフサイクルの視点に即して、解き明かそうとしたことになる。

しかしこの最後の部分は、（好意的に見れば）それまでのスケッチ風の記述を一息に図表によって整理したとも言えるが、「まとめ」としてはいささか強引であり、また「第三論文」全体の中の位置づけとしてみてもバランスを欠いていることは否めない（この最後の節は後から挿入された部分であるのかもしれない。エリクソンが自らの文章に加筆を繰り返したことはよく知られている）。

④社会的広がり（societal）の視点。この節は最も理論的である。エリクソンは「環境」という言葉を使いながら、自我が、いかに多層的な環境の「中」に存在しているか、その様相を、対人関係・家庭環境・社会的価値・歴史という広がりの中で捉える必要を説く。

まず、従来の精神分析理論における「自己」概念を整理した後、ハルトマンに依拠しながら、「自我」と「自己」を区別する。図式化すれば、「自我の働きによって自己イメージを統合する」という用語法。「自我」を主体に割り当て、「自己」を客体に割り当てる。「自我」は「中枢にあって自分をまとめる機関」、他方、「自己」は「すでに放棄されたり将来予測されたりする自己まで含めて、統合されることを要求する」。つまり「アイデンティティ」には、「自我アイデンティティ」の側面と、「自己アイデンティティ」の側面があることになる。

ところが、その点が話の焦点ではなく、エリクソンはむしろ「自我アイデンティティ ego identity」と「自我理想 ego ideal」との関連を問題にする。つまりフロイトの概念と関連させることによって、自らのアイデンティティ概念を説明しようと（正当性を主張しようと）試みたことになる。エリクソンによれば、「超自我」は原始的な良心を太古的な仕方で内面化した道徳であり、つまり個体発生の早期に取りこんだ対象と結びつき、復讐的で懲罰的な盲目的道徳である。それに対して、「自我理想」はそれほど原始的ではなく、むしろある特定の歴史的時期の理想と結びついている。ということは、「現実を吟味する自我機能に近い」。つまり、自我理想は、時代の理想を見抜く現実吟味の機能をもっていることになる（173頁）。

「自我アイデンティティ」は、そうした「自我理想」の現実吟味の延長上に、今現在の「社会的現実とより密接に関わっている」。後年のエリクソンならば「アクチュアリティ」と呼んだであろう、自分自身が参与することのできる（遠い理想ではない、実際に影響を与え・与えられる）現実の社会。そうした「社会的現実における自己の現実感覚」が「自我アイデンティティ」である。

とはいえ、この辺りの議論は十分に整理されたものとは言い難く、例えば、そうした「自我理想」と「自己アイデンティティ」の関連は明確ではなく、あるいは、「自我アイデンティティの成立」が「自己アイデンティティの成立」に先立つのかどうか、その両者の間のズレ（差異）をどう理解するのかなど、問題は残ってしまう。しかしエリクソン自身は「アイデンティティ」概念を厳密な議論によって細かく裁断するよりも、むしろ柔らかく「問題発見的」な言葉として用いる方を、自らの道と考えていたようである（はじめに「序文1」xi頁参照）。

論文は、その後、自我にとっての「平均的に期待可能な環境」を考察し、いわゆる生物学的適応を越えた、社会・文化・歴史の中に生きる人間の自我にとっての環境を論じてゆくのだが、しかし私たち読者を戸惑わせるのは、その延長上に、「イデオロギー」という言葉が登場している点である。エリクソンによれば、「イデオロギー」と「アイデンティティ」は「同じプロセスの二つの側面」である。「どちらも個人のさらなる成熟を促し、それと共により高い次元の同一化、すなわち団結によって結ばれた共有のアイデンティティを確立するための必要条件を整える」（184頁）。

ちなみに、『青年ルター』もこの「アイデンティティとイデオロギー」を基本的な枠組みとする。「イデオロギー」は政治的立場でも宗教的信条でもなく、最も広い意味での「価値観＝世界観」を意味し、このイデオロギーによる支えがなければアイデンティティは成り立たない。自我にとっての「環境」が「イデオロギー（価値観＝世界観）」として論じられていることになる。

ところが、話を複雑にしているのは、そうした考察に先立って、「精神分析それ自身のイデオロギー的背景」が論じられている点である（177頁）。精神分析における「観察」はいかなるイデオロギーから影響を受けているか。あるいは、精神分析家がその道に進んだのはいかなるイデオロギー的な影響なのか。つまり、精神分析理論それ自体も、時代の「イデオロギー」からの影響を免れることはできない。そして時代の変化と共にその理論も変化すべきであるならば、その相関性を自覚することが大切であると強調するのである（この点は、当時の正統派精神分析に対する批判として読むことも可能である。フロイトの教えを固定的真理として遵守し、時代に応じて理解し直すいかなる試みも逸脱として排除しようとする傾向を、エリクソンは好まなかった。こうした排他的傾向は、後年より一般化され、「疑似種化 pseudo species」と概念化されることになる）。

論文はその後、「職業的アイデンティティ」の問題に移り、「成人期の自我発達」が図表に即して論じられ、バーナード・ショウを再び事例として考察した後に、話は大きく転じて、「イスラエルという新しい国」のアイデンティティが語られる。「イデオロギー的にはほとんど消化不良といった状態に混ざり合った圧倒的に大多数の人々」が「イスラエルのアイデンティティ」を求めている。「何らかのイデオロギーによって一つに結ばれることを待っている」（189-190頁）。エリクソンとしては「アイデンティティ形成におけるイデオロギーの果たす役割」を最も鮮明に示す事例として取り上げたのだろうが、前後するコンテクストの関連は明確でなく、やはり唐突の感は否めない。

しかしこの点も、後年の beyond identity の思想を思い起こしてみる時、エリクソンが「アイデンティティ」をいかなる広がりの中で捉えようとしていたのか、その重要な原風景ということになる。アイデンティティの思想は常に「その先のアイデンティティ beyond identity」とワンセットにして理解されなくてはならない。しかしこの点は、まだ本テクストの時点では、萌芽的にしか語られない。「identity」と「beyond identity」をワンセットにした豊かな「アイデンティティの思想」が展開されるのは、より晩年になってからのことである。

訳者あとがき

中島　由恵

＊

私にとってエリクソンという人物は、「教科書に出てくる人」だった。勉強のつもりで、彼の提唱する八つの発達段階を暗記した。あまりにも明確で、整理されていて、自明のことのように扱われていて、これは人間の発達の「事実」なのだと勘違いしそうだった。

当然ながら、人間を、あるいは人生を説明しようとするとき、図表のように単純化できるわけがない。エリクソンの理論は、臨床の場面や、個人的に見聞きしてきた人々の経験の集大成である。つまり、ある種の統計の結果である。だから例外もあり、個人差もある。ところが現在のエリクソンおよび図表の扱われ方では、私のように図表を受け取ってしまうことは、決して珍しいことではない。しかし、そういった読み方や捉え方が完全な間違いであったことを、本書の翻訳の作業中に何度も思い知らされた。

エリクソンには、構想し始めた当初から、図表というもののもつ力、恐ろしさが、よくわかっていた。シンプルで力強く訴えかけるからこそ、誤解を生むということを、おそらく何度も誤解され批判を受けながら、了解していたのだと思う。図表は「これを理解し**そして**捨て去ることができる人が、真剣な注意を向ける場合にのみ、お薦めできる（135頁）」という一行もそれを表している。別の場所では図表を「亡霊（161頁）」と呼んで注意書きを添えながら、それがあくまでも未完成であることを強調している。

訳者の一人として、図表が一人歩きするのではなく、本書のような「エリクソンの文章」が読まれることを願っている。訳していて印象的だったのは、エリクソンが言葉や現象の説明に、delineate（輪郭を描く、スケッチをする）という言葉を何度も使っていたことである。sketch という言葉も散見された。そこに、複雑なことを複雑なまま、見たことを見たままに描き出そうとする、エリクソンの誠実な姿勢が垣間見られた。複雑で煩雑な部分もあるが、文章や注の中にこそ、本当に重要なことが書かれており、また図表を「生かして」いくためのエッセンスがあると思う。

実際の翻訳作業は覚悟していた以上に険しい道のりだった。まずは、単語のレベルで、これまで訳されてきたとおりの日本語にするか、漢字を組み合わせて新しい訳を創出するか、漢字にルビを振るか、カタカナにするかを判断しなくてはならない。今回は、従来の訳よりも、カタカナを多用することになった。カタカナにするというのは、最も安易に見える選択肢であるし、問題点も多々ある。デメリットをおしてもカタカナにしたのは、日本語にすることで、意味を一つに限定してしまうことを避けるためである。最大限に、エリクソンの意図に忠実でありたい一心からの選択だった。補足として、本書には用語解説を付した。できれば原語を念頭におきながら読んでいただければと思う。どの単語を指しているのか、読者と訳者が共通認識を持てるならば、カタカナを使う価値は充分にあるはずである。

文章のレベルでも、翻訳は困難の連続だった。エリクソンが母語ではない英語で執筆し、編集の過程で文法上の手直しをされていることが、その一因ではある。しかしそれだけではなく、独特のリズムを持つ文章ゆえに、文学作品を訳す場合のような葛藤を味わうことになった。複雑で入り組んでいてごちゃごちゃしているのも、エリクソンの持ち味であり、そこにこそ、新しい理論が創り出されるエネルギーや苦しみも満ちている。それを訳出することは、可能なのか。あまりにも明快に訳してしまうと、それが失われてしまうのではないか。とはいえ、日本語として成立しない文章には、日本語訳の意味がない。作業中、私自身も揺れながら、どちらかというとわかりやすさを優先させた。

本書は、すでに『自我同一性』というタイトルで翻訳されている。旧訳との付き合い方についても最初は悩んだが、部分的に訳し直すのではなく、今回は今回として、エリクソンのテキストと向き合い、一字一句を追って、エリクソンの声を聞くことに集中した。エリクソンの読者の代表として、ときに重過ぎると感じる荷を背負いながらテキストと格闘した点は、初訳と変わらないと自負している。しかし、つまずいて訳せなくなったとき、旧訳をめくり、そういう意味だったのかと教えられたことが何度もあった。そして何より、この山道を登るのは私が初めてではないことに励まされた。旧訳の訳者の先生方には敬意と感謝を表したい。

共訳者の西平直先生には、本書を共同で訳す機会を与えていただいたことに始まり、数え切れない貴重な助言や励ましをいただいた。この過程で、何度読んでも全く意味がわからなかったいくつもの箇所が、先生の専門知識によってするすると読み解かれていき、訳注や解説によって文章の意味がくっきりと立ち上がっていくのを目の当たりにして感動しながら、自分の知識の甘さを反省した。翻訳というのは、語学力と専門知識を両輪にして進めるものだと、実感している。

編集者の松山由理子さんには、私事により当初の予定より原稿が遅れ、その後の作業も遅れがちであったのを、辛抱強く待っていただけたこと、そして大変な編集作業に最後まで携わっていただいたことに、この場を借りて感謝を申し上げる。

ところで、翻訳に携わっていた期間中、私は息子を授かり、子育ての第一歩を踏み出した。本書を訳しながら、自分のライフサイクルの変化を経験し、同時に、エリクソンがパーソナリティの根幹と考えていた最初のステージを生きる人間を、自分もどっぷりと関わりながら間近で見ることができたことは、幸運だった。

赤ちゃんの世話は想像以上に手間のかかる忙しさで、無限にも思われる授乳・オムツ替え・抱っこを繰り返しながら、理論とは実に役に立たないものだと、寝不足でフラフラする頭でぼんやり考えていた時期もあった。ところが、息子が生後一年目を終えようとする今、彼が私に向ける笑顔の中に、広げた腕の中に飛び込んでくる様子に、こちらにぴったりと身を寄せて眠る姿に、確かな手ごたえを感じるようになった。これをエリクソンが「信頼」と呼んだ理由が、よくわかる。そしてそれを「愛情を注ぐと信頼が生まれる」などという薄っぺらな表現ではなく、「赤ちゃんにひたすら反応し、日常の世話を繰り返していくことで、不信を上回る量の信頼が持てるようになる」という仕方で説明していることに、改めて感服している。初めての子育てに奮闘しながら、些細なことで悩み、迷う日々であるが、最終的に大切なのは、この手ごたえを感じ続けることだけなのだという自信をもらえたことに対して、著者のエリク・H・エリクソン氏に個人的な感謝を捧げたい。

西平　直

＊＊

哲学の大学院にいた頃、お世話になった研究室では翻訳という仕事が尊重されていた。ニーチェの『ツァラトゥストラ』を一文ずつ彫琢するのに七年の月日を費やされた先生がおり、ヘーゲル『大論理学』の翻訳を生涯の仕事になさっておられる先生もいた。当然その原書講読演習は息詰まるような緊張感に満ちていた。その中で私が感じたのはアカデミズムの厳しさだったのか、それとも、ひたすら書物と向き合う学問に対する屈折した違和感だったのか。少なくとも私は、そうした緻密で厳格な翻訳という仕事が自分には向いていないことを痛感して、研究室を離れた。

哲学研究室から離れた頃の私は、今思えば、ギムナジウムを逃げ出した（ヘッセの小説の）少年のような気分だった。それは、一九二〇年代ドイツの若者たちの遍歴する気分であり、六〇年代米国のカウンターカルチャーの空気にも似ていた。そう思ってみれば、エリック・エリクソンその人のライフヒストリーとも重なるそうした空気の中で、私はエリクソンの思想を読み始めたことになる。

おそらく最初に手にしたのがこの本の旧訳版である。もつれた糸が絡み合ったようなエリクソンの文章は、その背後に深い叡智を予感させつつ、しかし何度読み直しても、明確な理論枠組みを確認することができなかった。むろんエリクソンは「アイデンティティ」や「ライフサイクル」といった歯切れのよい言葉を用意し、明解なチャートによって全体を提示してくれるのだが、しかし一歩中に入り込んでみると、話の糸は絡み合い、断片的なイメージの羅列のように感じられることも多かった。

しかし当時の私に最も衝撃を与えたのは、旧訳版の「訳者あとがき」に小此木啓吾先生が書き残しておられた一節である。「およそ半年もあれば、一冊の訳出はオーケーなはずの私でさえ、本書の訳業には一年以上を費やしてしまった……」。エリクソンの英文の困難を強調した文脈には違いないのだが、『ツァラトゥストラ』を七年かけて彫琢《ちょうたく》する「修行」を翻訳と教えられていた私には、「一年以上を費やしてしまった」という明るい言葉が新鮮だった。と同時に、その程度の本なのか、と思った。あるいは、そう思いたくない、と思ったのかもしれない。

それから三十年の月日が流れ、同じ「訳者あとがき」を今度は私が務める巡り合わせとなった。この本は「およそ半年もあれば」訳出される類いの本なのか、それとも、七年かけて彫琢するに値する本なのか。もしかすると私はその判断を自分では下すことが出来ずに、後世の方々に判断をゆだねたいと思ってこの仕事を引き受けたのかもしれない。

私はこの本から多くを学んだ、と同時にこの本に物足りなさを感じ続けてきた。例えば、ユングの深層心理学と比べてみる時、あるいは、ラカンのフロイト読解に照らし合わせてみる時、エリクソンの議論は結局、常識的な人間理解ではないか。ところが他方で私は、日々の生活の中では、そうした常識的な人間理解を大切にしている自分に気がついていた。「あまりに凡庸な健康・成長・回復」と散々文句を言ったまさにその人間観を、私は日々の暮らしの中で大切にしていた。正確には、そうした穏やかな人間観を大切に守り育てようとして来た父や母の人間観を我が身の根底に与えられたことに（結局は）深く感謝している自分を認めざるを得なかった。そうした意味まで含めて、エリクソンへの共感には、私の場合、常に、気恥かしさが伴っている。

翻訳は今回もまた困難を極めた。共同作業を引き受けて下さった中島由恵さんは、以前『青年ルター』翻訳の時にもお手伝いいただいたことがあり、その忠実な仕事ぶりには脱帽するばかりである。訳文は相互に検討を重ねたが、最終的な責任は西平が負うことにした。

エリクソンの思想は、もちろん「アイデンティティ」と「ライフサイクル」では終わらない。終わらないどころか、その思想の醍醐味は、それ以後の展開にある。例えば、generativity、例えば、beyond identity、あるいは（エリクソン自身はその言葉を使わなかったとしても）spirituality の問題領域。結局、十分に理論化されることなく終わったそうした思想の断片は、くみ尽くされていないどころか、もしかすると発見もされないまま、忘れ去られてしまうのかもしれない。

人生の不思議を見つめ続けてきた人が、その晩年にふと書き残したかすかな予感。移ろいやすい人の生の奥底を、一瞬、見通した深い叡智。静かに語り継がれてゆくべき思想なのだと思う。

二〇一一年三月一日

追記

中島　由恵

本書の校正作業を進めていた二〇一一年三月一一日、東日本大震災が発生した。私は仙台にいて、その日の作業にとりかかろうと、まさに原稿を広げていたときだった。軽い横揺れは、いつもなら止むタイミングで激しさを増して、ただの地震ではなく地面が崩壊するのではないかと思うほどの長さと大きさで続いた。しかもその後、津波、福島の原子力発電所の事故と、たたみかけるように災いが起こった。そのどれもが、かつて経験した人のいない、途方もなく大きい規模のものだった。この日を境に、人も社会も、物理的にも精神的にも、それまでとはすっかり変わってしまった。どう変わってしまったのか、被害の全貌すら見えてこない混乱の中では、まだ表現することができない。

本書はタイトルにあるように「ライフサイクル」についての書物である。人生を「サイクル」と捉える柔軟な発達観を、私は、杓子定規的で直線的な発達観を超えるものとして、無批判に受け入れていた。ところが信じたくない程の数の人々が、今日も明日も変わりなく続くと思っていた命を、一瞬のうちに断ち切られてしまった。命をとりとめた人々の中には、自分の命に代えたいと思うほど愛しい人の命を断ち切られ、奪われた人もいる。あまりにも残酷な現実を突きつけられて、本当に人生は「サイクル」なのだろうかという疑問が、頭から離れない。そうかもしれないし、そうではないかもしれない。しかし、生き残った者は、また立ち上がって、向かうべき先を探りながら歩み続けていくしかない。

衝撃と悲しみをすぐ近くで感じながら、数日間、私は生きることだけを考えた。生きてゆくために必要なものの確保に奔走した。水、食べ物、寒さを和らげるための燃料。そして、それらと同じくらい、人は人とのつながりによって生かされていることに気づいた。家族それぞれが知恵を絞り、役目を果たした。隣近所の人々と食べ物を分け合い、身を寄せ合って過ごした。ある限りのものを売ろうとしてくれた店の行列に並び、前後の見ず知らずの人と、情報を交換し合い、慰め合い、励まし合った。分かち合えるものを分かち合い、それより多くのものを与えられた。できるかぎり助け、それより多く助けられた。さらに厳しい状況の中にいる人々に思いを馳せ、一刻も早く救援が届くことを祈りながら、「私たちはここで頑張らなくては」とつぶやく声が、あちこちで聞こえた。電気もガスもない、テレビも新聞もインターネットも携帯電話もない数日間、人は人によって生かされているということをずっと感じていた。してもらう、という面だけではない。赤ちゃんや子どもやお年寄りを守ろうとすることで、動き出すための大きな力をもらっていた人も多かっただろう。

本書はまた「発達」についての書物でもある。とはいえ、この非常時に、「発達」という言葉には少し違和感を覚える。それならば「生きてゆくこと」と言い換えてもいい。「生きてゆく」ためには、命をつなぐための食べ物と環境に加えて、私たちには自分以外の人間が絶対に必要である。そう表現するならば、それはそのまま、エリクソンが常に語り続けたことだ。今、本書が世に出る意味を訳知り顔で語ることなどできないが、この点だけは記しておきたいと思う。

このたびの災害で亡くなられた方々には、心からのご冥福をお祈りいたしますとともに、そのご家族や被害に遭われた方々に謹んでお見舞い申し上げます。また、今も避難生活を続けている多くの方々には、穏やかな日常が一日も早く回復することをお祈りいたします。

二〇一一年五月五日

訳者紹介

西平　直（にしひら　ただし）

1957年生まれ
　　信州大学人文学部、東京都立大学人文科学研究科、東京大学教育学研究科で学んだ後、立教大学文学部助教授、東京大学大学院教育学研究科准教授を経て、
現　在　京都大学大学院教育学研究科教授（教育人間学）
著　書　『エリクソンの人間学』東京大学出版会 1993年、『魂のライフサイクル——ユング・ウィルバー・シュタイナー』東京大学出版会 1997年（増補新版 2010年）、『魂のアイデンティティ——心をめぐるある遍歴』金子書房 1998年、『シュタイナー入門』講談社現代新書 1999年、『教育人間学のために』東京大学出版会 2005年、『世阿弥の稽古哲学』東京大学出版会 2009年など
編著書　『宗教心理の探究』（島薗進と共編）東京大学出版会 2001年、『シリーズ　死生学　第３巻・死とライフサイクル』（武川正吾と共編）東京大学出版会 2008年
訳　書　E・H・エリクソン『青年ルター１・２』みすず書房 2002-2003 年

中島　由恵（なかじま　よしえ）

1979年生まれ
2001年　早稲田大学第一文学部卒業
2006年　東京大学大学院教育学研究科博士課程中退
訳　書　S・ベンサム『授業を支える心理学』（共訳）新曜社 2006 年、J・H・リーンハード『発明はいかに始まるか——創造と時代精神』新曜社 2008年

索　引

あ行

か行

さ行

た行

な行

は行

ま行

や行

ら行

文献

Ackerman, N. W. (1951), "Social Role" and Total Personality. *Am. J. Orthopsychiat.*, 21:1–17.

Bateman, J. F., and Dunham, H. W. (1948), The State Mental Hospital as a Specialized Community Experience. *Am. J. Psychiat.*, 105:445–449.

Benedict, R. (1938), Continuities and Discontinuities in Cultural Conditioning. *Psychiatry*, 1:161–167.

Bettelheim, B. (1943), Individual and Mass Behavior in Extreme Situations. *J. Abn. Soc. Psychol.*, 38:417–452.

Bibring, E. (1953), The Mechanism of Depression. In *Affective Disorders*, P. Greenacre, ed. New York: International Universities Press, pp. 13–48.

Blos, P. (1953), The Contribution of Psychoanalysis to the Treatment of Adolescents. In *Psychoanalysis and Social Work*, M. Heiman, ed. New York: International Universities Press.

Brenman, M. (1952), On Teasing and Being Teased: And the Problem of "Moral Masochism." *The Psychoanalytic Study of the Child*, 7:264–285. New York: International Universities Press. Also in *Psychoanalytic Psychiatry and Psychology: Clinical and Theoretical Papers*, Austen Riggs Center, Vol. I, R. P. Knight and C. R. Friedman, eds. New York: International Universities Press, 1954, pp. 29–51.

Burlingham, D. (1952), *Twins*. New York: International Universities Press.

Erikson, E. H. (1937), Configuration in Play—Clinical Notes. *Psa. Quart.*, 6:139–214.

———(1940a), Problems of Infancy and Early Childhood. In *Cyclopedia of Medicine*. Philadelphia: Davis & Co., pp. 714–730. Also in *Outline of Abnormal Psychology*, G. Murphy and A. Bachrach, eds. New York: Modern Library, 1954, pp. 3–36.

———(1940b), On Submarine Psychology. Written for the Committee on National Morale for the Coordinator of Information. Unpublished ms.

———(1942), Hitler's Imagery and German Youth. *Psychiatry*, 5:475–493.

———(1945), Childhood and Tradition in Two American Indian Tribes. *The Psychoanalytic Study of the Child*, 1:319–350. New York: International Universities Press. Also (revised) in *Personality in Nature, Society and Culture*, C. Kluckhohn and H. Murray, eds. New York: Knopf, 1948, pp. 176–203.

———(1946), Ego Development and Historical Change—Clinical Notes. *The Psychoanalytic Study of the Child*, 2:359–396. New York: International Universities Press.

———(1950a), *Childhood and Society*. New York: Norton. Revised, 1963.

———(1950b), Growth and Crises of the "Healthy Personality." In *Symposium on the Healthy Personality*, Supplement II; Problems of Infancy and Childhood, Transactions of Fourth Conference, March, 1950, M. J. E. Senn, ed. New York: Josiah Macy, Jr. Foundation. Also in *Personality in Nature, Society, and Culture*, 2nd ed., C. Kluckhohn and H. Murray, eds. New York: Knopf, 1953, pp. 185–225.
———(1951a), On the Sense of Inner Identity. In *Health and Human Relations;* Report on a conference on Health and Human Relations held at Hiddesen near Detmold, Germany, August 2–7, 1951. Sponsored by the Josiah Macy, Jr. Foundation. New York: Blakiston, 1953. Also in *Psychoanalytic Psychiatry and Psychology: Clinical and Theoretical Papers*, Austen Riggs Center, Vol. I, R. P. Knight and C. R. Friedman, eds. New York: International Universities Press, 1954, pp. 351–364.
———(1951b), Sex Differences in the Play Configurations of Preadolescents. *Am. J. Orthopsychiat.*, 21:667–692.
———(1953), Wholeness and Totality. In *Totalitarianism*, Proceedings of a conference held at the American Academy of Arts and Sciences, March, 1953, C. J. Friedrich, ed. Cambridge: Harvard University Press, 1954.
———(1954), The Dream Specimen of Psychoanalysis. *J. Amer. Psa. Assoc.*, 2:5–56, Also in *Psychoanalytic Psychiatry and Psychology: Clinical and Theoretical Papers*, Austen Riggs Center, Vol. I, R. P. Knight and C. R. Friedman, eds. New York: International Universities Press, 1954, pp. 131–170.
———(1955a), The Syndrome of Identity Diffusion in Adolescents and Young Adults. In *Discussions on Child Development*, J. M. Tanner and B. Inhelder, eds. Vol. III of the Proceedings of the World Health Organization Study Group on the Psychobiological Development of the Child, Geneva, 1955. New York: International Universities Press, 1958, pp. 133–154.
———(1955b), The Psychosocial Development of Children. In *Discussions on Child Development*, J. M. Tanner and B. Inhelder, eds. Vol. III of the Proceedings of the World Health Organization Study Group on the Psychobiological Development of the Child, Geneva, 1955. New York: International Universities Press, 1958, pp. 169–188.
———(1956), Ego Identity and the Psychosocial Moratorium. In *New Perspectives for Research in Juvenile Delinquency*, H.L. Witmer and R. Kosinsky, eds. U. S. Children's Bureau: Publication # 356, pp. 1–23.
———(1958a), *Young Man Luther, A Study in Psychoanalysis and History*. New York: Norton.
———(1958b), The Nature of Clinical Evidence. *Daedalus*, 87:65–87. Also in *Evidence and Interference*, The First Hayden Colloquium. Cambridge: The Technology Press of M.I.T., 1958.
———(1958c), Identity and Uprootedness in our Time. Address at the Annual Meeting of the World Federation for Mental Health, Vienna.

———(1964), *Insight and Responsibility*. New York: Norton.
———(1968), *Identity: Youth and Crisis*. New York: Norton.
———(1969), *Gandhi's Truth*. New York: Norton.
———(1974), *Dimensions of a New Identity*. New York: Norton.
———(1975), *Life History and the Historical Moment*. New York: Norton.
———(1977), *Toys and Reasons*. New York: Norton.
———ed. (1978), *Adulthood*. New York: Norton.
———(in press), Elements of a Psychoanalytic Theory of Psychosocial Development. In *The Course of Life*, S. I. Greenspan and G. H. Pollock, eds. Adelphi, Md.: National Institute of Mental Health.
———and Erikson, K. (1957), The Confirmation of the Delinquent. *Chicago Review*, Winter, pp. 15–23.
Erikson, K. T. (1957), Patient-Role and Social Uncertainty—a Dilemma of the Mentally Ill. *Psychiatry*, 20:263–274.
Federn, P. (1927–1949), *Ego Psychology and the Psychoses*. New York: Basic Books, 1952.
Fenichel, O. (1945), *The Psychoanalytic Theory of Neurosis* New York: Norton.
Freud, A. (1936), *The Ego and the Mechanisms of Defence*. New York: International Universities Press, 1946.
———(1945), Indications for Child Analysis. *The Psychoanalytic Study of the Child*, 1:127–149. New York: International Universities Press.
———and Dann, S. (1951), An Experiment in Group Upbringing. *The Psychoanalytic Study of the Child*, 6:127–168. New York: International Universities Press.
Freud, S. (1908), "Civilized" Sexual Morality and Modern Nervousness. *Collected Papers*, 2:76–99. London: Hogarth, 1948.
———(1914), On Narcissism: An Introduction. *Standard Edition*, 14:73–102 London: Hogarth, 1957. New York: Norton.
———(1926), Ansprache an die Mitglieder des Vereins B'nai B'rith. *Gesammelte Werke*, 17:49–53. London: Imago, 1941.
———(1932), *New Introductory Lecutres on Psychoanalysis*. Lecture 31: The Anatomy of the Mental Personality. New York: Norton, 1933.
———(1938), *An Outline of Psychoanalysis*. New York: Norton, 1949.
Fromm-Reichmann, F. (1950), *Principles of Intensive Psychotherapy*. Chicago: University of Chicago Press.
Ginsburg, S. W. (1954), The Role of Work. *Samiksa*, 8:1–13.
Hartmann, H. (1939), *Ego Psychology and the Problem of Adaptation*. New York: International Universities Press, 1958. Also in *Organization and Pathology of Thought*, D. Rapaport, ed. New York: Columbia University Press: 1951.
———(1950), Comments on the Psychoanalytic Theory of the Ego. *The Psychoanalytic Study of the Child*, 5:74–96. New York: International Univer-

sities Press.
——— and Kris, E. (1945), The Genetic Approach in Psychoanalysis. *The Psychoanalytic Study of the Child*, 1:11–30. New York: International Universities Press.
———, ———, and Loewenstein, R. M. (1951), Some Psychoanalytic Comments on "Culture and Personality." In *Psychoanalysis and Culture*, G. B. Wilbur and W. Muensterberger, eds. New York: International Universities Press, pp. 3–31.
Hendrick, I. (1943), Work and the Pleasure Principle. *Psa. Quart.*, 12:311–329.
Jahoda, M. (1950), Toward a Social Psychology of Mental Health. In *Symposium on the Healthy Personality*, Supplement II; Problems of Infancy and Childhood, Transactions of Fourth Conference, March, 1950, M. J. E. Senn, ed. New York: Josiah Macy, Jr. Foundation.
James, W. (1896), The Will to Believe. *New World*, 5:327–347.
Kinsey, A. C., Pomeroy, W. B., and Martin, C. E. (1948), *Sexual Behavior in the Human Male*. Philadelphia: Saunders.
Knight, R. P. (1953), Management and Psychotherapy of the Borderline Schizophrenic Patient. *Bull. Menninger Clin.*, 17:139–150. Also in *Psychoanalytic Psychiatry and Psychology: Clinical and Theoretical Papers*, Austen Riggs Center, Vol. I, R. P. Knight and C. R. Friedman, eds. New York: International Universities Press, 1954, pp. 110–122.
Kris, E. (1952), *Psychoanalytic Explorations in Art*. New York: International Universities Press.
Macfarlane, J. W. (1938), Studies in Child Guidance. I. Methodology of Data Collection and Organization. *Monogs. Society for Research in Child Development*, Vol. 3, No. 6.
Mannheim, K. (1949), *Utopia and Ideology*. New York: Harcourt, Brace.
Mead, G. H. (1934), *Mind, Self, and Society*. Chicago: University of Chicago Press.
Mead, M. (1949), *Male and Female*. New York: Morrow.
National Congress of Parents and Teachers (1958), *Breaking Through the Limiting Circle of Immaturity*. The Headquarters of the National Congress of Parents and Teachers, 700 North Rush Street, Chicago.
Nunberg, H. (1931), The Synthetic Function of the Ego, *Int. J. Psa.*, 12:123–140. Also in *Practice and Theory of Psychoanalysis*. New York: International Universities Press, 1955, pp. 120–136.
Piers, G., and Singer, M. B. (1953), *Shame and Guilt*. New York: Norton.
Rapaport, D. (1953), Some Metapsychological Considerations Concerning Activity and Passivity. Two lectures given at the staff seminar of the Austen Riggs Center. Unpublished ms.
———(1957–1958), A Historical Survey of Psychoanalytic Ego Psychology. *Bulletin of the Philadelphia Association for Psychoanalysis*. 7/8: 105–120.

Riesman, D. (1950), *The Lonely Crowd.* New Haven: Yale University Press.
Schilder, P. (1930–1940), *Psychoanalysis, Man, and Society.* New York: Norton, 1951.
———(1934), *The Image and Appearance of the Human Body.* New York: International Universities Press, 1951.
Schwartz, M. S., and Will, G. T. (1953), Low Morale and Mutual Withdrawal on a Mental Hospital Ward. *Psychiatry,* 16:337–353.
Shaw, G. B. (1952), *Selected Prose.* New York: Dodd, Mead.
Spitz, R. A. (1945), Hospitalism. *The Psychoanalytic Study of the Child,* 1:53–74. New York: International Universities Press.
Spock, B. (1945), *The Common Sense Book of Baby and Child Care.* New York: Duell, Sloan & Pearce.
Sullivan, H. S. (1946–1947), *The Interpersonal Theory of Psychiatry.* New York: Norton, 1953.
Zilboorg, G. (1944), Present Trends in Psychoanalytic Theory and Practice. *Bull. Menninger Clin.,* 8:3–8.

邦訳文献

Erikson, E. H.（1950a）, Childhood and Society. New York: Norton. Revised, 1963.
〔エリク・H・エリクソン著　仁科弥生訳（1977, 1981）『幼児期と社会』（1・2巻）みすず書房〕
――（1958a）, Young Man Luther, A Study in Psychoanalysis and History. New York: Norton.
〔エリク・H・エリクソン著　西平直訳（2002）『青年ルター』（1・2巻）みすず書房〕
――（1964）, Insight and Responsibility. New York: Norton.
〔エリク・H・エリクソン著　鑪幹八郎訳（1971）『洞察と責任：精神分析の臨床と倫理』誠信書房〕
――（1968）, Identity: Youth and Crisis. New York: Norton.
〔エリク・H・エリクソン著　岩瀬庸理訳（1982）,『アイデンティティ：青年と危機』金沢文庫〕
――（1969）, Gandhi's Truth. New York: Norton.
〔エリク・H・エリクソン著　星野美賀子訳（2002）『ガンディーの真理（新装版）』（1・2巻）みすず書房〕
――（1974）, Dimensions of a New Identity. New York: Norton.
〔エリク・H・エリクソン著　五十嵐武士訳（1979）『歴史のなかのアイデンティティ：ジェファソンと現代』みすず書房〕
――（1977）, Toys and Reasons. New York: Norton.
エリク・H・エリクソン著　近藤邦夫訳（2000）『玩具と理性（新装版）』みすず書房
Freud. A.（1936）, The Ego and the Mechanisms of Defence. New York: International Universities Press, 1946. 〔A・フロイト著　外林大作訳（1985）『自我と防衛』誠信書房〕
Freud, S.（1908）, "Civilized" Sexual Morality and Modern Nervousness. Collected Papers, 2:76-99. London: Hogarth, 1948. 〔フロイト著　道籏泰三訳（2007）「「文化的」性道徳と現代の神経質症」『フロイト全集 9』岩波書店〕
――（1926）, On Narcissism: An Introduction. Standard Edition, 14:73-102. London: Hogarth, 1957. New York: Norton. 〔フロイト著　立木庸介訳（2010）「ナルシシズムの導入にむけて」『フロイト全集 13』岩波書店
――（1932）, Andptache an die Mitglieder des Verins B'nai B'rith. Gesammelte Werke, 17: 49-53. London: Imago, 1941. 〔フロイト著　石田雄一訳（2010）「ブナイ・ブリース協会会員への挨拶」『フロイト全集 19』岩波書店〕
――（1932）, New Introductory Lecutres on Psychoanalysis. Lecture 31: The Anatomy of Mental Personality. New York: Norton, 1933. 〔フロイト著　道籏泰三訳（2011）「続精神分析入門講

義」『フロイト全集 21：続・精神分析入門講義　終わりのある分析とない分析』岩波書店〕

——（1938），An Outline of Psychoanalysis. New York: Norton, 1949. 〔フロイト著　渡辺哲夫訳（2010）「精神分析概説」『フロイト全集 22: モーセという男と一神教・精神分析概説』岩波書店〕

Fromm-Reichmann, F.（1950），Principles of Intensive Psychotherapy. Chicago: University of Chicago Press. 〔フリーダ・フロム＝ライヒマン著　阪本健二訳（1964）『積極的心理療法：その理論と技法』誠信書房〕

Hartmann, H.（1939），Ego Psychology and the Problem of Adaptation. New York: International Universities Press, 1958. Also in Organization and Pathology of Thought, D. Rapaport, ed. New York: Columbia University Press: 1951. 〔ハインツ・ハルトマン著　霜田静志・篠崎忠男訳（1967）『自我の適応：自我心理学と適応の問題』誠信書房〕

Kinsey, A. C., Pomeroy, W. B. and Martin, C. E.（1948）. Sexual Behavior in the Human Male. Philadelphia: Saunders. 〔アルフレッド・C・キンゼイ、ウォーデル・B・ポメロイ、クライド・E・マーティン著　永井潜・安藤画一訳（1950）『人間に於ける男性の性行爲』（上・下巻）コスモポリタン社

Kris, E.（1952），Psychoanalytic Explorations in Art. New York: International Universities Press. 〔エルンスト・クリス著　馬場禮子訳（1976）『芸術の精神分析的研究』岩崎学術出版社〕

Mannheim, K.（1949），Utopia and Ideology. New York: Harcourt, Brace. 〔マンハイム著　高橋徹・徳永恂訳（2002）『イデオロギーとユートピア』中央公論新社〕

Mead, G. H.（1934），Mind, Self, and Society. Chicago: University of Chicago Press. 〔ミード著　稲葉三千男・滝沢正樹・中野収訳（2005）『精神・自我・社会』青木書店〕

Mead, M.（1949），Male and Female. New York: Morrow. 〔ミード著　田中寿美子・加藤秀俊訳（1961）『男性と女性』（上・下巻）東京創元社

Riesman, D.（1950），The Lonely Crowd. New Haven: Yale University Press. 〔リースマン著　加藤秀俊訳（1965）『孤独な群衆』みすず書房〕

Schilder, P.（1950），The Image and Appearance of the Human Body. New York: International Universities Press, 1951. 〔P・シルダー著　秋本辰雄・秋山俊夫訳（1987）『身体の心理学：身体のイメージとその象』星和書店〕

Spock, B.（1945），The Common Sense Book of Baby and Child Care. New York: Norton, 1953. 〔スポック著　高津忠夫・奥山和男監修（1997）『スポック博士の育児書（最新版）』暮しの手帖社〕

Sullivan, H. S.（1946-1947），The Interpersonal Theory of Psychiatry. New York: Norton, 1953. 〔H・S・サリヴァン著　中井久夫訳（2002）『精神医学は対人関係論である』みすず書房〕

原　注

第一論文

（1）　極めて優れた歴史的観点を持っていた精神分析学者（グレゴリ・ジルボーグ）は、1944年においても、次のように繰り返している。

「巨大な群集を成す一人ひとりの成員は、個人であり、非個人である。群集を構成する人間は、多くの心理的法則に従って行動しているが、これらは家に一人でいるときに最初に機能していた心理的法則とは異なるものである」（Zilboorg, 1944, p.6）。

例えば、地理的に完全に孤立した状態の人間（しかも、とりわけ、家にいる人間）というイメージを受け入れたとして、では、その孤立状態の人が従っている心理的法則が、「大衆」の中にいる時に従っている心理的法則と本当に異なっているかどうか。むしろ、状況が異なっている、と述べたほうが正確ではないか。それと共に、意識の境界点・運動性の境界点・さらには手に入りうるコミュニケーションのチャンネル・および手に入りうる表現や行動のテクニックが異なっている。人間は心理的に全く一人きりになりうるものだろうか。「一人きり」の人間は、集団の中にいるときよりも本質的に「より良い」人間なのだろうか。一時的に一人になった状態の人間は、政治的動物であることをやめ、いかなる階級レベルにおいても社会的行動（あるいは社会的に行動しないこと）から離れてしまうのだろうか。こうした問題や、これらと類似した典型的な問題については、今後の更なる分析を待つという仕方でのみ、検討に値する。

（2）　フェニケルによる神経症理論を包括的に扱った著作（1945）で、社会的プロトタイプについてのテーマは、精神的発達に関する章の終わりの部分で初めて取り上げられており、しかもそこでは否定形で記されている。「『理想モデル』への信仰も、ある程度の『社会的恐怖』も、必ずしも病的なものではない」。超自我が社会に起源を発するという問題は、性格異常について扱った章の463ページまで議論されることはない。

（3）　本論文は「二種族のアメリカ・インディアンにおける子ども期と伝統」（Erikson, 1945）の続編となるものであり、この導入部分はその論文と重複している。

（4）　別の機会に詳述したように（Erikson, 1945）、こうした集団の固着点は、ある文化が本能的に行う自己調整の全体の中で、重要な位置を占めている。

（5）　このことは、「悪い」国家の「再教育」に対して、一定の明らかな意味を持っている。過去に犯した罪をどれほど告白しようとも、今後の善意をどれほど約束しようとも、ある国家を簡単に「民主的」にすることは不可能である。新しく提供されたアイデンティティが、強さと弱さ、男性的と女性的なものに関して、それまで育まれてきた概念に統合されない限り、そしてその国家の地理的＝歴史的母体における経験や、個々人の幼児期における経験に基づくものになっていない限り、それは不可能なのである。ただ唯一、

超国家的な目標は歴史的必然であると明示する勝者、そして、その必然性をいかにして地域特有の既存のアイデンティティの上に基礎づけることができるかを知っている勝者のみが、古い国家から新しい人間を作り出すことができるであろう。

（6） ある優れた記録の中で、ブルーノ・ベッテルハイム（1943）は、かつてのドイツの強制収容所における自らの体験を述べている。収容所では、親しい人々が迫害者たちのアイデンティティに賛同して、反ファシストとしてのアイデンティティを失ったが、その時に彼らの示した様々な変化の段階や、外見上の変化（体つきや服装への影響）について、ベッテルハイムは報告している。彼自身は生命と正気を保ち続けたが、それは、物質的には優位である外界に対して、霊的にも知的にも不屈の優位性を保つ歴史的なユダヤ・アイデンティティを、慎重に一貫して死守し続けることによって可能になった。つまり彼は、その迫害者たちを、秘かな研究の対象にしてしまい、その研究は自由な文字の世界に安全に送り届けられたのである。

（7） 私たちの患者の理想的なプロトタイプと邪悪なプロトタイプを一覧にしてみると、ユングが遺伝的プロトタイプ inherited prototypes（「元型 archetypes」）理論の基礎とした臨床的事実に直面することになる。ちなみにこの理論に関連して、精神分析における最初の概念上の論争が、この学問の科学としての最初の段階において、アイデンティティの問題に光を投げかけていたという点は注目されてよい。ユングが、精神分析の仕事の中にアイデンティティ感覚を見出すことができたのは、ただ、自分の祖先たちの神秘的な時間＝空間と、彼がフロイトの先祖［ユダヤ的なもの］の中に感じたあらゆるものとを、並置したためであった。したがって、彼の科学上の反逆は、イデオロギー上の退行と（控えめに否認された）政治的反応を引き起こすことになった。それ以前や以後の同じ現象のように、精神分析運動の中にも、同じような集団心理学的現象を認めることができる。すなわち、共有の科学的成果に基礎をもつ共有の集団アイデンティティを危険にさらすのではないかという恐怖から、精神分析的観察者は、ユングの行った解釈を無視したのみならず、彼が観察したという事実そのものも無視することを選んだのである。

「アニマ」や「アニムス」（女性患者が語る勃起イメージのなかにこれを認められるように思う）といった概念の根底にあるある種の現象は、自我発達の中で主要な役割を担っている。自我の総合機能は、未解決の幼児的同一化やその断片を、より少ないイメージと人格化されたゲシュタルトの中へ包摂するように、絶えず働き続ける。その過程において、自我の総合機能は、現存する歴史的プロトタイプを用いるだけではなく、共有される心象の産物を特徴づける圧縮や画像的な表現といった方法を、各自なりの仕方で用いる。ユングの「ペルソナ」概念の中には、脆弱な自我が、強制力を持つ社会的プロトタイプに売り渡された姿を見てとることができる。偽りの自我アイデンティティが確立され、それは「最前線」を脅かすような諸経験や諸機能を、統合するというよりも、むしろ抑圧してしまう。例えば、男性性の支配的なプロトタイプの強制力によって、男性は、自分の自我アイデンティティの中から、劣った性、すなわち去勢された人間の邪悪なイ

メージを特徴づけているあらゆるものを、排除することになる。それによって、この男性の受容的・母性的な能力は隠され、未発達なままに残され、罪悪感に苦しめられることになり、あとに残されたものから男性らしさという貝殻［見せかけの外見］が作られる。

（8） ゴードン・マクレガーによれば、パインリッジ居留地にいるスー族インディアンの混血たちは、純血のスー族インディアンを「黒人」と呼び、逆に、彼ら自身は「白くず」と呼ばれていたという。

（9） 特記すべき例外は、期待される任務を受けた者たちや、高度に機械化された部隊の隊員たちである。しかし、兵役をうまく乗り越えた自我アイデンティティの持ち主であっても、除隊後に挫折を味わうことがある。なぜなら除隊後に、戦争が、自分たちから、将来への希望のプロトタイプを剝奪していたことに気づき、そして、より制限された平和時のアイデンティティの方が、そうした希望を援助してくれることに気づくためである。

（10） この基本となる設計図は、何にもまして、フロイトの著作『「文化的」性道徳と現代の神経質症』（1908）（フロイト全集 9、道籏泰三訳、岩波書店、2007 年）、およびフロイトが習慣的に自分自身の存在の文化的・社会経済的な座標について言及していたことによって確立された。自分が提唱した新しい科学のためなら、フロイトはいつでも、自分自身の生活から事例を見出して説明し、それを公表した。

第二論文

（1） 『幼児期と社会』（1950a）の第一部を参照。

（2） 私は、カリフォルニア大学児童福祉研究所において、長期的な研究に参加する機会を得ることができ（Macfarlane, 1938; Erikson, 1951b）、それを通して、個々の子どもたちの回復力と才能の豊かさ resourcefulness に最高の敬意を払うことを学んだ。子どもたちは、拡大し続ける経済と寛大な社会集団のサポートを受けながら、私たち専門家が臨床で接した経験からうまく機能していないと確信を持って言えるような悲痛に満ちた幼い頃の逆境を補償する術を学んでいった。この研究の結果、50 人ほどの（健康な）子どもの、10 年にわたるライフヒストリーを図表にする機会が得られ、そのうちの数人のその後の運命についても、ある程度の報告を受けることができた。しかし、アイデンティティの概念について発展させることによってしか（本書の第三論文を参照）、ここに含まれているメカニズムを理解する助けにならないことがわかった。私が抱いた印象をいずれ公にしたいと考えている。

（3） 子どもの発達に関する分野での訓練経験がある読者ならば、次の事実に特別な注意を払いたくなるかもしれない。あるひとつの段階とは、ある可能性が初めて現われた（あるいは検証可能な形で現われた）時期であり、また、それが非常にしっかりと確立され統合されたために（われわれの言葉で言えば、自我にとって有用な装置になったために）、発達の次の段階が安全に始められるようになった時期と考えることができるという事実

である。

（4） ここで示されている枠組み《シェーマ》が誤って使われている例として最も多いのは、信頼の感覚（およびここで仮定されているあらゆる**肯定的な**感覚）とは、**達成**されるもので、特定の段階において手に入れたらそれ以後は確実に維持されるものであるという含みを持たせるような言説である。事実、これらの各段階から**達成基準**を作ることに熱心に取り組むあまり、不注意によってあらゆる否定的な感覚（基本的不信など）を省略してしまった論者たちがいるが、この**否定的な**感覚というのは肯定的な感覚のダイナミックな対概念であり、人生全体を通してそうあり続ける。（例えば、ネブラスカ州オマハで開催された「両親と教師のための国民会議（1958）」で配布された「成熟図表」を参照。この図表は、危機について一切言及していないが、にもかかわらず、ここで示した各段階を「適応した」ものである。）

ある段階において子どもが獲得するのは、肯定的感覚と否定的感覚の間のある一定の**比率**であり、もしそのバランスが肯定的なほうに傾いているならば、後の危機に立ち向かうにあたって、損なわれていない全体的な発達が得られるチャンスが増えるという形で子どもの助けになる。いかなる段階においても、内側の新しい葛藤や外側の変化には影響を受けない一つの**善**が達成されるという考えは、子どもの発達に成功イデオロギーを投影したものである。この成功イデオロギーは、非常に危険な形でわれわれの公私にわたる空想に広がっており、われわれが今この時代に意味のある存在になろうとする奮闘の高まりに直面したときに、このイデオロギーに無能にされてしまう可能性がある。

人間の内的な分裂と社会的な対立を考慮したときに初めて、その人間の資質の豊かさと創造性への信頼が正当なものとなり、また生産的になる。

（5） 開放的な西部にある、あるカウボーイのバーの壁には、次のような言葉が掛かっている。「俺は周りの期待どおりの人間ではない。これからなるであろう人間でもない。しかし、過去の俺でもない。」

（6）「親であること」についても同様である。この用語は具体的すぎるほど具体的なものであるが、本論文から引用される場合、一見してより不明瞭な言葉である「ジェネラティヴィティ」の代わりに使われることが多い。とはいえ、これらの初期の説明［本論文のこと］では、ジェネラティヴィティと仕事上の生産性との関係は、十分に論じられていない。

第三論文

（1） 二つの機会とは、1953年5月にボストンで行われたジャッジ・ベーカー相談センター研究所の第35回記念講演会、および1953年にニューヨークで行われたアメリカ精神分析学会冬期大会のことである。

（2） "…die klare Bewusstheit der inneren Identität" (Freud, 1926b)

（3） 斜体［**太字**］は筆者による。

（4） カリフォルニア大学の児童福祉研究所で行われた児童ガイダンス研究のこと。

（5） ウィリアム・ジェームズ（1896）は、「古い、オルターナティヴな自我」の放棄について言及し、さらには「殺された自己」についても語っている。

（6） 新しい研究アプローチについては、アンナ・フロイトおよびソフィー・ダンによる、家庭から引き離された子どもたちに関する報告（1951）を参照。

（7） 元来は「アイデンティティ拡散 identity diffusion」。この用語の選択は適切ではないという指摘を、これまでに何度も受けてきた。WHO の研究グループの会議で、J・ハックスリーは、この用語の代わりに「分散 dispersion」という言葉を提案している。確かに、「拡散 diffusion」という用語の最も一般的な意味は、各要素の遠心的な分散という空間的な意味である。例えば、文化の diffusion（伝播）というときには、特定のテクノロジー・芸術の形式・あるいは思想などが、移住・旅行・貿易による交流を通して、一つの文化から別の文化に、しばしば遠く離れた場所まで、伝達される。この用語の使い方では、無秩序や混乱を想起させるようなものは含まれていない。また、中心となる部分は、そういった分散に悩まされることはない。ところが、アイデンティティ拡散《ディフュージョン》の場合、自己像の分裂が示唆され、中心性の喪失・分散や混乱の感覚・崩壊してしまう恐怖が示唆される。同様に、「アイデンティティ拡散 identity confusion」という用語は、主に、急性の症状としての混乱状態という意味を保っている。［→訳注 1 参照］

（8） G・H・ミード『精神・自我・社会』（河村望訳、人間の科学社、1995 年）、第 8 章「地位と役割」および第 11 章「社会階級」を参照。役割と地位への最近の精神分析的アプローチについては、アッカーマン（Ackerman, 1951）を参照。

（9） **全体**［しなやかな全体］wholeness は、様々な部分《パーツ》が、非常に多様性に富む部分でさえも、集合し、実りあるまとまりや組織として一つになること、という意味を含んでいる。この概念は、wholeheartedness［誠心誠意の気持ち］、wholemindedness［全神経を集中させていること］、wholesomeness［健全であること］などの言葉において最も際立って表現されている。さらに、wholeness は、一つのゲシュタルトとして、多様な諸機能や各部分の間の漸進的な相互性を強調するものである。それに対して、**全体**［排他的に完璧な全体］totality は、絶対的な境界が強調されるような一つのゲシュタルトを連想させる。ある種の恣意的な境界が引かれていて、内側に属しているものは決して外側に置き去りにされてはならないし、外側にあるべきものは決して内側に入ることを許されない。totality は、完全に包括的であると同時に完全に排他的であらねばならない。辞書では、これに関連して、「徹底的な utter」という単語が使われている。こうした言葉が示すのは、絶対的であるとされるカテゴリーの出発点が論理的であったのかとか、各部分は本当に他の部分に、いわば恋いこがれている［求めている］のかどうかといった問いを、無視して封じてしまう［暴力的な］力である。

個人の心理においても集団の心理においても、それ以上の選択や交代のない totality が定期的に必要とされるものであり、たとえそれが心から望んでいた wholeness の放棄を示

唆していたとしても、そうである。一言でいえば、人間は、必要不可欠な wholeness に絶望すると、全体主義 totalism に逃げ込むことによって、自分自身と世界を再構築するのである。

精神分析は、**全体的《トータル》な再調整を求める人間の無意識の傾向や可能性**が、いかに強く、システマティックなものであるかを明らかにした。これは、多くの場合、一方的な偏愛や確信の裏に辛うじて隠されているものである。そして、その一方で精神分析は、その内部において黒が白になったり白が黒になったりするような、恐ろしい全体主義的な価値観の逆転 total reorientation から自らの内側を防衛するために、人はどれほどのエネルギーを注ぐかということも明らかにした。このエネルギーの量を確かめられるのは、突然の回心の際に放出される感情だけである。(Erikson, 1953 を参照)

(10) この分野における新しい洞察については、ロバート・ナイト (1953) およびマーガレット・ブレンマン (1952) に負うところが大きい。

(11) デイヴィッド・ラパポート (1953) は「能動性と受動性」に対して自我心理学的なアプローチを行ったが、この研究によってこういった危機における自我の役割に光が当てられることになった。

(12) ここで取り上げた例は、こういった患者を解釈する際に探っていかなくてはならないバランスをうまく説明している。そのバランスとは、**性的象徴**と、**自我に迫る危険の象徴**との間のバランスである。性的象徴(ここでは、去勢)は、治療者がこれを強調しすぎると、患者の危険にさらされている感覚を増大させるだけである。他方、自我に迫る危険の象徴(ここでは、個人の自律をつなぎとめている糸が切られてしまう危険)は、より緊急を要し、より直接的に有益であり、性的な意味について安全に議論するための条件となりうるような情報である。

(13) ピアースとシンガー (Piers and Singer, 1953) も参照されたい。

(14) 私にはまだ、いわゆる「ネオ・フロイト派」の人々の研究と自分がまとめようとしている研究との間で、意見が合致している点と相違している点は何であるかを系統的に確立することができていない。しかし、ひとまず言えるのは、個人についても、集団についても、私は「アイデンティティの感覚」について議論するほうが、「性格構造」や「基本的性格」といったものについて議論するよりも好ましいと思っているということである。国家についても、私が提出した概念は、〈国家のアイデンティティの感覚を高めたり危険にさらしたりする条件および経験〉に集中するほうに、〈決まった形の国家の性格〉に集中するよりも、導いてくれるような気がする。このテーマについての導入は、拙著『幼児期と社会』(1950a) で発表した。ここで思い出しておかなくてはならない重要な点は、それぞれのアイデンティティはそれ自身の自由の感覚を育むということ、それゆえに、ある国の国民は、他の国民がどうすれば自由を感じられるかをほとんど理解していないということである。この事実は、全体主義的プロパガンダに十分に搾取されているが、西洋社会では過小評価されている。

(15)　斜体［**太字**］は筆者による。

(16)　斜体［**太字**］は筆者による。

(17)　フロイトの「イルマの夢」に現われている、一人ひとりの子どもたち、患者たち、芽生えつつあるアイデアへの関心を参照（Erikson, 1954）。私は、この夢を心理・社会的に解釈しようとした試みの中で、夢というものは、リビドー発達のある特定の幼児段階への心理・性的退行を示しているが、それと同時に、心理・社会的な発達の諸段階をたどりなおすものとして捉えることが可能であると指摘した。フロイトの夢は（彼のパーソナリティの内的な構造が強固であったことと、おそらく、彼が夢に見ようとしていた教訓的な興味のためにも）、彼が明確に説明しなかった問題に関してさえも、例えば、心理・社会的テーマと心理・性的テーマの並列性のような問題についてさえも、持続的に啓発的であることがわかる。イルマの夢においては、論文中に示したとおり、**男根的**侵入というテーマが、**自主性**《イニシアティヴ》というテーマと非常に密接なつながりを持っていることが観察できる。同じように、フロイトの三つの運命の夢は、**口唇的**な合体と**信頼**の問題の密接なかかわりを、明らかに示している。また、トゥーン伯爵［Count Thun、旧訳ではサン伯爵］の夢は、**自律**のテーマと**肛門**排泄の様式《モード》について、とりわけ強く強調している。これらの三つの夢を比較した論文を、現在準備中である。

(18)　本論文においては、アイデンティティの問題とイデオロギー的なプロセスとの間にありうると考えられる関係について、アプローチすることしかできない（Erikson, 1958a 参照）。また、個人の心理・社会的発達の諸段階と社会組織の主な動きとの間にありうると考えられる類似的な対応について、挿話的にリストアップすることしかできない。「健康なパーソナリティの成長と危機」（本書の 64 ～ 86 頁）で指摘したように、自律（対　恥と疑惑）の問題は、法と正義の基本的原則に則って、個人の権利と制限を描き出すことと、本質的なかかわりがある。また、自主性《イニシアティヴ》（対　罪の意識）の問題は、生産における主要なエートスから発生する奨励と制限に深いかかわりがある。労働の問題は、主な生産技術とそれらに特徴的な分業を決定的に準備する。

(19)　会議の主催者は、ヘブライ大学のS・アイゼンシュタット教授およびC・フランケンシュタイン教授である。本節の冒頭に述べた印象は、私自身が抱いたものである。

(20)　暫定的に次のように述べておきたい。歴史的変動の中から現れてきたエリートたちとは、最も深刻な共通のアイデンティティ危機の中から、彼らの属する社会の未解決な危険状況に立ち向かうために新しいスタイルを生み出すことができた集団である。

(21)　すなわち、個人と個人の共同体の内部においては相対的に共産主義的であるという意味であるが、国家経済との関係を見た場合には、資本主義の協同組合 a capitalist cooperative である。

(22)　例えば、次のような問いを立ててみたい。非行少年たちは、非行というものを自分の生き方や人生の目標として全面的に選択することによって、内面的あるいは無意識のうちに、何を得ているのだろうか。周囲から自分自身を徹底的に閉ざしたり、挑発的な

までにうぬぼれてみたり、良心の呵責を完全に否認したりすることによって、自分を脅かすアイデンティティ拡散《ディフュージョン》からくる不安を覆い隠し、それに対抗しようとしているという可能性はあるだろう。一方のわれわれは、若者を追い込むことによって、まさにこの危険にその人をさらし、その人が支払えないような高価な値段で、つまり良心の呵責と引き換えに、「機会」を与えようとしているのではないか。アイデンティティ拡散《ディフュージョン》を構成する要素を一瞥すると（136 ～ 137 ページの図 3 における V の水平面の列）、以下のような結論に達するだろう。

非行によって、ある種の少年は**時間拡散** time diffusion から救われている。非行の状態では、いかなる未来の見通しも、それに伴う要求や不確かさも、例えば、「誰かを攻撃する」、あるいは単に「何かをする」「どこかに行く」といったような欲求を満たそうとする短期間の目標ばかりが強調されることによって、覆されてしまう。これは、当然、社会的モダリティの単純化や、それに伴う衝動的生活の原始化を構成する要素にもなる。

アイデンティティ意識 identity consciousness からも、免れている。あるいは、ともかく、非行少年に特有な、「非行少年という役割を果たしている自分自身への同一化」の中にしっかりと隠されてしまう。そしてこのような同一化によって、調査官や判事には見通すことのできない外観が作られてしまうのである。この外観、すなわち全面的な選択をしてしまったように見える様子は、あらゆる情緒的な応答を拒否し、あらゆる恥や罪の感覚が芽生えるのも防ぐ。

労働麻痺 work paralysis、すなわち、物質の支配や協力的な状況の支配を楽しむことができない痛ましい状態もまた、非行の行為の中ではぐらかされてしまう。労働支配は、いかなる文化においても、アイデンティティ形成の基幹である。非行少年（やりがいのある労働経験を奪われてしまった集団から集められることが多い）にとっては、その代わり、破壊的な意味で「仕事をする」ことに、屈折した深い満足感があるらしい。こういった行為を法的に分類すると、若者の**否定的アイデンティティ**に、断固とした犯罪者のレッテルが貼られてしまうだろう。すると若者は、「良い」アイデンティティをさらに探し求める必要から解放されることになる（Erikson and Erikson, 1957）。

さらに、非行行為は、多くの若者が**両性的拡散** bisexual diffusion に陥ることを防いでいる。非行少年の場合における、男根＝サディズム的な役割の誇張や、非行少女の場合における、軽率で愛情のない不特定多数との性交渉は、性的な劣等感や、本当の親密さへのあらゆるコミットメントから逃避する機会になる。

この点とのつながりで、われわれの時代に非常に特徴的なある発達について、強調しておかなくてはならない。つまり、機械の発展のおかげで、移動力というものが新たに強調されるようになったことである。第一に、**現代の移動がもたらす陶酔**と呼ばれるようなものがある。これは、自分のことを大いに力に満ちたドライバーであると空想する楽しみであるが、現実には、人間の身体よりも強く早い動力によって動かされている状態である。

第二の中毒（いまでは、便利なことに様々な遊戯的アトラクションにおいて最初の陶酔と結びついている）は、**力強く動く見世物《スペクタクル》**による受身の**陶酔**である。そこでは、持続的な動きが観察できるだけではなく、実際に経験でき、その上、まるで生体が「全力でエンジンを動かす」ようでもある。青年期というのは、著しく運動力のある時期であり、また青年期はあちこち巡り歩く探索（と同時に精神的な探索）が性的緊張の多くの部分に取って代わらねばならない時期であるので、機械的発明によって提供される受動的な刺激が増加したことと、精力的に行動する機会が減少したこととの間の不均衡が、自動車の私有や、身体的暴力を加えようとする衝動、広がりをみせる踊り狂うようなダンスへの耽溺といった独特の非行の主な原因であるだろう。

権威の拡散《ディフュージョン》 authority diffusion について言えば、次のことが明らかである。組織化された非行は、同じ集団内の若者を、リーダーシップに基づく規定されたヒエラルヒーによって明確に整列させ、自分たちと集団の外、例えば別のギャングや、ギャングの外側の世界すべてを、明確に区別する。同じく、ギャングの倫理は集団内のメンバーが**理想の拡散《ディフュージョン》** diffusion of ideals に陥るのを防ぐ。

このような方法で、精神医学的であるといえるような若者の混乱状態を観察した結果から得られた概念を頼りにしながら、私は若者の非行の問題にアプローチしたいと思っている。こういった比較によってわかったことは、非行に加わっている人々と、統合失調症的に孤立している人々を並置してみることで、若者の力動について多くのことを学べるかもしれないということである。（フロイトは、倒錯と神経症を、ある種の衝動が表出したものと禁止されたものとして並置したが、それと同じである。）（Erikson, 1956）

訳　注

第一論文

［1］ この文章にはフロイトのドイツ語が以下のように並記されている。《それは、まず両親からの決定的に重要な影響によって子どもに強制され（“von aussen aufgenötigt”）、後になると、専門家としての教育者たちや、あるいは「環境」や「世論」を作り上げている、初期のフロイトの言葉を借りれば、範囲のはっきりしない世間の人々（“die unbestimmte Menge der Genossen”）からの影響も決定的な意味を持つようになる（Freud, 1914）。》

［2］ この文章にもフロイトのドイツ語が並記されている。《漠然とした不安を伴う抑うつ状態から、フロイトが「一定の中間状態」と呼んだ状態を経て、高揚した快適な状態に進み、そしてまた元に戻ってゆくような（“von einer übermässigen Gedrücktheit durch einen gewissen Mittelzustand zu einem erhöhten Wohlbefinden”）気分の変化の内に葛藤が表れているという事実の兆候を探している。》

［3］「アイデンティティの面影 remnants」。エリクソンは過去のアイデンティティの「記憶・痕跡」のことを「面影」と表現している。

第二論文

［1］ この一文は、赤ちゃんと母親の入り組んだ相互関係について語った複雑な文章である。「というのは、暗中模索状態の不安定な生まれたての有機体［赤ちゃん］がこのモダリティを学ぶのは、赤ちゃんが、〈母親のやり方〉と〈自分のレディネス〉を調整することを学ぶ時である。この母親のやり方は、実は、彼女が発達しその与え方が協調的になる時に、赤ちゃんがそれに合わせて受け取り方を協調的にしてゆくことを許すやり方なのである。」For the groping and unstable newborn's organism learns this modality only as he learns to regulate his readiness to get with the methods of a mother who, in turn, will permit him to coordinate his means of getting as she develops and coordinates her means of giving.　二つの as のうち、前半が、赤ちゃん he を主語にして母親との関係を描いた文章、後半が、今度はその母親 she を主語にして同じ事態を母親の側から語り直した文章であり、日本語の場合は順序が入れかわることになる。

［2］ノートン版に採録するに際して、エリクソンはごく数ヶ所、修正を施している。初版にはこの文章のあとに次の一文があった。「しかしこの点については、ほとんどわかっていない。健康な口唇期が健康な文化を作るのか、もしくは、健康な文化が健康な口唇期を作るのか、あるいは、その両方なのか、問いのまま残される。」

［3］ この一文はノートン版で加筆された。

［4］ 以下の文章のカッコ内がノートン版では削除された。「なぜなら、これらの不吉なエ

ディプス的願望（母親と結婚し、母親に自分を誇りに思わせようとする男の子の確信の中に、また、父親と結婚し、父親の面倒をずっと上手に見ようとする女の子の確信の中に、非常にシンプルで疑いなく表現されている願望）、そして、その結果として巨大に膨れ上がってしまった想像《イマジネーション》、さらに、いわば移動能力の増大からくる陶酔状態が、恐ろしく肥大化した秘かな幻想《ファンタジー》につながるように見えるからである。」

［5］「成長しつつある子どもが、生き生きとした現実感を獲得するのは、次のような自覚を持つことができる場合、すなわち〈経験を支配《マスター》する自分なりのやり方〉が、〈周囲の人々が経験を支配《マスター》し、その支配《マスター》を認識しているやり方〉の成功した一形式であると自覚できる場合である。」The growing child must, at every step, derive a vitalizing sense of reality from the awareness that his individual way of mastering experience is a successful variant of the way other people around him master experience and recognize such mastery.

［6］「それは、大人に関する支配的イメージから赤ちゃんの最初のイメージに至るまで一貫する達成感、そのあらゆる段階において自我の強さが増えてゆく感覚を創り出す達成感の約束なしには、完結することができない。」it cannot be completed without a promise of fulfillment which from the dominant image of adulthood reaches down into the baby's beginnings and which creates at every step an accruing sense of ego strength.

［7］初版にはこの文章のあとに、次の一文があった。ノートン版では削除されている。「健康的なパーソナリティを持った子どもを育てるためには、両親自身が本物の環境の中で本物の人間 a genuine person in a genuine milieu にならねばならない。今日それは難しいことである。」

［8］カッコ内が削除された。「これによって両親はさらなる不安定に曝されることになり、そのうえ一時的に精神医学によって（そして本論文のような精神医学的思考の産物によって）その傾向は加速している。」

第三論文

［1］原注（7）は、ノートン版に際して大幅に修正されているため、以下に初版の文章をそのままのせておく。エリクソンは初版で identity diffusion と用いた箇所を identity confusion に置き換えたようである。ノートン版には identity diffusion という用語も残っているが、identity diffusion と identity confusion との用語上の差異と関連は明確でないため、本書では diffusion と confusion を訳し分けることはせず、必要に応じてルビをふることにした。「（7）　アイデンティティ拡散 diffusion という言葉の選択は適切ではないという指摘を、これまでに何度も受けてきた。WHO の研究グループの会議で、J・ハックスリーは、この用語の代わりに分散 dispersion という言葉を提案している。確かに、拡散という用語の最も一般的な意味は、各要素の遠心的な分散という空間的な意味である。例えば、文化の diffusion（伝播）というときには、特定のテクノロジー・芸術の形式・あるいは思想などが、移住・旅行・貿易による交流を通して、一つの文化から別の文化に、しばしば遠

く離れた場所まで、伝達される。この用語の使い方では、無秩序や混乱を想起させるようなものは含まれていない。また、中心となる部分は、そういった分散に悩まされることはない。ところが、アイデンティティ拡散《ディフュージョン》の場合、自己像の分裂が示唆され、中心性の喪失・分散や混乱の感覚・崩壊してしまう恐怖が示唆される。混乱 confusion という言葉のほうが適切な選択だったかもしれない。しかし、若者は、自分が混乱しているという感覚を持たずに、軽度のアイデンティティ拡散《ディフュージョン》の状態になることがある。概して言えば、分散というのはともかく拡散の類義語の一つであるので、この言葉を前面に出しておくことは、それほど嘆かわしいことではないかもしれない。とりわけ、いまではこの用語自体が、引用されることによって、用語上の拡散 terminological diffusion のテーマになっているので、なおさらそう思われる。」

用語解説

エリクソンは言葉にこだわった著作家である。しかし、その用語はわかりにくいものも多い。翻訳でエリクソンを読む場合には、さらに「訳者」というフィルターを通すことになるので、一層複雑になり、ときに混乱を招く。どの単語も、どの一文も、訳者の一つの解釈であり、エリクソンの思考を全くそのまま伝えられるわけではない。これまでエリクソンは多くの訳者や論者によって訳されてきたから、非常に基本的な用語でさえ、そのたびに違う訳語になって登場する。ときには訳者の選んだ言葉によって、エリクソンがまるで違うことを述べているような印象さえ受ける。

そのような事情を少しでも緩和するために、特に重要だと思われる八つの発達段階のキーワードについて、訳者の立場からの用語解説を試みたい。ここでは、エリクソンが選んだ英語の本来の意味を、ときには語源に遡って示した。専門的で抽象的な用語ではなく、日常に根ざした言葉が選ばれていることがわかるだろう。また、エリクソンがどのような意味を込めてそれらを使っているのかを示すために、エリクソン自身の言葉で説明がなされている部分も可能な限り引用した。用語によっては、その訳語を選んだ理由も記している。

しかしながら、エリクソンの入り組んだ、複雑な概念を簡単に要約するなどということは、とても不可能である。特に「アイデンティティ」のような言葉は、三つ目の論文全体でその説明を試みているといっても過言ではなく、わかりやすくまとめてしまうことは誤解を招く結果になってしまう。あくまでもエリクソンを理解する足がかりとして、利用していただければと思う。また各用語の学術的・理論的な意義、エリクソンの思想全体の中での位置づけなどについては、エリクソン自身の著作やエリクソンに関する研究論文を参照していただきたい。

以下の解説を通して、言葉にこだわり続けたエリクソンの想いを伝える一助となれば幸いである。（中島由恵）

第一の段階　基本的信頼 Basic Trust　対　基本的不信 Basic Mistrust

basic trust というときの trust の意味は「誰か／何かが、善く（good）、誠実で偽りがなく（sincere）、公正で正直（honest）であり、こちらを傷つけたり欺いたりする

ことはないであろうと信じていること《オックスフォード現代英英辞典、以下O》」。trustの語源は非常に古い。初出は13世紀で、古ノルド語traust（援助、信頼）に由来する。「堅固」が原義で、true, truthとも語源を同じくする《ジーニアス英和大辞典、以下G》。

類義語であるconfidenceは同じく「信頼」と訳されることが多いが、confidenceは客観的、経験的根拠を持つ「信頼」を意味する。したがって、出会ったばかりの人にconfidenceを持つことはありえない。一方、trustのほうは、より主観的・直感的な「信頼」。だから、赤ちゃんが母親に抱くのは、trustであって、confidenceではない。

エリクソンは、基本的信頼basic trustを「生後一年間の経験から引き出された自分自身と世界に対する一つの態度」（52頁）とする。「信頼するとは、〈自分の外に存在する提供者たちの斉一性《セイムネス》と連続性《コンティニュイティ》を頼りにすることを学んでいる〉」ことであり、さらには「〈衝動に対処するにあたっての自分自身と自分の器官の能力を信頼すること〉も意味している」（58頁）。すなわち、具体的には、（通常は）授乳から始まる母親との非常に細やかで複雑に入り組んだ形の相互関係《レシプロシティ》のなかで、母親をはじめとする養育者への信頼と自己への信頼を同時に確立していくことである。

一方のmistrustは「信用しない、疑う、怪しむ」こと。ほぼ同義語にdistrustがある。distrustとmistrustの間にはほとんど違いがないが、もし誰かが誠意のない行動をとっていること、あるいはその人を信用できないことに対して確信があるときには、distrustを使うことが多い。他方、疑いや不審を感じていることを表現するときには、mistrustを使う。ちなみに、エリクソンが八つの危機と葛藤を記述するにあたって、mis-（不）などの否定の接頭語を用いているのは、この一つだけである。

基本的不信は、赤ちゃんにとって「剝奪された感じ・引き離された感じ・見捨てられた感じ」（58頁）などの形で体験されるが、成人においては「自分自身との関係や他者との関係が上手くいかなくなると、特有の方法で自分の殻に閉じこもってしまう人々に特徴的である。そうした方法は明確な形をとらないことも多いが、精神病の状態に退行する人々においてはきわめて顕著に表現される」という（52～53頁）。

第二の段階　自律 Autonomy　対　恥と疑惑 Shame, Doubt

autonomy［auto-（自身の）＋-nomy（…法）］は「他人にコントロールされることなく行動し決定する能力《O》」のこと。初出は17世紀で、ギリシア語autonomia（自

立）に由来する《G》。また、国、地域、組織などの自治権・自治もこの語を用いる。

ここでの自律は、代表的といえるのは排泄にまつわる筋肉のコントロールであるが、エリクソンの場合、より広義の「自律」を考えている。自分の足で立つこと、自分の意志と選択で移動すること、それにともなってほぼ一体に近かった母親との身体的・精神的な分離を経験することなどである。この段階では親子の新しい相互調節の形式である「しつけ」が重要な意味を持ち始める。それが適切な形で解決できたとき、「自尊心を失うことのない自制心の感覚から、永続する自律と誇りの感覚が生まれ」るという（68 頁）。

日本語にするときには「自律」か「自立」か、非常に迷うところであるが、「自立」というと精神的自立や経済的自立のように親の庇護下を脱して達成されるイメージが強いため、「自律」を採用した。

その一方で、「筋肉や肛門の不能感・自制心の喪失感・親から過剰にコントロールされている感覚から、永続する疑惑と恥の感覚が生まれる」（68 頁）。恥とは、エリクソンによると、子どもが「自分があまりに未熟で愚かな存在として人目に曝されている」と感じることである（68 頁）。ちなみに shame は 12 世紀以前から使われていた非常に歴史のある単語で、古英語の scamu（恥ずかしさ）に由来し、「自分を隠す」が原義である《G》。

第三の段階　自主性《イニシアティヴ》 Initiative　対　罪の意識 Guilt

initiative［initiate（最初に始める）＋ -ive（…の傾向のある）］は、「誰かからすべきことを指示されるのを待たずに、自分で決めて行動する能力《O》」のこと。初出は 18 世紀で、「自発力、自発性」「先がけて事を行う才能、企業心、独創力、進取的精神」などの意味もある《G》。

子どもは様々な「侵入的」な行動を通して、他者や未知の世界・領域に積極的に足を踏み入れていく。自分の能力や「したい」という意志を、空想、ごっこ遊び、ゲーム、手伝い仕事などに結び付けていく時期である。目的意識的な活動を自ら進んで発想し行動することを意味するので、「率先」「自発性」とも訳されてきた。単に自主的であるという以上に、自分が主導権を取り、優位に立つニュアンスがある。その点において、同じく自己決定に関わる「自律」から一歩進んでいることに注意したい。

initiative の対となるのは guilt である。guilt そのものの意味は、単純に言えば「何か間違ったことをやってしまったと気づいたり考えたりしたときに生じる悲しくみじめな感情《O》」である。

エリクソンによると、この時期の子どもは「見つかった時に恥ずかしいと感じるだけでなく、見つけられはしないか恐れる。いわば神の姿を見ることなく、神の声を聞く。さらに言えば、誰も見ていない単なる思いや行いについてさえ、反射的《オートマティカリー》に、罪を感じるようになる」(83 頁)。そして、「罰せられるかもしれない」という罪の意識がもとになって良心が確立され、それが個人の道徳の基礎となるという。

第四の段階　勤勉 Industry　対　劣等感 Inferiority

industry とは「特定のものを製造すること、あるいは特定のサービスを提供することに従事する人々や諸活動」「勤勉に働く資質」《O》。初出は 15 世紀で、ラテン語 industrius（行動的な、勤勉な）に由来する《G》。「勤勉、精励」のほか、「工業、産業、製造業」などの意味で使われる。

エリクソンの言葉でいえば、「物事を作ることができ、しかも上手に作ることができ、完璧に作ることさえできるという感覚」（91 頁）であり、そのために「絶え間なく注意を傾け、目的を貫くまで勤勉に努力することを通して、子どもは仕事を完成させる喜びを味わう」(92 頁）ことまでを指す。年齢的に学校あるいはそれに代わる場所や、教師・指導者たち、その社会におけるテクノロジーとのかかわりが重要になる。

industry の対概念は、inferiority である。何かを行うということは、それが「できない」「失敗する」という可能性を抱え込むことでもある。こういった場合に生じる劣等感を、エリクソンは「自分は何の役にも立たないという感情」（93 頁)、「長い学校生活を通して、何一つ、働く喜びも、得意なことが少なくとも一つはあるというプライドも、手に入れることができない危険」と表現している（93 頁)。

第五の段階　アイデンティティ Identity　対　アイデンティティ拡散 Identity Diffusion

identity［identi-（同じ）-ty（性質、状態)］の初出は 16 世紀で、ラテン語 identitas（同じ）が語源である《G》。心理学の分野では長く「自我同一性」「同一性」、時によっては「主体性」と訳されてきた。現在では多くの場合「アイデンティティ」と訳され

ている。少々乱暴にまとめてみれば、「わたしとは誰であるか」という一貫した感覚が時間的・空間的になりたち、それが他者や共同体から認められているということ、である。

エリクソン自身もこの言葉を定義しようとは試みていない。多角的なアプローチを通して、そのいくつかの側面を描きだそうとしているのである。例えば、「〈自分自身の中で永続する斉一性《セイムネス》（自己斉一性）〉という意味と、〈ある種の本質的な特性《キャラクター》を他者と永続的に共有する〉という両方の意味を含んでおり、その相互関係を表している」という（112 頁）。したがって、①自分の意識的感覚としての自分　②周囲からの是認　であるといえるだろう。また、それは発生的にみると、③子ども時代からの「すべての同一化《アイデンティフィケーション》が次第に統合されることによって発達する」（97 頁）。またある箇所では、④「自我の社会的機能」とも表現され（175 頁）、またある箇所では、イデオロギーという言葉に絡めながら、⑤集団のなかで共有されるアイデンティティについても語られる。

アイデンティティと対になる概念が、identity diffusion である。diffusion の動詞形 diffuse［dif-（分離）＋ -fuse（広がる）］は初出が 14 世紀で、ラテン語 diffusus（広がる）に由来する《G》。通例では、気体や液体の放散、物理学の用語としての拡散、知識などの伝播などに使われる語なので、一風変った、エリクソン独特の用語法である。これもまた思い切って単純化してしまえば、自分が何者なのかわからず混乱し、「自分たちの社会から与えられる制度化されたモラトリアムを利用することができず」（139 頁）、社会的位置づけも得ることができない状態と言えるだろうか。

エリクソンによると、アイデンティティ拡散は様々な形をとりうる。第三論文の病理誌的研究を扱った部分では、自意識の過剰、選択の回避と麻痺、否定的アイデンティティの選択、時間的展望の拡散などの急性のアイデンティティ拡散について、若者たちの臨床像を詳しく描きながら説明している。また、エリクソンが「拡散」という言葉を選択した理由については、第三論文の注 7 に詳しい。

第六の段階　親密 Intimacy　対　孤立 Isolation

intimacy とは「誰かと親密な個人的関係を持っている状態《O》」のこと。異性間の性的な行為、とくにセックスを遠まわしに指すが、それだけではない。心と心が通じ合うこと、「親密さ、親交、懇意」、さらには「（通常複数形で）長い間慣れ親しんだ

ことによる深い知識、精通、造詣」の意味にも用いられる。

エリクソンも性的な意味に限定していない。「あらゆる他人との親密さ」、「自分自身との親密さ」（103頁）も含めた親密さについて想定しており、単なる性愛や愛着とは明確に区別している。ゆえに、この段階において再び、一方向的な愛情のやりとりではない「相互性《ミューチュアリティ》」が重要になってくる。

intimacyと対をなすisolationは「分離している状態。一人でいる、あるいは孤立した状態《O》」。語源はラテン語のinsula（島）《G》。194-195頁の付表では、intimacyとsolidarity（連帯）の対概念として、このisolationが使われている。エリクソンの場合はisolationを「その人にとって危険と感じられる力や人物の存在を、拒絶し、孤立させ、必要とあれば破壊しようとする心構え」としており（104頁）、単に物理的に分離している、孤立しているという本来の意味より攻撃的な含みを持たせているようである。またこれを「アイデンティティを求める苦闘の中で馴染みのものと異質なものを鋭く冷酷に区別してしまう、盲目的な偏見の副産物である」（104頁）としている点も興味深い。

第七の段階　ジェネラティヴィティ Generativity　対　停滞 Stagnation

generativityという語はエリクソンの造語である。この語ほどこれまで多様に訳されてきたものはない。「生殖性」「生産性」「世代性」「創造と育成」「生成力」「生成《ジェネラ》継承性《ティヴィティ》」……。シンプルな言葉に訳すと、この言葉の複雑さが失われてしまう。しかし、この言葉の多層の意味をすべて汲み取って訳そうとすると、長々しく小難しく抽象的になって、原語が持っているダイレクトに訴えかけてくるような力が失われてしまう。したがって、本書の翻訳にあたっては、この言葉のもつ広がりを一面的な訳によって狭めてしまわないよう、読みをそのままカタカナにして表記することにした。なお、generationとのつながりでは「ジェネレイティヴィティ」という表記も可能である。しかし、genarativeは「ジェネラティヴ」とも発音され、日本語表記としては「ジェネレイ」という強い音より「ジェネラ」の方が馴染むと判断した。

generativityは、generate（生ずる、起こす、発生させる、生む）、generative（生殖する、生産する、生殖力のある）、generation（生殖、発生、世代）といった単語をcreativityやproductivityと同じ形で語形変化させたものである。

エリクソンはジェネラティヴィティについて、第一義的に「次世代を（性器愛と遺

伝子を経由して）確立することに関わっている」と述べているが、それは「例えば創造性《クリエイティヴィティ》や生産性《プロダクティヴィティ》といった言葉」では表しきれないという。なぜならそれは「主として次の世代を確立し、導くことへの関心」ではあるものの、「子孫に向けるのではなく、利他的な関心や創造性のような他の形式に向ける人もいる」からである（105頁）。

ただし、本書ではこの概念がこれ以上は深められていない。1960年代以降、エリクソンは「世代サイクル generation cycle」の視点を導入することで、この概念を飛躍的に豊かに論じていった。序文にもあるように、ガンディー、ジェファーソンといった人物の研究を通して、成人を本格的な主題として扱うようになっていくのである。その中で、ジェネラティヴィティとは、生み出し、それを育て、さらに次世代へと継承していく営みの全体を指すことを明らかにし、世代間のダイナミックな相互性《ミューチュアリティ》を描き出していく。

第二論文においてジェネラティヴィティと対になるのは「停滞 stagnation」であるが、第三論文（図三参照）と付表（ワークシート）では「自己陶酔 self-absorption」となっている。エリクソンはある時期まで「自己陶酔」を用い、後に再び「停滞」に戻している。

stagnationとは、「よどみ、沈滞、停滞」のことで、ラテン語のstagnare（静かな池のように静まる）が語源である《コンサイスオックスフォード英英辞典，以下CO》。自己の生命・活動などあらゆるものが自分の中だけでとどまり、発展せず、終結してしまうこと。また、「ジェネラティヴィティを発達させていない人は、自分自身をたった一人の子どもであるかのように甘やかし始めることが多い」（106頁）とあるように、あらゆるエネルギーのベクトルが自分自身だけに向かって完結しまうことから、self-absorption（absorptionは吸収、吸着、没頭、夢中になること）とも表現したと考えられる。

第八の段階　インテグリティ Integrity　対　嫌悪と絶望 Disgust, Despair

integrityとは「誠実（honest）であり、強い道徳的規律を持っているような資質」「全体であり分かれていない状態」《O》。日本語に訳すならば、「誠実、正直、高潔」「完全性、全体性、統合、無欠の状態（completeness）」などになる。honestyより堅い語であるが、新聞・論文・雑誌等では日常的に使われる言葉である。人について言う場合、非常に

高尚な精神の状態を保っていることを指し、「あの人はintegrityがある」といえば最高級の褒め言葉である。行動・言葉・思考が一貫している、裏表がない、強固たる信念があって揺らぐことがない、したがって言動が常に誠実であるゆえに高潔である、と考えてよいだろうか。また、artistic integrityといえば「芸術家として真摯であること」、すなわち、金や名誉のためではなくあくまでも芸術のために芸術作品をつくりあげていく姿勢、といった意味になる。

エリクソンが本書でインテグリティについて語っている部分は非常に短いが、「受容」が一つのキーワードになっていることに着目したい。

これまでのエリクソン翻訳では、この語が「統合（性）」と訳されてきた。しかし「統合」ではintegrationと区別ができない。より重要なのは、エリクソンはintegrityに「統合されている状態」にとどまらず、上述のあらゆる意味を含ませている点である。したがって、今回の翻訳にあたってはカタカナを用いている。

integrityの対になっているのが、disgustとdespairである。disgustは「自分が受け入れられないと思う誰か／何か、あるいは見た目や匂いなどが不快なものに対する、強い嫌悪感や強い非難の気持ち」、despairは「すべての希望を失ってしまったという感情」である《O》。

エリクソンは、「絶望は、時間が足りないという感情、すなわち、別の人生を始め、インテグリティへの別の道を試してみるには時間が足りなすぎるという感情となって表れる。こうした絶望は、多くの場合、嫌悪や人間嫌い、あるいは特定の制度や特定の人々に対する慢性的で軽蔑的な不快の表明の裏に隠されている」とし（107頁）、この二つは表裏一体となって現われると説明している。また、そのような不快の感情は「その本人が自分自身を軽蔑していることを表現している」という（107頁）。

この段階についても、後年、とくにエリクソン晩年の著作でより一層深められていく。

最後にエピジェネティック epigeneticについて

この語は、生物学のepigenesis［epi-（後の）＋genesis（発生）］から採用された。「胚が未分化の卵細胞から漸進的に発達していくこと《CO》」、つまり生物の発生は漸次分化によるとする後成説を意味する。

エリクソンは、有機体の発生と同じく、健康なパーソナリティも「成長するものは

すべてグランドプランを持ち、このグランドプランから各部分《パーツ》が発生し、それぞれの部分にはそれが特別に優勢になる時があり、やがてすべての部分が機能する全体を形作るようになる」ことを表現するために、この用語を用いた（47頁)。また、健康なパーソナリティを構成する各項目が、「他のすべての項目と系統的に関連しあっており、それらはすべてそれぞれの項目の固有の順序における固有の発達によって決まる」点（48頁)、および「それぞれの項目は、「その項目自体の」決定的で危機的な時が、正常な発達をたどって到来する以前から、何らかの形で存在している」点においても（48～50頁)、有機体の発生と共通すると考えている。

これまでエリクソンの翻訳では「漸成説」「漸成理論」と訳されてきたが、「漸次、成る」というのはこの用語を発生学から取り入れたことの意味の一面しか表現できないため、今回は「エピジェネティック」とした。

《O》オックスフォード現代英英辞典　第6版　　日本語訳は訳者による。
《G》ジーニアス英和大辞典
《CO》コンサイスオックスフォード英英辞典　第10版　　日本語訳は訳者による。

エリク・H・エリクソン著
アイデンティティとライフサイクル

2011年 5月30日 第1刷発行
2024年 1月25日 第8刷発行

訳　者　西平　直
　　　　中島由恵

発行者　柴田敏樹

印刷者　田中雅博

発行所 株式会社 誠信書房
〒112-0012 東京都文京区大塚3-20-6
電話 03-3946-5666
https://www.seishinshobo.co.jp/

DTP組版：リトル・ドッグ・プレス
創栄図書印刷　協栄製本　落丁・乱丁本はお取り替えいたします
検印省略　無断での本書の一部または全部の複写・複製を禁じます

ISBN 978-4-414-41444--8 C3011